영어의 역사를 알면 영어가 보인다

조두상 저

England란 이름은 앵글스족(Angles)이 사는 땅(land)?

영어 Angli가 왜 Engle로 변했을까?
Children은 욕심이 많아 복수형 어미를 두 개나 달고 있다.
육척의 남자는 영어로 six-foot man일까 six-feet man일까?

신아사

머리말

이 책은 영어에 관하여 평소에 대학에서 학생을 가르치면서 필요하다고 느꼈던 사항을 모아서 정리한 것이다. 영어의 역사를 공부하는데 언제나 고대영어 이전시대, 고대영어시대, 중세영어시대, 현대영어시대로 구분하여 시대순으로 잘 정리된 영어사 책을 볼 수가 있었는데 이러한 체계를 따르지 않고 그 시대에 일어났던 여러 가지 특이한 사항별로 모아서 정리하는 것도 뜻이 있을 것으로 보아 여태까지 모아놓은 것을 펴내고자 했다.

근래에는 영어의 역사에 관한 것이 중등 영어교사 채용시험에서 제외됨으로 해서 사범대학의 영어교육과 학생들의 영어사 공부가 시들해졌고, 또한 최근에 수능의 영어 수준 하락으로 대학에서 원서강의가 사실상 어려운 사정을 감안하여 우리말과 글로 쓰인 영어사 책이 필요한 시점에 와 있다고 본다. 그리고 영어의 역사를 너무 고정된 체계로 엮는 것 보다는 흥미중심으로 일반 독자의 관심을 북돋우면서 영어의 발자취를 찾도록 도와주는 것이 더욱 필요하다고 판단되어 이 책을 내게 되었다.

이 책은 우선 영어의 일반적인 특징을 먼저 설명하고 영어를 표기하는 철자의 발달과 성장 그리고 전파를 다루었다. 그리고 영어의 발달과정을 다루는데 있어서 조금 특이한 조동사의 형태와 그 발달과정 그리고 be동사의 변화에 대한 사

연들을 앞세워 여러 가지 사항을 다루고, 영어에서 철자의 사용상의 용법과 형태의 변화 등을 다루었다. 발음과 강세에 의해 여러 가지 일어난 사항들을 살펴본 후에 고대영어의 예와 중세영어의 예를 실었다. 의미변화의 여러 가지 사항, 단어합성과 단축에 관한 사항, 그리고 끝으로 언어학과 영어에 관련된 일반적인 사항을 실었다.

영어의 역사는 관점에 따라서 재미있게 쓸 수도 있고 재미없는 일반 역사책처럼 사건의 정리 수준으로 쓸 수도 있을 것이다. 재미없는 지식의 나열을 얼마나 흥미롭게 전달하느냐는 저자의 능력에서 나올 수가 있다.

현재 한국의 영어사 연구는 많은 부분 상당한 수준에 도달되어 가지만 접근이 어렵고, 새로운 것 보다는 옛것을 들추어야 되는 학문적 한계로 인하여 많은 후학이 없다는 아쉬움이 날이 갈수록 더하고 있다. 따라서 영어사를 전공하는 사람의 몫은 영어사를 보다 많은 학생이나 일반 대중이 접해볼 수 있도록 보다 쉽고 평이하게 설명하는 저서를 많이 내는 것이다. 그래서 영어사가 재미있고 쉽다는 인식을 심어준다면 지금 영어의 붐을 타고 같이 인기를 누릴 수가 있지 않을까 생각해 본다.

2007년 1월
저자 조 두 상 씀

목 차

제3장 영어의 발달과정

제1장 총 론

영어는 현대시대를 살아가는데 필요한 도구로서 뿐만 아니라 신분상승의 기회를 만드는데 절대적으로 필요한 언어가 되었다. 외국 선진국가와 비교해서 지하자원이 그리 넉넉하지도 못하고 국토면적이 크지도 않은 상황에서 한국이 그나마 선진국과 어느 정도 나란히 할 수 있도록 발전된 것은 다른 선진국에서는 도저히 찾아볼 수 없을 정도로 자녀교육에 힘을 기울인 공로라는 것은 부인 못할 것이다.

이렇게 교육의 열정이 강한 우리나라에서 신분상승의 기회를 갖게 해주는 도구로서의 영어를 우리가 어떻게 하면 조금이라도 쉽게 배울 수가 있을까라는 물음에 대한 답을 찾기 위해 많은 연구를 거듭하여 왔다. 그 해결책 중의 일환으로 영어를 좀 색다르고 쉽게 배우려면 우선 영어가 어떻게 생긴 언어인가를 생각을 해야 한다. 또한 영어 자체에 대해서 상세히 알면 그 해답을 찾기가 쉬울 것이라고 생각한다. 영어가 어떤 언어인가를 좀 알고 나면 영어 공부하는 데에 상당한 도움이 될 것이라고 확신한다.

지구상에 있는 모든 언어는 나름대로 특징을 가지고 있다. 특징이 있기에 각각의 언어로서의 역할을 한다. 한국어는 중국어와 다르다. 영어는 한국어와 다르다. 그래서 각 언어마다 특징이 나타난다. 예를 들면 중국어는 단음절 언어라서 "父"라고 한마디 하면 '아버지'라는 뜻이 통하지만 한국어는 "아"라는 한 마디로 '아버지'라는 의미가 통하지 않는다. 왜냐하면 한국어는 중국어와는 달리 다음절어이기 때문에 "아버지"라고 발음할 때에는 세 음절이 필요하다. 그래서 중국어와 한국어는 다르다. 또한 영어와 한국어의 큰 차이점은 단어의 순서에서 나타난다. 영어의 말 순서는 'I love you.'에서 '사랑한다'는 단어가 문장의 중간에 오지만 한국어에서는 '나는 당신을 사랑한다.'에서 '사랑한다.'는 단어가 문장의 끝에 온다. 그래서 한국어와 영어는 각각의 특징으로 해서 서로 다른 언어이다.

그러면 현대영어에서 영어는 어떤 여러 가지 특징이 있는가?

첫째, 영어사전을 펼쳐서 단어를 찾아보면 A부터 Z까지 참 많은 단어가 있다. 어떤 언어보다도 단어 수가 많다. 그래서 외국인들이 영어를 배우는 데에 어휘가 많아서 참 어렵다고 생각하게 된다. 이렇게 많은 단어를 가진 이유가 무엇인가를 찾아볼 필요가 있다. 그 이유로 영어는 적응성이 강한 언어이기 때문에 외국에서 들어 온 여러 단어들을 흡수하여 사용하여 영어고유의 단어를 가지고 있기보다는 서로 다른 면을 많이 가지고 있어 이질성(heterogeneousness)이 짙으며, 그만큼 방대한(copiousness)양의 단어를 가지게 된 것이다.

둘째, 영어는 굴절어다. 굴절어란 쉽게 설명하자면 단어의 끝에 접미사를 붙여서 문법적인 관계를 표현하는 언어를 말한다. 그런데 고대영어(A.D. 449－1100년 사이의 영어)에서는 복잡한 문법관계를 나타내 주던 굴절형이 오늘날의 영어(현대영어)에 와서는 대부분 없어져서 문법 구조가 굉장히 단순화되었던 것이다. 예를 들면 고대영어에는 격이 8개나 있었으나 현대영어의 격은 주격과 소유격만을 나타내고 있고, 인칭대명사를 제외하고는 거의 2개의 격(주격과 소유격)만이 남아 있다.

셋째로, 고대영어 이전에는 말의 순서가 어느 정도 자유로웠다. 그 이유는 고대영어에는 낱말에 일정한 굴절형이 붙어서 그 낱말이 말하는 중에 나타내는 문법적 기능이 선명하게 부각되기 때문이다. 현대영어에 와서는 낱말에 붙어 있던 굴절형이 거의 없어졌다. 따라서 말에서 낱말의 위치가 문법적인 기능을 대신 함으로써 자연히 말의 순서가 고정되게 되었다.

넷째로, 굴절형이 없어짐으로 해서 굴절형의 기능을 담을 수 있는 어떤 대치형태가 개발되었는데 그것이 바로 전치사, 조동사의 등장이다. 조동사는 원래 본 동사였으나 고유의 뜻이 없어지면서 동사를 도와주는 보조동사로서의 위치로 전락된 동사다. 그런 동사의 예로 shall, will, can, may, must, need 그리고 do 동사 등이 있다.

다섯째로, 영어사전을 보면 한국어사전에는 없는 발음기호가 있다. 발음기호를 보지 않고 발음하면 괴물이 되어 나오기 때문에 처음에는 반드시 발음기호를 숙지해야 하는 불편함을 가지고 있다. 한국어는 발음기호가 없어도 단어만 보면 발음을 할 수가 있다. 그러나 영어는 철자된 대로 발음하면 뜻이 통하지 않기 때문에 배우기가 어렵다. 이렇게 된 것은 앵글로 색슨족이 다른 나라의 철자를 채택했던 때부터이다. 영국인은 앵글로색슨시대에 영국에 들어와 정착을 했고, 그 때(대륙에 있을 때)에 사용한 루운문자를 가지고 와서 사용했다. 그 후에 기독교로 개종하면서 루운문자를 버리고 로마알파벳을 선택하게 되었다. 로마알파벳은 23자가 들어 왔었는데 그 당시에 앵글로색슨족의 발음은 약 40개 정도가 사용되었다. 발음이 23개이었으면 문제가 없었을 것인데 철자보다 발음수가 많기 때문에 약 2개의 발음을 1개의 철자가 담당하게 되니 발음문제가 발생하게 되었다. 이러한 태생적 한계를 가지고 있었기 때문에 처음부터 발음과 철자가 꼭 맞지 않는 것도 생겨나게 마련이었다. 그리고 또 하나는 세월이 지나면서 인쇄기가 도입되고 책이 출판되면서 철자가 어느 정도 통일성을 기하게 되고, 또한 쇠로 활자를 만든 것으로 인쇄를 하다 보니까 어느 정도 철자의 고정이 이루어졌다. 반면에 인간이 사용하는 발음은 세월과 더불어 자꾸 변화하게 되다 보니 발음과 철자가 차이가 많이 나서 철자된 대로 발음을 할 수가 없는 지경에까지 왔다. 예를 들면 knife, knight에서 첫 철자 k는 고대영어시대에는 발음이 되었으나 차츰 세월이 흘러감에 따라 발음이 없어져 버렸다. 고대영어시대에는 발음이 되었으나 중세영어를 거치면서 현대영어에서는 발음되지 않는다. 그 다음 i음도 발음이 변하여 ai로 발음되기 때문에 쓰인 대로 발음할 수가 없다. knight에서 gh는 중세영어 이후에는 점차 발음이 되지 않고 knife에서도 끝 e가 발음이 되지 않게 변화를 거치게 된 것이다. 이렇게 많은 변화가 발생하여 현대영어는 마치 뜻글자처럼 철자 따로 발음 따로 쓰게 된 언어가 되었다. 이런 영어는 변천의 역사를 잘 파악해야만 영어를 올바로 잘 할 수가 있다. 극단적인 예를 들어보면 heal, healthy, hale, holy, whole 등이 하나의 단어(*hāl)에서 나왔다는 사실을 알 수가 있다.

품 사	역사 이전	역사 이후	고대영어	중세영어
형용사	*hāl	hāl	hāl	whole(hale)
명 사	*hāl－iÞ	hǣl－iÞ	hǣlÞ	health
동 사	*hāl－jan	hǣl－jan	hǣlan	heal
부 사	*hāl－ig			holy

따라서 영어의 역사를 알면 영어가 눈 앞에서 쉽게 보이게 된다는 사실을 실감하게 된다.

제2장 영어철자의 발생경로

영국의 영어를 표기하는 문자는 앵글로색슨 민족의 글자가 아니고 라틴인이 쓰고 있던 로마문자이다. 그런데 이 로마문자는 597년에 로마에서 기독교 선교단을 이끌고 영국에 온 성 오그스틴에 의해서 전달된 것이 아니다. 그 이전에 이미 로마로부터 기독교가 전파되어 있던 아일랜드에서 로마문자에다 아일랜드의 글씨체를 입힌 다소 변화된 알파벳철자가 영국의 북부지역인 스코틀랜드에 전파되어 사용되면서 영국에서 사용되게 되었다. 이 글씨체를 도서체(Insular Hand)라 한다. 이 도서체는 1066년 노르만 정복 때까지 사용되다가, 정복 이후에는 불란서의 노르만지역에서 사용되고 있던 캐롤라인서체를 사용하게 된 것이다. 글씨의 서체가 불란서의 영향을 받았지만 글자의 기본자는 크게 변화하지 않았다.

그런데 이 로마문자는 라틴민족이 처음부터 만들어 사용했던 것이 아니고 다른 나라인 그리스의 문자를 받아들여 라틴말에 알맞게 수정하고 보완하여 사용한 문자다. 이 문자 또한 그리스에서 로마로 문자를 직접 들여온 것이 아니고 이웃에 존재하고 있던 국가 에투루스칸(Etruscans)과 그리스인 페리스지언(Pelasgians)들이 쓰고 있던 그리스문자를 받아 사용하게 된 것이다. 이때 그리스에서는 그리스

문자가 동부군과 서부군으로 둘로 나뉘어져서 서로 차이 나게 쓰이고 있었다. 그래서 에투루스칸이 그리스문자를 도입한 진원지는 지역적으로 가까이에 있는 서부군에 해당되는 이태리의 나폴리 근처 고대도시 챌시디언(Chalcidian)인의 식민지인 큐매(Cumæ)에서 사용되는 문자였다.

이 그리스 문자는 그리스인이 일부는 만들었지만 전부를 만들지는 않았다. 그리스 문자는 언어와 민족이 전혀 다른 민족의 글자를 도입했다는 것이 증명되고 있다. 이 문자는 셈족(Semitic) 중에서도 페니키아인이 사용하던 문자를 도입하여 그리스인들의 말에 알맞게 고치고, 다듬고, 덧붙이고 해서 반듯한 알파벳을 만들어 사용했던 것이다. 완전한 음소문자가 아니고 전부 자음으로 구성된 반쪽짜리 문자를 받아들인 그리스인들이 올바른 문자로 만들었다면 여러 가지 어려움을 겪었을 것이다. 여러 가지 발생한 문제를 그리스인들이 어떻게 해결해 나갔는지를 밝혀 보고자 한다. 우선 그리스인이 받아들인 페니키아글자와 그 글자로 표현한 언어는 어떠한가를 살펴보고자 한다.

제1절 페니키아와 페니키아인

서양문명의 끝과 맞닿는 지중해 해안에서 세계 최초의 음소문자를 만나게 되는데 이 문자를 사용한 사람들은 페니키아라는 약소국가에 살면서도 세계문화 발전에 크게 기여했다는 평가를 받고 있다

중동아시아 지역에서 인류의 문명이 발생한 메소포타미아 지역

이 있고 그곳에서 인류최초의 쐐기문자가 발명되었는데 바로 그 인접지역에 살고 있던 페니키아인들은 쐐기문자와는 전혀 다른 진정한 알파벳문자를 만들어 사용했다는 증거들이 흙 판이나 돌에 새겨놓은 글자에서 발견됐다.

페니키아는 면적은 작지만 영향력은 대단했다. 페니키아는 인구가 많지 않았으나 고도의 지적능력, 고도의 기술을 가졌기에 많은 다른 나라 사람들이 부러워할 정도의 문명이기를 만들어 내었던 것이다. 이 페니키아국가는 B.C. 1500에서부터 B.C. 500년까지 약 1000년가량 안정된 왕국을 유지했다. 영토는 지중해 동쪽 해안을 따라서 길이가 320km이며, 폭이 현재의 레바논 산악지대에서 해안까지 56km밖에 안 되는 아주 조그마한 나라다.

페니키아의 이웃으로는 같은 인종인 이스라엘이 있었고, 데이비드(David)와 솔로몬(Solomon)시대에는 국민적인 유대관계가 아주 좋았다. 원래 두 민족은 B.C. 3000년 초기에 저지대 메소포타미아 지역에서 이민을 왔던 것이 성경 창세기에 기록돼 있다. 즉 민족의 지도자 아브람이 히브리민족을 수미르(Sumer)의 우르(Ur(Ur of the Chaldees))지역에서 가나안(Canaan) 땅으로 이주시켰다는 기록이 있다. 동쪽과 남쪽의 여러 강대국들 사이에서 여러 가지 영향을 받았지만 페니키아의 주요도시 타이(Tyre)와 시돈(Sidon)에 거주하던 페니키아인들은 정치적인 면에는 사실 별 영향력을 행사하지 못했다. 그러나 페니키아인은 그 이전 어떤 민족보다도 서양문명에 큰 영향을 끼쳤던 것인데 그것은 전 유럽과 중앙아시아 모든 국가들에게 기본 글자형태를 제공했기 때문이다.

페니키아인들이 그 당시에 가장 현명한 민족이었고, 또한 솜씨가 뛰어났음을 엿보게 하는 단서가 있다. 성서 열왕기 15장 6절에 이

스라엘 솔로몬왕과 타이의 히람(Hiram)왕과의 계약체결에서 "우리 중에 시돈 사람처럼 벌목(伐木)을 잘 하는 자가 없나이다."라는 구절이 있고 또한 역대기 11, 2장 14절에서는 "댄의 여자 중 한 명의 아들이고 그의 아비 두로(Tyre)사람이라. 금은동철과 돌과 나무와 자색, 청색, 색실과 가는 베로 일을 잘하며 모든 아로새기는 일에 익숙하고, 모든 기묘한 식양에 능한 자니 당시의 공교한 공장과 당신의 부친 내 주 다윗의 공교한 공장과 일 하게 하소서."라고 했다. 이것을 미루어 짐작하면 페니키아인들이 아주 오래전에 옷 만들 천을 짰고, 옷 염색술이 훌륭했고, 기술이 뛰어난 목수와 석공들이 있었고, 철, 구리, 귀금속을 다루는 솜씨가 뛰어났던 것이다.

페니키아인들은 고대시대에서 고대세계의 가장 위대한 상인이었다. 그들은 중요도시인 비블로스(Biblos), 시돈, 타이에서 출발하여 지중해와 대서양 연안을 다니면서 무역을 했다. 그들이 취급한 중요한 상품은 염색을 하는 염료였다. 사실 "페니키아라는 단어는 자주색염료장사"를 의미한다고 믿어지는 그리스단어인데 호머의 '일리아드'에 처음 사용되었다. 이들은 당시 경제적 부의 축척에 대한 야망이 있었고, 해상무역을 통하여 그들의 꿈을 실현시키고 있었다. 사실 그들은 역사에서 최초의 해상무역상이라고 해도 과언이 아닐 것이다. 그들의 배는 모든 바다를 다니면서 모든 해안을 방문하여 생필품을 팔았던 것이다. 페니키아인들은 여러 해안에 정박하면서 생필품과 함께 페니키아글자도 가르쳤던 것이다. 그 당시에 그리스를 비롯한 여러 곳에서 사는 사람들은 문자가 없는 문맹인들이었다.

1. 페니키아문자와 페니키아인

페니키아문자를 그리스에 전한 사람이 페니키아사람 캐드므스(Cadmus)가 맞느냐 틀리느냐에 대해서 왈가왈부하지 말자고들 한다. 그 이유로는 캐드므스에 관한 이야기는 다분히 전설적인 내용도 포함되기 때문이기도 하지만 페니키아 상인들이 배를 타고 여러 해안의 항구를 드나들면서 글자를 전해준 곳이 한두 곳이 아닐 뿐만 아니라 전해준 사람이 꼭 캐드므스라는 특정인이라는 보장도 없기 때문이다. 그래서 문자를 전해준 사람들의 대표성이 있는 사람의 이름을 거론한 것이니까 상징성에 보다 무게를 두자는 것이다. 사실 너무 오래된 일이고 또한 문자나 단어를 전할 때에 어느 시기 누구에 의해서 전달됐다는 정보는 어느 시기에서도 정확하게 밝히기 쉬운 일이 아니기 때문이기도 하다. 그리스 역사학자 헤로도토스(Herodotus)의 주장을 들어보면 캐드므스는 트로이(Trojan) 출신이고 그는 부하를 데리고 베오티아(Bœotia)라는 나라에 들어갔는데 원래 그는 유럽을 찾아 나섰다가 태라(Thera=지금은 Santorin) 섬에 상륙해서 그곳에 자기의 부하를 남겨두고 떠났다는 것이다. 그래서 페니키아인이 처음 그리스에 착륙하여 정착한 곳은 위에 언급한 두 지역이었다. 그 다음으로는 고린트(Corinth)를 비롯한 그리스 여러 곳이었다는 것이다. 이때의 시기는 그리스 전통에 의하면 B.C. 12세기쯤이고, 또한 트로이 전쟁이 일어나기 200년 전쯤으로 보고 있다.

캐드므스가 페니키아문자를 그리스에 전달했지만 그리스 사람들이 그 문자를 받아들여 그들의 문자로 삼느냐 다른 문자를 받아들이느냐는 선택의 문제였다. 그러면 언제쯤 그리스인들이 페니키아문자를 그들의 문자로 인정하고 사용하게 되었을까? 그 시기를 찾아내는 것은 중요한 일이지만 결코 용이한 일이 아니다. 그러나 대략적인 연대는 여러 학자들의 연구를 종합해 보면 추측은 가능할 것이다.

학자들이 추측한 연대를 종합하고 나서, 그리스에 전달된 것으로 생각되는 각 지역에서 사용된 최초의 문자를 비교해 보면 전해진 연대에 어떤 형태의 문자가 왔는가를 대충 짐작할 수는 있을 것이다. 문자의 형태는 오래되었을수록 페니카아 문자와 유사성이 더욱 크다는 것은 상식이다.

여러 학자들의 견해를 종합한 것을 보면 Larfeld는 B.C. 11세기, Kenyon과 Szántó는 B.C. 10세기, Beloch는 B.C. 10세기 또는 9세기, Ullman은 B.C. 12세기 또는 11세기, 그리고 Carpenter는 약 B.C. 700년으로 추정하고 있다. 이것을 종합하여 보면 B.C. 12세기에서 B.C. 8세기 사이에 문자가 그리스에 도입되었을 것으로 추측할 수가 있다.

그 다음으로 그리스의 가장 초기 문자들이 셈문자 중에 어느 문자와 가장 형태상 닮았는지에 대한 조사를 해보면 어느 시기의 어느 문자가 그리스의 어느 문자로 전달되었는가를 알 수가 있다는 가정하에 Driver(1976)는 그리스 초기문자인 아테네 문자(Athens), 크레타문자(Crete), 테라문자, 나우크라티스문자(Naucratis=Abu Simbel), 코린트문자, 메로스문자(Melos) 그리고 나크소스문자(Naxos) 등 8개의 그리스문자와 셈 지역의 여러 문자 중에 9개 문자 즉 B.C. 1500－1000대에 아히람(Ahiram)과 헤히밀크(Hehimilk), B.C. 1000년대의 나바티야(Nabatiyah)와 게젤(Gezer), B.C. 900년대에 아비바알

(Abibaal)과 에리바알(Elibaal), B.C. 850년대에 진질루(Zinjirlu)와 모압(Moab), 그리고 B.C. 725-700년대에 키프르스(Cyprus) 등과의 접촉과 교류를 고려하여 형태적 유사성이 제일 많은 문자를 찾아내려고 했다. 이것들을 비교한 결과를 보면 그리스 알파벳과 가장 많은 수의 접촉을 가진 문자는 아히람문자라 한다. 그리고 새김글에 제일 많은 것은 게젤, 진질루와 모압 글자들이다. 새김글에 제일 많은 글자의 연대는 B.C. 1000에서 B.C. 850년이다. 그래서 연대 추정은 B.C. 10-8세기로 추측할 수가 있겠다.

2. 페니키아어와 페니키아문자의 특징

페니키아인은 페니키아문자를 훌륭하게 발달시켰고, 또한 여러 지역을 순방하면서 페니키아문자를 전했다. 페니키아문자를 페니키아인이 창제했는지에 대해서는 많은 논란의 여지가 있기 때문에 여기서는 논외로 한다. 여기서는 페니키아문자가 그리스문자로 되기에는 여러 가지 문제점이 있으니까 그 문제점을 찾아보고 그리스인들이 어떻게 그 문제를 극복했는지 알아보고자 한다.

우선 페니키아인은 셈어족(Semitic Language Family)이고, 그리스인은 인구어족(Indo-European Language Family)이기에 어족이 서로 다른 민족에게 문자를 전했을 때 여러 가지 문제점이 나타날 것이란 것은 예견되는 일이다. 페니키아문자가 전해질 당시에 그리스인들은 문맹인이었기 때문에 페니키아문자를 선택할 것인가 아니할 것인가에 대한 식견이 없었다. 더구나 문자를 전해준 사람들이 거의가 상인들인 것을 감안하면, 물건을 셈하거나, 물건을 구별하거나, 돈을 받았는지, 주었는지 등의 표시 등으로 처음 사용했기 때문에 처음부터 페니키아문자에 대해서 받아들일 것인가 말 것인가에 대한 평가를 할 수가 없는 상태였다.

페니키아문자를 접해본 그리스인들은 뒤에 가서 차츰 기호개념으로 숫자로 표시하던 것을 문자로서의 기능을 페니키아문자에서 원하게 되자 페니키아문자의 문제점을 실제적으로 인식하게 됐다. 즉 페니키아문자는 문자로서는 완성되지 못한 불완전한 문자이다. 즉 음절문자는 아니지만 완전한 음소문자도 아니기 때문에 여러 가지 어려움이 생겼다.

셈문자는 자음문자(Consonantal writing)라고도 하고 또는 자음편중문자라 한다. 자음문자나 자음편중문자는 다 같이 알파벳에 자음만 있고, 모음이 없는 반쪽짜리 문자다. 자음편중문자가 발생할 수가 있었던 것은 이집트어의 특성과 관계가 있다고 생각할 수 있다. 이집트어는 모음보다는 자음에 큰 의의를 가지고 있는데, 이집트어와 마찬가지로 셈어도 자음이 큰 의의를 가지고 있다. 이집트어는 자음만을 표기하고, 모음은 읽는 사람이 앞뒤 문맥을 보아가며 보충한다. 이런 과정에서 자음만을 표기하는 자음문자가 발생하게 된 기초가 된 것이다. 사실 처음에 모든 문자의 시초가 그림에서 시작되었고 그림에서 뜻을 나타내는 표의문자가 됐다. 이집트의 표의문자에 대한 예를 들면 입을 나타내는 그림 <♡>이 발음에서 자음기호 <r>로 표시가 되었는데 그 이유는 표의문자는 <입>이라는 뜻을 나타내면서 [ro]라고 발음하면 되는데 유별나게도 이집트어나 셈어에서는 [ro]라고 발음을 하면서도 표기에는 모음 <o>를 쓰지 않고 <r>만을 표기했던 것이다. 또한 [r]음을 가진 다른 단어에도 쓰일 수가 있으며, 또 쓰인다고 해도 아무런 문제도 없는 언어가 이집트어와 셈어였다. 따라서 표의문자 <♡>는 [r]음을 가진 모든 단어에 쓰이게 되었으며 <r>의 기호로 쓰이게 되었던 것과 같은 이치이다.

자음문자는 페니키아인과 셈어족에 의해서 인류역사상 처음 형성되었다. 즉 페니키아인들은 간편하고 단순하면서도 편리한 문자를 추구했고, 또한 페니키아어 자체가 완전 자음문자로도 잘 표기될 수가 있다는 것이 자음문자를 발생하게 한 원인이었다. 셈어족 전체가 자음문자를 사용했던 것은 아니었다. 예를 들면 아카드어(Akkadian)는 셈어이면서도 쐐기문자를 사용했고, 모올타어(Maltese)는 셈어이지만 로마자를 사용한다. 그러나 거의 대부분 셈어족은 자음문자를 사용했다는 것은 틀림없다.

페니키아어에는 동음이의어 단어가 거의 없으나 이집트어에는 동음이의어가 많이 존재했기 때문에 의미 구별표시가 반드시 필요했다. 페니키아어는 그럴 필요성이 없기 때문에 순수한 자음문자만으로 페니키아어를 비롯한 여러 셈어를 원만히 표기할 수가 있는 문자로 발전되었다. 특히 페니키아문자는 이집트에서 두음원리(Acrophonie principle)을 배워왔다는 것을 거의 대부분의 언어학자들은 인정하고 있는데 두음원리란 예를 들면 alpha라는 철자의 음가는 이 철자의 첫음 a가 이 alpha의 음가라는 원리이다. 따라서 페니키아어는 두음원리에 따라서 보다 쉽게 자음문자를 형성하게 된 것이다. 셈어 자음문자는 분명히 독립적인 창조물이었다고 여러 학자들은 주장한다. 왜냐하면 글자 형태 중에 많은 부분이 상형문자와 닮지 않고, 더더욱 그려진 물체와 글자 사이의 관계는 셈어에는 적용이 되나 이집트어에는 적용되지 않기에 이집트의 영향이 없는 독자적인 문자라고 한다.

페니키아문자의 글자 수는 22개로 구성되어 있는데 자음과 반자음으로 구성되어 있다. 지금도 이렇게 모음 없는 셈어에 사용되는 문자가 세계에 널리 쓰이고 있고 또한 석유 생산으로 부유한 나라가 되어 세계 여러 지역에서 영향력을 행사하는 나라에서 정상적인 문자로의 역할을 하고 있다. 현대시대에서 페니키아문자에서 발전된 문자로는 히브리어문자와 아라비아어문자가 대표되고 있다. 그런데 히브리어문자는 페니키아문자의 특성과는 관계가 없는 많은 복잡한 여러 가지 문제를 가지고 있다. 물론 아라비아어의 문자에서도 불필요한 복잡한 요소를 가지고 있어서 현대의 셈어 표기의 문자를 페니키아문자와 비교하는 것은 상당히 어렵다. 그래서 셈어의 특징을 설명하기 위하여 성서 히브리어는 서기 기원 초에 음성언어로서 사라졌다가 최근 약 100년 동안에 인위적으로 재생시켜 사용하는 것이니까 아라비아어보다는 변화 양상이 훨씬 덜하다고 판단되어 셈어의 대표로 특징을 알아볼 수 있다. 왜 자음문자가 발생했으며 그 문자가 페니키아어를 비롯한 셈어를 표현하는 문자로서 오늘날 까지 지탱해 온 원동력이 어디에 있었는가를 파악할 필요가 있다.

자음문자가 탄생한 근원은 셈 언어에서 모음의 중요성이 인도유럽어족의 언어나 다른 언어에 있어서의 중요성보다 크지 않았다는 사실에 있다. 모음이 나타나게 되는 원인은 어휘적이라기보다는 문법적인 것이기 때문이다. 달리 말하면 모음이 필요할 때는 비록 문자에는 기록되어 나타나지 않지만 대부분 문맥의 뜻으로 파악하고 결정될 정도로 의사전달 목적을 위해 크게 중요하지 않은 경향이 있기 때문이다. 셈어의 대부분 단어들은 보통 세 개의 자음으로 구성된 어근에서 나온 낱말들로 구성되고, 그 세 개의 자음 사이에 여러 가지 유형의 모음들이 보충되면서 여러 가지 문법적 굴절을 나타내어 서로 보완해 주고 있다. 예를 들면 어근 k t b는 "쓰기"의 뜻을 나타내며, d r ś는 "설교"의 뜻을 나타낸다. k t b와 d r ś의 활용을 다음에서 볼 수 있다.

kātab	그는 글을 썼다	dāraś	그는 설교했다
kātəbū	그들은 글을 썼다	dārəśu	그들은 설교했다
jiktōb	그는 글을 쓸 것이다	jidrōś	그는 설교 할 것이다
kətōb	글을 써라!	dərōś	설교를 하라!

위와 같이 모음을 보충 사용하여 말을 하는데 모음의 보충은 자유로이 넣는 것이 아니라, 물론 일정한 제한적 한계가 있음을 다음의 예에서 알 수가 있다.(*표시는 단어성립이 안됨)

kətōbet (명문)	* dərōśet
kətubbā (혼인계약서)	* dərruśśā
* kətābā	dərāśā (훈계)
* miktābī	midrāśī (교훈적인)

같은 환경에서도 모음을 넣어야 말이 되는 것이 있고 말이 되지 않는 것이 있다는 것을 알 수가 있다. 자음만을 표현하는 글자는 실제로 그렇게 불합리하지도 않고 애매하지고 않게 쓰이고 있다. 그렇다고 모음을 문자에서 완전히 무시할 수도 없는 형편에 있다. 왜냐하면 위의 예에서 보는 바와 같이 많은 명사가 세 개의 자음으로 구성된 조직과 관계가 없이 만들어지면서 고유한 모음을 갖고 있기 때문이다. 더구나 세 개의 자음 어근 중에 w나 j와 같은 자음이 올 때에는 이 자음은 종종 모음역할로 발음이 된다. 어떤 자음은

이중의 임무를 부여받아 자음의 역할을 할 때도 있고 모음의 역할을 할 때도 있는데 이러한 기능을 가진 문자를 독서의 모음(matres lectionis)이라고 한다. 일정한 문자의 연속체에서 택일적인 해석이 가능한 경우에는 보통 문맥이 해결해 준다. 그러나 유럽언어에 사용되는 철자와 비교해 보면 해석의 예측가능성이 훨씬 떨어지는 것이 셈문자라고 할 수가 있다. 예를 들어보면 장거리 전화로 대화할 때에 잘 안 들리는 경우의 예로 사람의 이름과 자동차 번호를 부를 때에 P*ank Daw*on이고 자동차는 부산19*4라고 했을 때에 영어로 된 사람의 이름은 추측률이 높아 쉽게 Prank로 추측할 수가 있으나 차량번호와 같은 숫자는 추측하기가 쉽지 않기에 추측률이 아주 낮다고 볼 수가 있다.

제2절 그리스어와 페니키아문자와의 관계

그리스어를 표기하는 자음문자는 그 음가를 대부분 페니키아문자에서 가져왔다. 그렇지만 서로 언어구조가 달라 대등한 음성이 거의 없었기에 페니키아철자가 그리스어에 근소한 음이 있으면 같은 것으로 여겨 그 음을 표기하는 문자로 받아들여 문자로 만들었다.

그리스에 들어온 페니키아철자는 차츰 그리스어를 표기하기에 알맞도록 변화되어 갔던 것이다. 셈언어에 알맞게 사용되던 자음문자를 도입했기에 그리스인들은 그리스어 표기에 알맞은 자음과 또한 모음을 만들어야 했다. 페니키아의 어떤 철자는 그리스어 표기에 알맞아 그대로 받아들이는 것도 있고, 또한 어떤 철자는 그리스어에 알맞지 않아 변형을 시켜서 써야 하는 것도 있다. 그리고 어떤 철자는 도저히 사용할 수가 없어서 버려야 되는 것도 있어서 선별하고 정리하면서 다듬어 나갔던 것이다. 우선 변경해서 사용하기 쉬운 것부터 그리고 가장 긴급한 것부터 시작했을 것이다.

그리스에 페니키아 알파벳이 B.C. 9세기 중엽 전후에 도입되었다 하더라도 적응과, 실험, 단련의 시기가 적어도 2세기정도 필요했다. 이 시기에 페니키아 철자들이 그리스어 용법으로 전환하는 변화들이 나타났던 것이다. 그리고 상인, 예술가 등이 새로 적응된 알파벳을 작은 섬에서 본섬에 알렸을 것이다. 따라서 2세기 후인 7세기경에 가서야 대중적 목적에 적합한 알파벳이 사용되었던 것이다. 물론 그리스인들은 페니키아알파벳을 채택해서 서서히 그리스어를 표현하는데 적용시켜서 인구어에 알맞도록 부단히 노력도 했던 것이다.

뒤에 가서 그리스에는 아이오니아알파벳이 전체 그리스의 표준 알파벳이 되었다. 처음 페니키아철자가 그리스의 어느 지역에 도입되었을 때는 페니키아철자의 수는 22개였다.

그리스인이 페니키아철자를 도입했다는 역사적 관계를 보다 올바르게 설명하는 데는 특별한 어려움을 갖지 않는다. 또한 그간에 발생했던 변화의 본질을 설명하는데도 알파벳의 순서를 보고 설명하면 상당히 이해하기가 쉽다. 영어, 라틴어, 그리고 그리스어의 철자가 페니키아철자에서 온 것은 알파벳의 순서가 뒷받침하는데 그것을 보면 우선 페니키아알파벳의 순서에서 히브리글자의 습관적인 순서가 바로 영어알파벳 순서와 같다는 것이다. 이 사실은 철자의 순서가 아주 오래전에 이미 정비되었다는 것을 말해준다. 이순서의 정렬은 페니키아알파벳이 그리스에 전달되기 전에 이루어진 것을 확신하고 있는데 그 확신의 근거로 첫째, 실제 사용되는 알파벳이나 지금까지 보유되고 유지되어 왔던 알파벳을 보면 알 수가 있고, 둘째, 숫자로 사용할 때에 그 철자가 갖는 숫자의 크기가 차례로 되어 있는 것을 보면 알 수가 있다. 셋째, 각 행의 첫 글자 또는 중간, 마지막 글자로 짜 맞추면 하나의 말이 되는 희시(Acrostic) 즉 알코스틸 작문을 보면 알 수가 있다. 넷째, 철자전달에 나타난 증거에서 알 수가 있다.

캐드므스가 페니키아철자를 가지고 처음 그리스의 태라섬에 착륙했을 때에는 인구어족이 아닌 캐리언(Carians)족이 살고 있었다. 그는 태라를 페니키아 식민지로 만들고 난 후에 도리안(Dorian)으로 갔고 그의 동료 일부는 베오티아로 갔으며 그곳에서 원주민들에게 문자를 가리켰다고 한다. 물론 캐드므스가 만난 사람들은 모두 문자를 모르는 문맹인들이었다. 그래서 그리스는 전통적으로 문자를 획득한 곳으로 베오티아 페니키아 식민지라고 알고 있다. 위의 지적에서 보면 최초에 페니키아문자가 들어간 곳은 태라와 베오티아로 볼 수가 있다. 그 다음으로 코린트 등을 꼽을 수가 있다. 캐드므스는 페니키아지역의 타이사람이므로 캐드므스가 가지고 간 문자는 그 당시 타이사람들이 사용한 모압문자였다. 페니키아문자는 두 가지 종류가 있었다. 모압문자와 시돈문자다. 모압문자는 타이에서 발달되었고, 타이 세력권 안에서 사용되었다. 차후에 이 문자는 모압과 시리아 내륙에 살고 있던 셈족들이 주로 사용하게 되었고 유태인들도 사용하고 있었다. 페니키아상인들이 트로이전쟁 이후에 이 문자를 그리스에 전파했던 것이다. 시돈문자는 B.C. 6세기에 사용된 문자인데 시돈과 페니키아의 주요도시들에서 주로 사용되었는데 앗씨리아왕 네부카드레짤(Nebuchadrezzar)이 페니키아를 정복 할 때까지 아프리카의 칼타고에 이르러 널리 사용되고 있었다. 모압문자와 시돈문자가 수세기동안 페니키아, 유대 및 시리아 등지에서 나란히 사용되었다. 사실 시기적으로 모압문자가 이른 시기에 페니키아 무역 상인들의 문자였기에 무역상들이 전파한 모든 문자는 모압문자였던 것이다. 앗씨리아왕 네부카드레짤이 타이를 정복할 때에 철저히 파괴했기 때문에 타이의 재건과 회복은 거의 불능 상태로 되어서 그 뒤에는 문자마저도 페니키아인들 스스로 모압문자를 쓰지 않고 대신 시돈문자를 채택해서 사용하게 되었다.

1. 페니키아알파벳에서 그리스알파벳이 되는 과정

우선 그리스알파벳 이름과 페니키아알파벳 이름을 비교해 보면 어떤 변화가 일어났는지 쉽게 파악할 수가 있다.

페니키아알파벳	'aleph, beth, gimel, daleth, he, vau, zayin, cheth
그리스알파벳	alpha, beta, gamma, delta, epsilon, zeta eta

페니키아알파벳	teth, yod, kaph, lamed, mem, nun, samekh, 'ayin
그리스알파벳	theta, iota, kappa, lambda, mu, nu, xi, omicron

페니키아알파벳	pe, tsade q'oph, resh shin tau(22개)
그리스알파벳	pi, rho, sigma, tau upsilon phi xi psi, Omega(24개)

두 철자를 비교해 보면 페니키아의 철자 중에 vau, q'oph가 그리스철자에 사용되지 않았고, samekh, shin 두 철자 중에 어느 하나가 그리스철자 sigma로 사용되었고 그 나머지는 사용되지 않았고, 또

한 zayin과 tsade 중에 어느 하나가 zeta로 되고 그 중의 하나는 사용되지 않았다. 그리스철자 xi는 새롭게 도입되면서 페니키아철자의 어느 음을 표현하게 된 것이다. 그리스철자에 새로 생긴 글자는 upsilon, phi, xi, psi, 그리고 omega인데 그중에 upsilon은 완전히 새로 생긴 것이 아니라 페니키아철자 vau에서 힌트를 얻어 모음을 만들었다. 그래서 학자에 따라서 그리스인이 upsilon을 새로 만들었다는 주장도 할 수 있는 근거가 된다.

페니키아철자는 22개이고 그리스철자는 24개이니까 철자 도입 때에 조정이 일어났다는 것을 알 수 있다. 철자 이름이 페니키아철자에는 거의가 자음으로 끝나지만 그리스철자는 거의 모음으로 끝나고 있다는 것도 특이한 사항이다.

철자변화가 일률적으로 일어나지 않았기 때문에 몇 가지로 나누어 생각해 보아야 된다. 첫째, 페니키아철자를 기반으로 하여 모음을 만든 것, 둘째, 일부 자음은 그리스어를 표기하는데 필요 없어서 폐기한 것, 일부 자음은 페니키아철자의 음 표기를 변경시켜 사용한 것, 셋째, 페니키아철자에 없는 새로운 모음과 자음철자를 만든 것 등이다.

2. 페니키아철자를 기반으로 한 모음 만들기

그리스인들은 페니키아철자의 반자음과 자음 중에 기음(Breath)을 표기하던 문자 중에서 그리스어의 모음을 만들기 위해서 서로 비슷한 소리를 내는 5개 페니키아철자에다 약간의 변화를 주어 그리스어 표기에 알맞은 모음글자로 만들었다.

1) 페니키아 첫철자 'alep(원래는 'alp인데 히브리어의 'ālep와 같이 e어중음 첨가함)는 첫음 '이 성문 폐쇄음으로 그리스어에는 없어 성문폐쇄음 '을 생략하여 alpha로 이름하고 음가를 두음원리에 따라 첫음 a를 모음으로 사용하게 되면서 모음을 만들었다. 글자는 A로 쓰게 되었다.
2) 약한 후음 유기음 h음을 내던 he에서 h를 없애고 그리스어에 짧은 e음을 나타내게 하였고, 이름은 epsilon이라 하고 e음을 나타내면서 글자는 E이다.
3) 후음 유성음으로 사용된 자음 'ayin도 '음이 없어지면서 그리스어의 짧은 모음 o를 표현하게 되었고 이름은 Omicron으로 부르면서 글자는 O이다.
4) 페니키아철자 반모음 yod는 반모음 i음으로서 영어에 y음, 독어의 j음과 같은 음으로 나타내던 철자로서 그리스어의 모음 i음을 나타내며 iota로 불리면서 철자는 I이다.
5) 페니키아 자음 cheth가 그리스어에서 긴 e모음을 나타내고 이름을 eta라 하고 철자는 H이다.

위에서 살펴본 페니키아 자음철자 5개는 어느 셈언어에서 동족의 모음으로 분류할 정도로 모음에 가까운 자음들이다. 이 철자를 그리스에서 약간의 변화를 주어 모음으로 사용하게 된 것은 큰 어려움이 없었다고 생각된다. 그래서 그리스인들은 페니키아철자를 받아들인 후 얼마가지 않아서 모음을 쉽게 만들어 사용했다고 생각된다.

3. 새로운 모음 만들기

1) 그리스인이 u모음을 나타내는 upsilon철자를 만들었다. 페니키아철자 반모음인 vau는 그리스에서 도입되면서 3개의 철자로 나타났다. Mason(1928)는 페니키아철자 ϒ(음가는 f와 v)가 그리스에서는 F와 비슷한 형태의 철자로 동부군 지역 6개 중에서 태라, 크래타, 코린트 등 3개 지역에서 나타나고, 애틱, 아부심벨, 미레투스 등 3곳에는 나타나지 않았다고 했다. 서부군에서는 F철자와 비슷한 것이 로크리아(Locria), 에리아 등에서 나타나고, 베오티아에는 F와 더불어 ㄷ같은 형이 같이 나타나며, 찰시스에는 ㄷ형만 나타나며, 유베아에서는 아무것도 나타나지 않았다고 했다. 그렇지만 tau 다음에 u음가를 가진 형이 동부군과 서부군 모두에 나타나고 특히 동부군에서는 모두 2개 이상의 철자가 Y형과 V형으로 나타나고, 서부군에서는 유베아와 로크리아에서는 V형태만 나타나고 그 외에는 Y와 V형 두 개가 나온다고 했다. vau에 대해서는 학자마다 의견이 조금씩 다른데 세 학자의 견해를 살펴보고자 한다.

그리스철자 upsilon 탄생 기원에 대하여 Taylor(1899)는 3가지 가설을 제시한다. 제1가설은 철자 O의 윗부분이 열리면서 V의 형태가 되고, 그기에 꼬리가 달린 부분 Y가 이차적 형태로 생겨났다. 제2가설은 upsilon 형태의 근원은 ϒ 형인데 꼬리가 있는 것이 특징이고 이것이 가장 오래된 근원 형태다. 이 형태는 지중해 사이프러스(Cypriote)음절문자에서 u음을 나타내는 ϒ에서 나온 것이다. 제3가설은 *ϒ*(vau)에서 생겨났다.

제2와 제3가설이 비문의 새김글을 통해서 확인되어 제일 신빙성이 있다. 그 한 증거로 태라섬의 한 새김글에서 가장 초기의 형태 ϒ와 유사한 형태가 F에 해당되는 것인데, 페니키아 철자 중에 아주 오래된 철자 바알 레바논(Baal Lebanon)에 vau는 F에 가까고, 모압철자에서 vau는 Y에 가까운 형태다.

Thomas Pyles and John Algeo(1982)의 견해를 보면 그리스인이 새로 창조한 철자는 omega와 upsilon 등 두 개나 되어 그리스인의 모음 창조능력을 높이 평가했다. 특히 upsilon (Υ)은 셈철자 반모음 vau에 해당되지만 그리스의 u모음을 표현하기 위해서 만들어진 글자다. 페니키아 vau의 음가를 그리스철자 F가 표현하던 반모음 w음은 그리스의 아이오니아어에서 사라지면서 다른 방언에도 사라졌다고 한다. 페니키아의 vau에서 나온 그리스형 철자 F를 그리스 이름은 원래 f$\alpha\upsilon$라고 했지만 digamma라 달리 부르게 된 것은 F형이 하나의 gamma(Γ)철자 위에 또 다른 gamma(Γ)를 첨가한 모양을 하고 있어 문법가들이 그렇게 이름을 붙이게 된 것이라 한다. digamma라고 부르는 페니키아 vau가 그리스철자에는 숫자 표시 이외에는 쓰이지 않았다. 뒤에 가서 로마인들은 이것을 부활시켜서 다른 음가(f)를 부여하여 F철자로 사용하게 된 것이라는 의견이다.

Geoffrey Sampson(1985)의 견해를 보면 페니키아 vau는 약간 다른 두 가지 F와 Y가 그리스글자로 되었는데 이 글자들은 각각 반모음 w음과 모음 u음을 나타냈다. 그런데 F가 나타내는 w음이 그리스어의 후기발달 과정에서 없어졌고, 그래서 철자 F가 고전 그리스알파벳에서 쓰이지 않게 되었다. 그러나 셈어철자에서 사용된 하나의 vau 철자가 그리스에서는 모음 u와 자음 w의 표기를 구별하기 위해 그리스글자를 두 개를 의도적으로 만들었던 것이다. vau에서 만들어진 또 다른 글자 모음표시 철자는 여분의 철자이므로 알파벳의 끝 tau 뒤에 첨가하게 되었다.

위의 세 학자의 의견을 종합해 보면 페니키아 vau가 그리스에 도입되면서 철자형태로는 Y, V, F 등 3가지로 표현되고 있다는 것을 알 수가 있다. 권종성(1987)은 그리스의 서부군에서만 3개의 형태가 나타난다고 했다. 페니키아의 vau가 그리스에서 적어도 2개 이상 자음 V, F(w음 표기)와 모음 ϒ(u모음)을 나타내고 있다고 볼 수 있겠다.

2) 페니키아에 없던 정말 독창적이 모음 철자가 omega다. 이 철자가 만들어져 사용된 지역으로는 그리스 동부군에 해당되는 미레투스 한 곳 뿐이다. 그리고 서부군에서는 이 철자가 사용된 지역이 전혀 없다. 이것은 바로 omega 철자가 한참 뒤에 만들어져 사용됐다는 증거가 된다. Taylor(1899)는 eta가 완성된 시기보다 약 1세기 후에 omega가 만들어졌다고 한다. 만들어진 유래의 단서는 Taylor(1899)에 의하면 아프리카의 아부심벨에 새겨놓은 새김글에서 찾고 있다. 단모음 e와 장모음 e와의 차이를 이미 다른 철자로 표시하고 있고 또한 omicron 철자 하나로 장모음 o와 단모음 o를 구별하는데 사용한 표기로는 o, ov, w로 세 가지로 나타내고 있었다. omicron은 처음에 페니키아철자 'ayin에서 나왔을 때에 ov라는 이름으로 불리였는데 그 이후에 omicron으로 이름이 바뀐 이유는 장모음 o를 만들어서 omega라고 이름하기 때문에 서로 구별하기 위해서 omicron으로 했고 omega도 처음에는 w라는 이름이었으나 뒤에 omega로 이름을 고쳐 불렸다고 한다. 최초로 도리안 지역철자에서는 모양이 큰 O를 단모음으로, 모양이 작은 o를 장모음으로 표기했다. 뒤에 가서 아이오니아철자에서 짧은 모음은 큰 O로 표기하고 긴 모음은 큰 O의 밑 부분이 열린 형태 Ω로 표기하게 되었다. omega의 현 표기는 파로스(Paros), 시프노스(Siphnos) 그리

고 타소스(Thasos)에서 O형태의 밑 부분이 열린 ∩형태를 사용하게 된 것이 시초가 된다.

4. 자음 만들기

그리스인들은 페니키아문자에 그리스어 발음을 표현하지 못하는 몇 글자는 사용할 수가 없어 폐기처분한 철자도 있으며, 또한 받아들였으나 발음을 표기하는데 알맞지 않아서 약간 변화를 주어 사용하게 된 것도 있고, 그리고 페니키아철자에 없지만 그리스어를 표현하기 위해서 새로이 자음을 만든 것도 있다.

1) q'oph 철자는 그리스철자 koppa로 불리면서 처음에 잠시 사용되었다. 테라, 아테네, 아부심벨, 그리고 로크리스 등지에서 한 번 내지 두 번의 새김글에서 나온다. 이 철자는 새김글에 사용되는 것보다는 화폐의 숫자로 표시되는 형태로 많이 나오고 있다. 즉 90을 나타내는 숫자표시로 점차 사용되고 글자로서의 효용은 떨어져서 사용되지 않게 되었다. 그러나 숫자로의 역할은 계속 이행했던 것이다.
2) tsade는 페니키아알파벳의 18번째 알파벳으로 그리스철자 18번인 san에서 처음에 페니키아철자 tsade의 알파벳 자리와 형태를 전수받았다. 그 뒤에 사용되지 않고 숫자 900을 나타내는 sampi로 남았다.
3) 페니키아 6번 철자 vau는 그리스철자 6번 자리에 F철자를 자음으로 나타냈으나 뒤에 가서 사용되지 않고 숫자 6만을 표시하게 되었다.

5. 알파벳 위치나 이름이 변경된 철자

페니키아철자가 그리스철자로 변화되는 과정에서 여러 가지 변화가 발생했지만 간혹 이해하기 곤란한 문제가 발생했는데 그것은 아래의 4개의 치찰음들이다.

1) zayin은 페니키아알파벳 순위 7번으로 z음을 나타내면서 철자형태는 工인데 이것이 그리스철자에 알파벳 순위 7번 zeta로 되고 z음을 내는 철자 工이 되었다.
2) tsade는 페니키아알파벳 순위 18번으로 ts음을 내며 철자로 ᒥ인데 이것이 그리스철자 18번 san이며 s음을 나타내면서 M 철자로 됐다. 문제는 위 두 그리스철자의 이름이 zayin에서 zeta로, tsade에서 san으로 전환되는 것에 있다.
3) samekh는 페니키아철자 15번 순위로 s음을 내고 王모양의 철자를 가졌는데 그리스철자에서 15순위에는 xi이름에 ss(x) 음을 나타내며 철자는 王이다.
4) shin은 페니키아철자 21번으로 sh음을 내며 철자형태는 W 이던 것이 그리스철자 21번 sigma 이름에 s음을 내면서 철자 형태는 ꟸ 모양이다. 위 두 철자에서도 samekh가 xi로 되고, shin이 sigma가 되는 이름에 대한 여러 가지 추측이 학자들마다 제기하게 되었다.

페니키아의 치찰음이 그리스의 철자로 되는 데에 이유가 있었는데 그 이유는 두 가지로 설명이 되어 왔는데 그것을 보면 다음과 같다.

첫째, 철자모양과 위치는 같으나 철자이름이 다른 이유에 대하여 원래 그리스철자 21번은 san이었고, 그 형태와 이름은 페니키아철자 21번 shin에서 얻었고, 그리스알파벳의 15번은 sigma이고, 페니키아철자 15번 samekh에서 나왔으며, 한편 그리스철자 zeta는 페니키아철자 zayin에서 나왔다. 그런데 몇 가지 그리스철자에 변수가 생긴 것이다. 21번에 있던 san철자가 그리스에서 사용되지 않게 되자 자리변동이 생겼다. sigma가 21번 위치로 자리이동을 하면서 15번 자리가 공석이 되자 그 자리에 올 철자로 다시한번 페니키아철자 samekh의 형태를 본 따오고 알파벳의 위치 등을 물러 받아 새로운 xi가 생겨났다. 따라서 xi는 samekh에서 이름은 전혀 물려받지 않았다는 것이다.

이 이유의 타당성의 증거를 보이려면 발굴된 새김글에서 처음에 15번에 있던 sigma의 모습도 보여 주어야 하고, 또한 뒤에 이동한 모습도 보여 주어야 될 것인데 발견된 새김글에서는 항상 sigma는 그리스 21번 자리에만 나올 뿐이고 san의 철자 M 형태는 21번 자리가 아니고 18번에만 나왔다. san은 철자형태와 철자위치가 페니키아의 tsade와 일치하고 shin과는 일치하지 않는다. 사실 sigma의 철자형태 Σ은 결코 페니키아철자 samekh에서 획득하지는 않았다는 Taylor(1899)는 위의 이유는 증거가 없다는 입장이다.

또 다른 이유로는 초기 그리스지역 여러 도시국가들 사이에 알파벳의 교환과 약간의 혼동이 있었다는 것이다. 그리스의 도리안 지역에서 페니키아 7번 zayin이 san으로 불리고 s음을 나타냈고, 반면에 유베아 지역 철자에서는 z음을 나타냈다. 또한 도리안철자에서 페니키아 18번 tsade가 zeta로 이름지어지고 z음을 나타냈다. 그러나 유베아철자에는 s음을 나타냈다. 그런데 뒤에 가서 유베아철자가 도리안 지역에 전해지면서 두 철자의 혼합이 일어나서 z음을 표현하는 철자를 zeta로 이름짓고 철자형태는 유베아 형인 工를 쓰게 됐다. 비슷한 경우로 도리안철자에 s음을 표현하는 철자로 유베아철자 M을 갖게 되고 이름은 도리안 san으로 된 것이다. 같은 경우가 다른 치찰음에도 나타났다. 도리안철자에 samekh의 형태 王은 sigma이름에 s음을 나타냈으나 유베아철자에서는 x음을 나타냈다. 또한 도리안철자에 shin은 xi이름에 x음을 나타냈으나 유베아철자에서 s음을 나타냈다. 도리안철자와 유베아철자 사이에 융합이 나타나서 도리안철자 x음은 도리안철자 이름 xi이 되고, 형태는 유베아철자 王으로 되었다. 도리안철자 이름 sigma에 철자형태는 유베아 ϟ이고 s음을 표현하는 것은 철자간의 융합으로 이루어진 것이다. 그래서 그리스의 도리안철자에 두 개의 철자가 있게 되는데 s음의 철자 ϟ가 있고, 또한 s음의 철자 M이 사용되자 하나가 사라졌다. 즉 ϟ 형태가 사라졌다.

지금까지 내용을 종합하면 도리안철자 7번째 zeta 이름에 z음을 나타내는 工형태가 쓰이게 됐고, 15번째 자리에 王형태에 x음을 갖는 xi가 자리잡았고, 18번째에 san이 M형태로 s음을 나타냈다. 그러나 도리안철자는 뒤에 아이오니아철자로 대치되면서 18번의 san이 없어져 버렸다.

두 번째 이유로 타당성이 있는 것은 그것을 증명할 자료가 많이 있다는 사실에서도 알 수 있다. 즉 숫자로서 알파벳의 활용이 각 철자들을 이동하기 어렵게 만들었고 철자의 위치를 고수하게 한 원인이기도 했다.

6. 새로운 자음 만들기

셈언어에는 없는 발음이 그리스어에 있었다. 그것은 유기성 발음인데 마치 산스크리트어에 있는 것과 같은 발음이 그리스어에도 있었기에 그 음을 표현하기 위해서 자음을 새로 만들어야 했다. 그리스에서 두 개의 철자를 합자로 사용해서 만들었다. 그 철자는 phi, chi 그리고 psi 등이다.

1) phi(φ)는 그리스어의 유기성음 ph를 표기하기 위해 만들었다. 처음 사용된 곳은 태라 지역인데 새김글에 *Π*와 H가 합쳐진 *Π*H로 사용됐다. 이것은 페니키아철자 9번 teth를 참고하여 만든 것으로 보인다. 페니키아 teth(Θ)는 처음에 그리스 음 th를 나타내는 철자 theta로 만들어졌다. 그리스 초기에 페니키아 teth가 th음을 표기하는 형태로 teth와 비슷한 철자 Θ를 만들었다. 그리스인들은 th음 이외에 ph음을 나타내는 철자도 teth에서 고안해 냈다. 또한 그리스인들은 th발음을 ph으로 발음하는 언어적 습관을 가지고 있었다. 그래서 ph음을 표현하는 철자로도 Θ를 사용했으나 페니키아 teth에 해당하는 그리스철자 이미 theta가 있기 때문에 ph음의 철자 Θ는 알파벳 제일 뒤 upsilon 뒤에 위치시켰다. phi의 가장 오래된 형태는 ⊙이었다.

2) chi(*X*)는 kh음인데 동부군에서 X로, 서부군에서 ↓로 표기되었다. 이 두 철자의 기원은 두 철자형태 KH와 ϕH에서 나타났다. 이 글자는 그리스의 태라 지역의 새김글에서 나온다. 이 철자 대신에 간단한 철자가 동부군에서는 X나 ヽ로 서부군에서 ϕ의 위쪽이 벌어진 꼴인 Ɏ\|/ ↓으로 사용했다.

3) 아이오니아철자에서 ps음을 나타내는 철자 Ψ가 생겨났다. 초기새김글에 보면 ps음을 나타내는 철자로는 ΓΣ나 ΦΣ로 나타났다. 초기에 kh음을 표현하기 위해서 Φ日가 서부군철자에 Φ(q)에서 Ψ(kh)만들어 냈던 것이다. 이와 같은 형태로 ps음의 표기 ΦΣ가 동부군에서 ps음의 철자 Ψ는 Φ(ph)에서 만들도록 이끌었다는 추측들이 있다. 지금까지 통일되지는 않았지만 일반적인 의견은 아이오니아 철자 중에 도리안철자인 Ψ(kh)를 택하여 그 철자와는 전적으로 맞지도 않은 ps음을 표현하도록 했다는 것이다.

제3절 그리스알파벳의 형태

위에서 언급한 그리스철자의 자음과 모음 만들기는 그리스철자의 초기에 만들어 사용한 것도 있고 철자를 사용하는 과정에서 필요에 따라서 일찍이 만든 것도 있고 후에 만든 것도 있었다. 그리스의 초기문자는 페니키아문자와 매우 유사하다. 이 초기 그리스문자를 보면 이 문자들이 페니키아문자에서 왔다는 것을 눈으로 즉시 판별할 수 있을 정도로 거의 같다. 그 이후의 시기에 그리스문자는 다소 변형이 이루어졌다는 것을 알 수가 있는데 이와 같이 변화는 철자가 차츰 그리스어에 맞추어 간다는 의미이다. 철자모습이 차츰 세월이 감에 따라서 고전 그리스철자로 쓰이게 되고 서부군의 문자모습은 차츰 변형이 되면서 이태리에 전파되어 차츰 로마문자의 모습으로 변형되어 갔다. 페니키아에서 그리스에 전달된 철자의 증거들이 나오는 것을 토대로 그 철자의 형태를 살펴보고자 한다. Taylor(1899)에 의하면 그리스알파벳은 최초 3가지 유형으로 정리할 수 있다는데 그것은 1) 코린트, 2) 유베아 또는 베오티아, 3) 아이오니아형이다. 이렇게 3가지 유형으로 나눌 수 있는 것은 이 지역이 페니키아의 영향을 받은 그리스의 중요한 중심지였기 때문이다. 코린트형은 코린트에 페니키아의 식민지로 인해 성립된 것이고, 더 이른 시기에는 페니키아의 타이상인들이 들어와서 무역활동을 했던 곳이다. 유베아형이나 베오티아형은 태배(thebes)에 페니키아의 식민지가 시작되었던 곳이고 나머지 아이오니아형 또는 애에게형은 태라, 메로스(melos), 로데스(rhodes), 사모스(samos) 등 페니키아 무역 중심지로 인하여 생긴 것이다.

1. 태라지역 새김글의 예

태라지역의 새김글에서 가장 초기 그리스글자의 예를 나타내 준다. 이 철자는 그리스철자라기 보다는 페니키아철자로 여길 정도이다. 그러나 페니키아철자에서 그리스 초기철자로 변화되어 가는 모습을 약간씩 볼 수 있다.

1) *Θ*대신에 *ΠH*사용은 아주 초기 예를 보여 준다. 이때는 B.C. 9세기 내지 8세기경으로 추정된다.
2) P를 나타내는 (ㄱ)는 그 지역에만 사용되었고 그 뒤 그리스철자에는 나타나지 않고 있다.
3) E 앞에 위아래가 막힌 H형은 그리스 철자 에타(eta)가 아직 진화되어 나오지 않은 시기에 사용된 것이다. 그 뒤에 이것이 긴 모음 e(eta)로 발전했다.
4) M과 닮은 철자가 두 개나 쓰이고 있는데 현대영어철자 M 형태와 같은 것은 S이고, M형에서 오른쪽이던, 왼쪽이던 수

직선이 짧으면 M을 나타낸다.

5) koppa(Q)와 vau(F)가 페니키아에서 그리스철자에 채택은 되었으나 곧 초기 글자에서 쓰이지 않고 사라졌다. Υ철자가 쓰이다가 Y모양으로 바뀌면서 모음화 과정을 밟게 된다. vau는 자음성분과 모음성분을 가지고 있었는데 자음성분은 F로 나타나고, 모음성분은 U와 Y로 나타났다. 이것이 초기 그리스인들이 알파벳에 공헌한 구체적인 예이다.

6) 초기에 그리스인들이 알파벳에 공헌한 것은 태라 새김글이 쓰여질 때에 이미 페니키아글자에서 5개의 그리스모음을 만들어 사용했다는 것이다.

7) beta는 초기에 이미 변형을 해서 페니키아형과는 사뭇 다른 두 개의 돌출부가 오른쪽에 나오는 형태가 되었다.

8) 글 쓰는 방향은 처음에는 페니키아철자식으로 오른쪽에서 왼쪽으로 썼지만 차츰 여러 가지의 실험을 했다. 첫째, 황소 밭갈이식(글줄마다 쓰는 방향이 다른 것, 둘째, 중앙에서 나선형으로 처음 왼쪽에서 오른쪽으로 그러다가 다시 나선형으로 돌면서 오른쪽에서 왼쪽으로 가다 다시 돌면서 왼쪽에서 오른쪽으로 향하는 글쓰기 방식이 나온다.

B.C. 5세기쯤 되면서 이미 모든 그리스에 세워진 도시들은 각기 자기고유의 문자를 갖게 되었는데 서로 약간의 차이가 나는 것을 나누어 보면 적어도 10개정도가 철자모양, 용법 등의 차이를 보이고 있는데 그 지역의 문자로 1) 애에게 문자, 2) 알고스(Argos) 문자, 3) 아티카(Attica) 문자, 4) 코린트문자, 5) 코르키라(Corcyra) 문자, 6) 아이오니아 문자, 7) 베오티아문자, 8) 찰시디언 문자, 9) 유베아 문자, 10) 에리스(Elis) 문자 등이다. 10개 문자 중에 크게 동부군 문자와 서부군 문자로 양분할 수가 있다. 위의 1)에서 6)까

지는 동부군 문자에 속한다. 이 문자들은 페니키아인 즉 타이상인들에 의해서 도입된 초기의 문자모습을 가지고 있으며, 이 문자는 그리스문자의 초기 형태라 페니키아문자와 유사하고 후기 고전 그리스문자로 쓰이게 된다. 지역으로는 애에게해의 여러섬, 아티카, 알고스, 코린트, 아이오니아섬(미레투스), 그리고 후에는 그리스 본토에까지 해당한다. 서부군 문자는 7)에서 10)까지가 포함되는데 시기적으로 다소 후기에 속하는 것으로 리디아(Lydian)인이나 아람(Aramean)인들로부터 육로로 해서 그리스에 들어온 문자로, 뒤에 이태리에 전파되어 로마문자의 근원이 되었다. 철자의 이름에 a모음을 갖는 형태 즉 alpha에서 a로 끝나는 모음첨가는 아람인의 영향이었는데 지역으로는 북그리스, 유베아, 찰시스, 베오티아, 에리스, 로크리스(Locris) 등이 포함된다.

2. 동부군 문자

동부군 문자는 페니키아철자가 처음 전달된 곳을 중심으로 발달되어 나왔고 차츰 후기 고전 그리스글자로 자리를 잡아갔다. 동부철자는 아티카, 아부심벨 그리고 아이오니아의 미레투스에서 발견된 예를 중심으로 살펴본다.

2.1. 아티카의 예

출토된 2가지 병의 새김글 중에서 디프론(Dipylon)병에 새겨진 것을 보면 B.C. 8세기경으로 초기시대의 철자형태로 쓰였다.

1) gamma와 lambda는 서로 구별하기가 힘들 정도로 닮았다. 서부군 문자와 꼭 차이 나는 것을 지적하자면 동부군의 gamma는 더 짧은 팔이 수직선 위쪽에 수평선이 되는 경향이 있고, lambda에는 두 팔의 길이가 거의 같은 형태다. 동부군에서 lambda형은 아이오니아형을 사용했고, 서부군에서는 동부군과 큰 차이가 나는 lambda형을 선택했는데 이것이 로마글자 L의 선조가 될 만큼 거의 같은 모양이었다.
2) alpha는 페니키아 문자처럼 A가 누워있는 형상이다(∢). 또한 철자 읽는 방향도 오른쪽에서 왼쪽으로 되어 있어 오래된 것임을 나타내고 있다.

또 다른 파나태나이크(Panathenaic) 병에 쓰인 예도 초기에 속한 것이며 거기에 나타난 것은 다음과 같다.

3) omicron은 다른 철자와 같은 크기로 쓰인 것을 볼 수가 있다. 초기 그리스문자와 페니키아문자에서 omicron철자(o→O)는 항상 다른 철자에 비해서 아주 작았다. 이런 경향은 차츰 페니키아철자가 그리스인의 취향에 알맞게 변화되고 있다는 증거다.
4) M과 N은 위쪽으로 긴 기둥형태(MN)를 갖고 있고, 그러나 페니키아형보다는 첫 길이가 더 짧아지고, 각이 더 밑으로 내려와 있다. M에서 두 개의 직선 중에 하나가 제거되었다.
5) E의 수직선이 밑으로 더 길어졌고(ᚨ), 옆으로 나온 수평선은 다른 철자와의 균형유지를 위해 쓰였다.
6) L은 서부글자에서처럼 밑에서 위쪽으로 올라와 있다. 즉 (⅃)이다.
7) I는 그리스 철자전환이 완료된 형태다.

초기에는 페니키아철자를 기본으로 하고 있지만 뒤에 가서 그리스의 대표 철자가 된 아이오니아글자의 초기 글자형태를 가지고 있는 새김글이 이집트 아부심벨(Abu－Simbel)에서 발견됐다. 아부심벨의 석상에 새겨져 있는 새김글은 애에게섬에 있던 가장 초기 글자 형태와 B.C. 5세기에 완성된 아이오니아 글자 사이의 중간기간인 B.C. 7－6세기경의 그리스철자 예를 보여 준다. 이 아부심벨의 새김글에서는 어느 곳에서도 omega(Ω)철자가 보이지 않지만 그리스 모음인 A, E, Υ, H, I, O 등 6개 모음이 전부 사용되고 있다. 즉 Ω 모음이 첨가되기 전에 아부심벨 새김글이 새겨졌고, 그리고 6개의 모음이 만들어진 후의 중간시기임을 알 수가 있다. 그렇다면 이 Ω철자는 B.C. 6세기 이후에 생겼다고 추측된다.

2.2. 아부심벨의 예

동부철자의 발달과정에서 아이오니아철자가 아테네를 비롯한 전 그리스에 쓰이게 된 시기가 B.C. 403년경이다. 이 아이오니아 철자의 B.C. 7세기의 철자모습이 그리스 지역도 아닌 아주 먼 아프리카 이집트에서 발견되었고, 기록된 날짜도 정확히 알 수가 있는 정보를 주었는데 이것은 그리스 철자변천의 역사를 확실하게 해 주는 중요한 자료이다. 이집트 누비아(Nubian)사막 끝 아부셈벨(Ipsambul)에 그 유명한 람세스 2세(Ramses 11)의 거대한 돌로 만든 조각상을 보려고 그 당시에 많은 사람들이 방문을 했던 것이다. 이집트왕의 용병으로 있었던 그리스인들이 이곳에 방문한 기념으로 이 조각상의 다리 부근에 이름을 써 놓았던 것이다. "아모이비코스(Amoibichos)의 아들 알콘(Archon)", "유다모스(Eudamos)의 아들 페레그노스(Pelegnos)"라고 쓰여 있다. 이 두 사람은 이집트왕 프사마티코스(Psamatichos)가 엘레판티나(Elephantina)에 왔을 때 시종으로서 같이 왔고, 그리고 방문한 사연을 이 돌조각 다리에 다 적어놓았다. 이것은 그 당시 사용한 그리스철자로 써 놓았기에 귀중한 자료가 된다. 이때에 모시고 온 왕은 이집트 26대 왕조에 속한 왕이며 그 이름으로 두 왕이 있는데 Taylor(1899)는 이 그리스 용병이 아이오니아철자를 사용함으로 아이오니아출신 용병인데 이들이 이곳에 모시고 온 왕은 프사메티코스 1세(Psammetichus)라고 한다. 그러면 그 때가 B.C. 654－617년 사이이다. 이 아부심벨의 새김글이 주는 의의는 이집트에 고용된 그리스 용병도 글을 배우고 쓸 수가 있을 정도로 그 당시의 높은 문화수준 상태에 대한 정보를 준다는 것이다. 이 글씨가 잘 쓰여졌고, 통일된 점을 미루어 보아 글공부가 널리 보급된 것임이 분명하고, 누구나 글공부를 하는 것이 고정된 습관임을 알게 해 준다. 쓰인 글자들이 실제적으로 모두 동일하고 문화가 널리 유통되고 있음을 보여주고 그 증거로 글자를 써놓은 사람들이 멀리 떨어진 여러 곳에서 왔다는 것을 알려준다. 글자로는 아이오니아알파벳의 가장 원시적인 표본을 제공하는 것은 물론 사용된 정확한 시기를 알려 주기에 막연하게 고고학에 의존한 추측의 시기보다는 보다 정확한 시기를 제공하여 그리스철자 발전에 뚜렷하게 공헌하게 된 것이다. 이들이 쓴 글자에는 다음의 특징이 있다.

1) 글 쓰는 방식은 왼쪽에서 오른쪽이다.
2) 글자는 그리스 고전시대글자 모습과 동일하다. 페니키아 무역상들에게서 글자를 배운 후 아이오니아인들은 비교적 짧은 시기 안에 아이오니아글자를 대단히 훌륭히 발달시켰다는 것을 알게 된다.
3) 페니키아의 자음에 있는 기음(breaths)인 'alep, he, vau, cheth,

yod, 'ayin 등 6개 철자는 그리스모음 A, E, Υ, H, I, O로 이미 되어 있다. 이것 이외에 그리스에서 만든 자음철자 3즉 *Φ*, *X*, *Ψ* 등도 첨가되어 있다. 오메가(Ω)철자는 이 아부심벨철자에 나오지 않고 있다. 그래서 그리스 동부군의 철자 변천에서 아부심벨철자가 주는 의의는 그리스 애에게 섬에 쓰인 B.C. 7세기 초기글자와 B.C. 5세기에 완성된 아이오니아 그리스철자와 중간 기간에 쓰인 글자의 표본을 제공하는데 있다.

2.3. 아이오니아(미레투스) 예

미레투스지역 가까이에서 발견된 비문은 B.C. 500년경에 아이오니아 혁명전에 쓰여진 것으로 추정되는데 이 미레투스 비문은 페르시아인들에 의해서 거의 파괴되었다. 새김이 이루어진 시기는 올림픽경기 58회와 69회 사이로 B.C. 550－500 사이다. 이 비문은 아부심벨의 새김글보다 훨씬 뒤에 쓰인 것이다. 이 새김글에 나타난 특징은 다음과 같다.

1) 황소밭갈이식 글쓰기이다.
2) 철자 모양이 대부분 똑바르고, 키가 일정하지만 유독 omicron만은 아주 작게 쓰인 모습이다.
3) alpha, eta 그리고 nu철자는 비슷한 선을 유지하면서 쓰이고 있고, 그 이전 새김글에서보다 더 확실하게 유지한다.
4) gamma와 lambda는 구별할 수가 없고, 초기 동부군의 그리스 알파벳과 같다.
5) eta는 페니키아의 닫힌 형태에서 열린 형태 즉 H로 충분히 발달되었다.
6) 처음으로 omega(Ω)가 쓰였다.

위에서 논의된 동부군 철자에 대한 종합으로 Mason(1928)은 비교적 짧은 기간에 그리스인들이 페니키아철자와 차별화시키기 위한 노력을 많이 했다는 평가를 내렸다.

※ 동부군 철자와 서부군 철자의 비교

페니키아	음가	동부				서부			아테네 B.C. 403
		테라	아티카	아부심벨	미레투스	유베아	베오티아	찰시디안	
𐤀	a	AAA	AAA	AAAA	AAA	AAA	AAA	AAAA	A
𐤁	b		BB	BB	B	BB	BB	B	B
𐤂	g,c	ΓΓΓ	ΛΛ	ΓΛ	ΓΛ	Γ	ΓΓΛ	ΛC	Γ
𐤃	d	ΔΔ	Δ	ΔΔD	Δ	DΔD	DΔD	ΔD	Δ
𐤄	ě	ƎEE	ƎEE	EEE	ƎƎE	ƎEE	ƎEEE	ƎEEE	E
𐤅	f,v	F					FFC	C	
𐤆	z		I			‡I	I	I	Z
𐤇	ē,h	B	BH	B	BH	H	BH	BH	H
𐤈	th	⊗⊕	⊗⊕⊙	⊗	⊗⊕	⊗⊕	⊗⊕⊙	⊗⊕⊙	Θ
𐤉	i	≷≷	≷I	I	I	I	I	I	I
𐤊	k	ꓘꓘK	ꓘKK	KK	ꓘKꓘ	K	ꓘꓘK	ꓘKK	K
𐤋	l	ΛΓ	ΓJL	ΛΛ	ΛΓΛ	Λ	LV	JLV	Λ
𐤌	m	MM	MMM	MM	M	M	MM	MMM	M
𐤍	n	NN	NNN	NN	NNNN	NN	NNN	NNN	N
𐤎	x	(KM)			ΞΞ	+	+	+	Ξ
𐤏	o	oO	O	O	O	O	OOO	O	O
𐤐	p	ΓΓΓ	ΓΓ	ΓΓΓ	ΓΓ	Γ	ΓΠP	ΓΓ	Π
𐤒	q	ϘϘ	Ϙ	Ϙ		Ϙ	Ϙ	ϘΦ	
𐤓	r	ΔPϘ	ϘPRR	PPD	ϘPD	RR	RRR	ϘRR	P
𐤔	s	MM	ΣΣΣ	ΣΣΣ	ΣΣ	ΣΣS	ΣΣS	ΣΣΣ	Σ
𐤕	t	T	T	T	T	T	T	TT	T
	u	VΓYV	VYY	VY	YX	V	VYY	YV	Y
	ph	(ΓB)	ΦΦ	Φ		Φ	ΦΦ	Φ	Φ
	ch		+X	X	X	Ψ	ΨΨ	Ψ	X
	ps			ΨΨ	ΨΨ				Ψ
	o				ΩΩ				Ω

3. 그리스 서부군 문자

서부군 도시국가들이 사용한 철자를 유베아, 베오티아, 찰시스 지역에서 발굴된 새김글에서 살펴보고자 한다.

3.1. 유베아의 예

유베아에서 나온 옛날의 새김글에 대해 Mason(p.362)은 B.C. 6세기 중엽의 것으로 추측하고 있는 새김글 판에 그 시대에 맞는 철자도 있고 또한 더 옛날의 것도 보인다고 한다.

1) 글 쓰는 방식이 황소밭갈이식이다.
2) E, K, N 등은 페니키아철자 모양을 가지고 있다.
3) 페니키아철자에 없던 것이 그리스철자에 보충된 철자 Υ,Φ, X 3글자가 쓰였다. X는 빗금선에 의해 긴 수직선이 있는데 이것은 좀 이상한 형태이지만 여러 다른 지역 글자에서도 나타나는 것을 볼 수가 있으나 형태가 좀 과장된 면이 있다.

3.2. 베오티아의 예

베오티아는 캐드므스의 알파벳 전달에 관한 전설적인 이야기와 관계가 있는 그리스 본토의 한 부분이고 페니키아인이 정착했던 곳이다.

1) 우선 로마글자와 유사하다. 글 쓰는 방향은 오늘날과 같은 왼쪽에서 오른쪽이다.

2) kappa는 페니키아형의 특징을 가지고 있지만 E는 약간 비스듬히 쓴다.
3) delta는 모든 서부군의 글자에서처럼 D철자가 오른쪽에 쓰인 획이 > 모양으로 쓰였다.
4) rho에 꼬리가 달린 (R, R)로 쓴다. lambda와 upsilon은 로마형을 갖고 있다.
5) 글씨체에 세리프(N I, T에서처럼 끝에 선을 묵직하게 하는 것)를 가진 최초의 예를 제공해 준다.
6) 그리스 초기 형태 중에서 가장 아름다운 새김글 중의 하나가 "Treaty of E'le'ens"인데 동판에 쓰였다. B.C. 580년 50회 올림픽 때쯤 쓰였고, 내용은 두 도시국가의 공격과 수비에 관한 협력서인데 쓰인 철자를 보면 다음과 같다.

(a) A, E, F, N 등이 약간 비스듬하게 쓰였다.
(b) E는 페니키아 형과 같이 수직선이 밑으로 더 나왔다.
(c) O는 다른 글자보다 크기가 작다.
(d) delta는 D의 오른쪽 획이 > 모양이다.
(e) gamma는 < 형으로 쓰였다. 로마형의 C와 G형이 되기 위한 전환기 형태다.
(f) lambda는 유베아 새김글과 같이 옛날의 동부군의 형태를 갖고 있다.

3.3. 찰시디언의 예

1) 찰시디언글자는 찰시스 지역에만 국한된 것이 아니고 광범위한 식민지에서 온 것이다.
2) 로크리스에서 발견된 철자와 같이 동부군의 철자와 서부군의 철자특징을 다 가지고 있다.
3) 동부군과 서부군의 D는 같은 선에 같은 단어가 적용된다.
4) L철자는 서부군의 철자를 취하는 반면에 R은 동부군의 형태처럼 꼬리 없이 쓰인다.

5) S는 S가 되기 전 형태로 (ϟ ξ)로 되었다.

찰시디언에서 쓰인 새김글을 전반적으로 보면 그들의 철자는 많은 부분 로마형의 철자를 가지고 있어서 라틴알파벳의 조상글자로 생각하게 된다.

지금까지 동부군과 서부군의 알파벳 형태를 면밀하게 조사해 본 바로는 몇 가지의 특징을 발견하게 된다.

1) 그리스철자 A, K, M, N, O, T 등 6개 철자는 동부군과 서부군에서 일관되게 변함없었다.
2) beta는 코린트에서 지중해 음절문자에서 가져온 것을 제외하면 둥굴게 쓰거나, 각으로 쓰는 등으로 일관되게 썼다. 간혹 beta의 오른쪽에 튀어나온 두 개가 원이 아니고 각을 이룰 때 그리스 비문에 변칙으로 철자 E 대용으로 사용하기도 했다.
3) gamma는 처음부터 초기 애티크철자만 제외하면 lambda와 차이가 없었는데 애티크철자에 L은 페니키아의 시도니아형을 따랐던 것이다. gamma의 각이 진 <형은 C의 선구자이고, 서구형에는 둘 다 쓰이고 C, G의 조상이다.
4) △형 delta는 동쪽지역에서 일반화되고, 반면 ▷형은 서부군 알파벳의 특징이다.
5) Eta는 오래된 철자에서 日형을 가지고 있었으나, 그 이후에 H형을 갖게 된다.
6) F는 일찍부터 동부군에서 탈락했으나 서부군에서 유지되어 오다가 라틴에 전달되었다. 가장초기의 형태에서 변하지 않았다.
7) zeta는 초기 페니키아형의 모압 형태를 따랐으나 뒤에 가서

시도니아형의 변이형이 도입되어 그것이 아이오니아형으로 아테네에 도입되었다. 그러나 Zeta는 아이오니아형에서 좀처럼 사용되지 않았다.

8) theta는 ⊙안의 표기가 여러 가지로 바뀌었을 뿐 다른 것은 일관되게 변하지 않았다.

9) Iota는 I형태를 유지했다. 이것은 yod의 모압형에서 변천되었고 서부군 알파벳에서 로마알파벳으로 전달된 것이다.

10) kappa는 초기부터 일정한 형태를 유지했고, 다만 오른쪽에서 왼쪽으로 쓰는 방향을 바꾸어 왼쪽에서 오른쪽으로 바꾸는 방향전환을 했던 것이다.

11) mu와 nu는 초기시대에 페니키아글자처럼 글자의 첫 획이 위에 붙어있었다. 그리스에서도 유지하다가 그 후에 점차 M과 같은 대칭형으로 변화되었다.

12) omicron은 초기에는 글자가 작았으나, 차츰 다른 철자와 크기가 비슷하게 변화되었다.

13) pi는 페니키아형을 약간 변경시킨 형으로 수세기동안 P형을 닮은 형과 그 옛날형 즉 아테네에서 채택한 Π형 사이에 변동이 오락가락했다. 서부군의 알파벳은 더 옛날 형에 매달리게 됐고, 결국 로마형 P로 전환했던 것이다.

14) Q철자는 변치 않고 쓰였다가 후기 그리스철자에서 사라졌다. 그러다가 로마알파벳에 다시 나타나게 되었다.

15) rho는 페니키아철자와 거의 같은 형태로 출발했다가 초기에 꼬리가 생겼으나 그 꼬리는 지속적이지 못했으며, 서부알파벳은 아주 후기까지 꼬리 있는 형이 쓰이다가 로마알파벳에 전해졌던 것이다.

제4절 그리스철자의 이태리 전달

초기 여러 개의 그리스철자 중에 유베아철자에서 발달된 찰시디언철자형이 이태리에 전달되었다. 이 당시 전 북쪽 지중해 애에게해 섬들에서 스페인에 이르기까지 그리스로 이민이 한창이던 초기 때에 시실리(Sicily)의 큐메(Cumæ)에 설치한 찰시스 출신들의 그리스 식민주의자들에 의해서 이태리에 그리스 철자가 도입된 것이다. 그 때가 페니키아인이 그리스인에게 페니키아철자를 전수하고 얼마 안 된 약 10세기 후반쯤에 페니키아인이 그리스와 애에개해에서 완전 철수했던 때이다. 그래서 이 시기에는 그리스인들 사이에 식민지 쟁탈전이 벌어졌던 것이다. 아이오니아에 있는 미레투스는 그리스본토에서 유베아에 있는 찰시스와 식민지 경쟁을 하게 됐다. 쟁탈전의 결과로 그들 사이에 있던 지중해를 둘로 나누어 미레투스인은 지중해 동쪽 지역을 지배하게 되었고, 찰시디언인들은 트라스(Thrace)와 이태리를 지배하게 되었다. 따라서 찰시디언인이 서부군에 속하기 때문에 서부군의 그리스철자가 이태리에 도입된 것이다.

라틴글자를 살펴 볼 때에 현존하고 있는 가장 오래된 라틴알파벳은 이태리에 그리스인들이 가장 처음 정착한 큐메지역에서 발견된 검은 항아리와 작은 잉크병에 어린이들의 글씨체로 쓴 알파벳이다. 이것은 그리스알파벳이지만 글자형태가 고대 페니키아글자와 그렇게 다르지 않고 시기는 대개 B.C. 6세기말 정도였다. 이 큐메지역 글자는 q'oph만 생략됐을 뿐 셈글자 순서를 다 지키고 있다.

로마인이 정착하기 전에 이태리는 B.C. 11세기 내지 10세기 쯤 인구어족이 아닌 에투르스칸족이 소아시아의 리디아로부터 침입했는데 그리스인들은 그들을 투르헤노이(Turrhenoi)라 불렀고, 로마인들은 에투루스키(Etrusci)라 불렀다. 초기 그리스 민족인 페라스지언인이 먼저 이태리에 들어와 있었다. 이들이 에투루스칸에게 그리스 문화를 전달했던 것이다. 이것이 이태리 발전의 기본이 되었다. 에투루스칸은 그리스의 온화하고 평화로운 기운과 거칠고 스파르타식의 공격적이고, 전쟁애호가인 에투루스칸의 기질에 접목되어 이태리인의 기질로 수용되어 수세기동안 유럽문명을 지배해 왔던 것이다. 로마가 지배한 지역에 이러한 문화가 유입되어 독일, 골, 브리톤 지역의 야만기질을 순화시켰던 것이다.

문제는 페리스지언인과 에투루스칸족에 대한 기록이 거의 없다는 것이다. 남아있는 것이라고는 유적뿐이고 무덤에서 발굴된 일용생활용품정도에 불과하다. 이런 생활용품에 새겨진 철자에서 그들의 생활상을 알아낼 뿐이다.

에투루스칸이 이태리에 침입해 올 때에 그리스철자를 알고 있었는지는 알 길이 없지만 B.C. 11 내지 10세기경에 이태리에 들어왔다면 그리스철자를 분명 가져오지 않았다고 본다. 왜냐하면 가장 초기로 알려진 페니키아철자가 B.C. 9세기 이전일 리가 없기 때문이다. 만약 그들이 글자를 가져왔다고 하면 그 글자는 그리스글자가 아니고 애에게해 음절문자이었을 것이다. 또한 그들이 이태리에서 만나게 된 페리스지언인도 그리스글자를 가져오지 않았던 것이다. 그리스철자가 이태리에 들어온 것은 이들보다 한참 뒤에 찰시디언에 의해서 도입된 것이다. 이 철자는 먼저 이태리에 정착해 있었던 페리스지언들에 의해서 에투리아 전지역으로 전파됐던 것이다.

그리스인의 일파인 페리스지언인의 문명과 에투루스칸족의 문명은 상당기간 공존했고 점차 에투루스칸의 문명이 우위를 점하게 된다. 로마를 설립한지 600년 후에 라틴족은 B.C. 281년에 큐메 전투에서 승리하고부터 에투루스칸보다 우위를 점하게 됐다. 그 뒤에 수세기동안 국가적 성장기를 통해서 찰시디언에 의해 도입된 알파벳을 기본으로 하여 로마알파벳이 점차 자리를 잡아가면서 성장을 했다.

로마알파벳의 성장에는 페리스지언의 그리스철자 변이형에서 영향을 받고 한편으로 에투루스칸의 글자방식에서 영향을 같이 받았던 같다. 페리스지언철자는 그리스철자와 분명 차이가 나는데 예를 들면 페리스지언에서는 C, D, L, P를 사용하는데 비해서 그리스는 Γ, Δ, Λ, Π를 쓰고 있다. 라틴과 다른 언어를 사용하는 에투루스칸은 라틴인이 쓰는 알파벳에서 몇몇 자는 필요가 없어 사용하지 않았는데 예를 들면 B, D, O, Q, X 등이다. 비슷한 이유로 라틴인은 그리스철자 Θ, Φ, Ψ를 사용하지 않았다.

로마의 철자 영향을 받기 전에 에투루스칸은 글 쓰는 방향을 오른쪽에서 왼쪽으로 잡았다. 이것은 그들이 아주 이른 시기에 그들의 글자를 획득했다는 증거가 된다. 그러나 페리스즈지언들은 왼쪽에서 오른쪽 방향으로 글을 쓰고 있었다. 예를 보면 B철자는 가끔 역방향의 글 쓰는 것을 볼 수가 있는데 이러한 경우는 무식한 사람이 쓴 예에 불가하다. 가끔 q도 역방향으로 나타나곤 한다. 알파벳 18번 M의 모양은 그리스철자 san을 나타낸 것이다. 로마의 알파벳은 22개 철자로 구성되어 페니키아 22개 철자의 갯수와 같다.

에투루스칸철자의 알파벳 순서는 로마철자순서와 모양에서 거의 같으며, 주로 고대무덤에서 발견된다. 예를 들면 작은 모자와 식기로 사용된 사발에 새겨진 것을 보면 이상하게도 에투루스칸 철자에 없는 Q가 쓰여 있고 그 대신에 B, D가 없고 또한 O와 Ω가 없다. R은 역방향으로 쓰이고 있다. 이 알파벳의 순서에서 s음을 나타내는 철자가 M과 Σ으로 두 개가 쓰이고 있다. S철자는 그리스 sigma인 Σ에서 나왔고, 그것의 유래는 페니키아 shin철자인 W에서 나왔는데 이 형태는 실제로 한 바퀴 돌려쓴 형태로 쓴다.

에투루스칸 지역에서는 동전이 많이 출토되었는데 그 동전에서 쓰인 철자를 보면 왼쪽에서 오른쪽으로 글 쓰는 방향으로 된 것은 이미 페리스지언 그리스철자의 영향으로 봐야 하며 그것은 B.C. 5세기에 이미 있었고 아마 이보다 더 이른 시기에 사용되었을 지도 모른다.

라틴의 로마글자가 점진적으로 발달함으로써 시저의 기념비에 쓰인 로마 새김글을 정점으로 새김글이 이태리 전역에서 발견되고, 또한 이태리의 박물관 등에서도 찾아보기가 쉽다. 이 새김글에서 보면 초기 페니키아글자가 그리스철자로 전환된 형태에서 여러 가지 그리스철자가 점차 없어지게 되고 결국 그리스철자는 거의 없어지고 이태리 특징의 글자가 점차 발전해 나갔다는 것을 알 수가 있다.

우선 로마글자는 모양과 크기, 글자의 정렬이 일정하게 되어갔다. 철자들이 연속해서 쓰도록 했는데 각 단어의 분리를 고려해서 점(dot)을 중간마다 넣도록 했다. 처음에는 단어와 단어사이에 공간이 없었는데 단어 중간마다 점을 찍으니까 훨씬 읽기가 쉽게 되어갔다.

로마철자의 특성을 보면 그리스철자 gamma(Γ)자리에 C가 쓰이게 됐는데 그리스에서는 찰시디언의 C는 G음을 같이 표현하게 했다. 에투루스칸의 언어에서는 C와 K는 동음으로 취급했다. 결과적으로 C가 K를 같이 표현하는 것으로 되면서 K철자는 몰락했다. 라틴새김글에서도 C가 k음을 표현하는데 사용하게 됐다. 처음 3세기 중엽에서 C와 G철자 사이에 차이가 없이 사용되었다. 그 이후에 차츰 차이가 나게 사용하기 시작했다. 새로운 철자 G는 그리스철자 gamma(Γ)에서 유래됐다. 새로운 철자 G는 로마 알파벳의 7번 자리에 위치시켰는데 원래 그 자리는 그리스철자 zeta자리였다. 그 때까지 로마에서는 zeta가 필요한 단어가 쓰이지 않았기에 그리스에서 도입되지 않고 있었다. 그러다가 B.C. 1세기경에 로마에서 z철자가 필요하게 되어 그리스철자에서 도입하면서 로마알파벳의 제일 뒤에 위치시켰던 것이다. 원래 zeta철자 형태는 I형태였으나 새로 된 애틱 형태 Z를 채택했던 것이다. K철자는 페니키아에서 그리스를 거쳐 로마철자까지 무사히 왔으나 초기 로마철자에서 C가 K철자의 음을 대신 표현하니까 힘을 잃고 쓰이지 않게 됐다. F(digamma)는 Q와 마찬가지로 초기 그리스철자에서 없어졌다가 로마철자에서 다시 그리스철자 때의 자리로 복원되어 사용되었다. Y가 1세기쯤 Z가 도입될 무렵에 그리스철자에서 도입되어 사용되기 시작했다.

이렇게 해서 로마알파벳은 기독교가 시작되는 시기쯤 해서 정비를 마쳤다.

결론적으로 로마알파벳의 기초는 페니키아철자의 기초위에 만들어진 초기 그리스철자에 두었으며, 그 철자의 구조는 이태리에 정착했던 찰시디언, 페리스지언 그리고 에투루스칸 사람들에 의해 형성되고 로마인들에 의해 완성을 보게 된 것이다. 이 중에서 수세기동안 놀랄만한 훌륭한 글자로 키워온 것은 로마인들의 공로이다. 따라서 로마글자는 극도로 간단하고, 철자가 서로 간에 뚜렷하게 차이가 나면서 널리 알려진 요소들로 구성되어 있어 많은 지역에서 사용하도록 한 인류가 만들어 사용하는 철자 중에서 가장 우수한 철자 중의 하나이다.

제3장 영어의 발달과정

제1절 영어문법

1. 동 사

1.1. must 동사는 왜 과거형이 없을까?

영어 동사는 보통 sing－sang－sung으로 각각 현재형－과거형－과거분사형으로 동사변화를 한다. Sing 동사의 원형은 현재형과 같고, 사실 모든 동사가 거의 원형과 현재는 같은 꼴로 쓰인다. 단지 좀 까다로운 be동사 같은 동사는 원형이 유별나니까 그렇지 보통은 현재형과 원형은 같은 꼴이다. 문장에서 시간을 나타내는 시제는 현재, 과거, 미래형을 가진다. 그러나 must와 ought 같은 동사의 과거는 동사원형과 관계없는 have 동사에서 그 과거형을 가져와서 to와 더한 모습인 had to를 써야 한다고 배우고 가르친다. 그런데 왜 그렇게 써야 하는지에 대해 의문점이 있어도 명쾌한 설명을 들을 기회는 없었을 것이다. 그럼 그 이유를 여기서 알아보자.

Must와 ought는 자기들 스스로가 옛날에는 바로 과거형이었다.

그런데 세월이 지나면서 억울하게도 사람들이 잘못 알고 과거형을 현재형으로 자꾸 사용하게 되었다. 즉 현재형을 없애버리고 현재형 행세를 하고 있으며 그 사이에 미처 과거형을 만들지 못했기 때문에 따로 과거형이 없다. 즉 고대영어(A.D. 449년－1100년) 시대에 사람들이 과거형을 현재형으로 알고 잘못 사용하여 과거형으로서의 형태 및 용법이 사라졌다. 이 동사를 가만히 보면 과거와 과거분사를 만들 때 동사 끝에 －d나 －t를 붙이는 용법에서 비롯된 어미 －t를 가지고 있는 것을 알 수가 있다. 즉 급히 현재형으로 쓰이다 보니 동사 끝에 있는 어미 －t를 없애지 못하고 그대로 가지고 있다. 다시 말해서, must의 끝 자음 －t와 ought의 끝 자음 －t가 이 동사들이 한때 규칙동사변화를 거치던 과거시제 동사였다는 것을 증명해 주고 있다. 그러나 이 must와 ought는 현대시대에 이르기까지 동사의 과거형을 만들어 줄 사람을 하나도 찾지 못했고, 그 연유로 지금도 과거를 만들려면 had to 등으로 써야 하는 비극을 가지고 있다. 그러면 그들의 옛날 형태는 어떠했는가.

Must의 경우부터 알아보자. 고대영어 시대에 동사원형 형태가 이미 사라져 찾을 길이 없으나 대략 motan이었을 것으로 추측할 따름이다. 이 원형의 현재형이 mot이었다. mot는 그 음절 끝에 어미 t를 가지고 있으며 이것은 mot가 비록 현재형으로 쓰이나 옛날에는 과거형이었다는 흔적이 된다. 그러던 어느 날, 그 과거를 무시하고 동사 mot에 과거형 동사 moste가 새로 생겨 쓰이게 되었다. 그런데 훗날 사람들이 현재형 mot보다 과거형 moste를 현재형으로서 더욱 즐겨 쓰기 시작하였다. 그래서 현재형 mot는 점차적으로 사라져 버렸고 moste가 완전히 현재형으로서 활약을 하게 됐다. 이 moste가 시간의 흐름에 따라 현대에 와서는 must의 모습으로 변하였고 여전히 현재형으로 쓰이고 있다. 결과적으로 보면 must는 그 기원을 과거형에 두고 있던 것이 사람들의 잘못으로 현재형으로 쓰이다가 다시 또 다른 과거형에 점령당하는 바람에 두 번에 걸쳐 과거형이 현재로 쓰인 비련의 주인공이며 다시는 과거를 만들지 않게 된 운명을 가진 동사다.

ought 동사도 must와 같은 운명을 가진 동사이다. ought 동사는 옛날에 원형으로 agan을 가지고 있었다. ah가 현재형으로 쓰이고 있으나, 모음을 변환시켜 과거형을 만드는 강변화의 잔재 a를 가지고 있는 것을 보면, 옛날에는 ah가 과거형이었다는 것을 알 수가 있다. 쉽게 풀이하자면, 고대영어에서 강변화 동사의 경우, 원형 findan(현대의 find)－과거 fand－과거분사 gefunden이라는 시제변화 유형에서 과거동사는 음절 중간에 모음 a를 가지고 있으며 이것이 과거시제를 나타내었던 것이다. 과거형에서 현재형으로 쓰이게 된 ah는 규칙동사 과거형 어미 te가 붙어 새로운 과거형으로 ahte를 가지게 되었다. 그런데 또 이 과거형을 사람들이 잘못 알고 현재형으로 즐겨 쓰니 현재형인 ah는 너무 기가 막혀 자살을 해버렸다. 그래서 이 ahte라는 과거형이 현재형으로 확실한 지위를 차지하고 모양도 현대에 오면서 ought로 변화를 했던 것이다. 이와 같이 과거형이 현재형을 내몰고 현재형 자리를 차지한 동사를 과거현재동사(Preterit－Present verb)라고 하여 손가락질을 하면서 비웃고 있다. 이 동사들은 원래 과거형이었다가 현재형을 두 번씩 죽이고 현재형의 위치를 점령했고 다시는 과거형을 만들지 않게 되었다. 왜일까? 과거형을 만들면 또 현재형을 죽이고 현재형 자리를 차지할 테니까!

1.2. can과 shall도 과거형이었다가 현재형을 빼앗은 강도들이다.

과거형이 한번 현재형 자리를 빼앗고 현재형으로 행세하는 바람에 과거형을 새로 만들어낸 동사들이 있다. can, shall 등이 그런 동사들이다. 그런데 이들 동사의 과거형 형태가 규칙동사변화를 했던 것은 아니다. sing－sang－sung과 같이 동사의 모음을 변화시켜 과거형을 만든 불규칙동사였다.

사람마다 운명이 조금씩 다르듯이 조동사도 그 운명에 약간씩의 차이가 있었다. can의 고대영어 원형은 cunnan이고 과거형이 cann이었다. 그런데 사람들이 과거형 cann을 현재형으로 잘못 알고 현재용법으로 쓰다 보니까 현재동사는 사라져 찾을 길이 없게 되었다. 더 큰 문제는, 과거형을 현재형으로 대신 써버리는 바람에 새로 과거형 동사를 만들어야 했다는 것이다. 그래서 손쉽게 과거형을 만들어 내는 규칙어미 －te나 －de(옛날에는 －ðe도 쓰였음)를 원형 어간에 붙여서 cuðe를 만들게 되었다. 이 형태가 중세영어 시대에 coud로 모양이 약간 바뀐 상태로 쓰였다. 그러다가 will의 과거 would를 보고, －ould로 끝나는 것이 좋아 보여 그것을 모방하고 coud에 철자 l을 넣어 could로 만들었는데 그 만든 시기가 현대 초기였다.

shall의 경우 그 사연은 이러하다. 고대영어 시대에 동사원형은 sculan이었다. 그 이전에 쓰였던 현재형은 과거형에게 쫓겨나 죽어버리고 당시 과거형으로 쓰이던 sceal이 현재형 자리에 와서 현재형 노릇을 하고 있었다. 이 때문에 다시 과거형을 만들어야 되었는데 이때 마침 보기 좋고 그럴 듯한 것이 있었다. 즉 willan(현대의

will)의 과거형 wolde였다. 사람들은 wolde의 −olde를 따와서 sceal의 과거형을 sceolde로 만들었다. 이것이 오늘날의 should이다. 이런 조동사를 영어에서는 과거현재동사(Preterit−Present Verb)라 하지만 일반적으로 법 조동사(Modal Auxiliary)라고 한다. 법 조동사는 동사가 표현하는 동작이나 상태에 말하는 이의 태도가 반영되어 나타나는 조동사인데, 가정법 및 기타 상황에 따른 심적 태도를 나타낸다고 볼 수 있다. 이런 동사들로는 can, may, must, shall, should, would 등이 있다. 다음은 과거현재동사의 형태변화를 보여주는 변화표이다.

고대영어			초기현대영어	
부정형 (infinitive)	현재형 (한때는 과거)	과거형	현재형	과거형
agan	ah	ahte(ougut)	−	ought
cunnan	cann(can)	cuðe(could)	can	couthe
magan	mæg(may)	meahte(might)	may	might
motan	mot	moste(must)	mote	must
sculan	sceal	sceolde(should)	shall	should

1.3. 동사 어미에 −d, −t를 붙여 과거형을 만드는 동사를 누가 약변화 동사라 했나?

영어동사에 보면 sing(노래하다)의 과거형은 sang이고, 과거분사형은 sung이다. 이처럼 과거와 과거분사형을 만들 때 일정 모음을 변화시켜서 만드는 유형의 동사들을 강변화동사(Strong Verb)라고 한다. 그 반면에 단어 walk(걷다)가 그 과거형과 과거분사형이 walked으로 변화하는 것처럼 단순히 다른 자음을 더하여 시제유형을 바꾸는 동사들도 있다. 이렇게 과거, 과거분사형에 －d나 －t를 붙이는 유형의 동사들을 약변화동사(Weak Verb)라고 한다.

이렇게 강변화동사와 약변화동사라고 명칭을 붙인 사람은 독일인 Jacob Grimm(1786－1859)이다. 영어는 인구어 어족(Indo-European language family)의 10개 언어군에서 게르만어군(Germanic)에 속한다. 게르만어군이 다른 9개 언어군과 크게 다른 특징 중의 하나는 동사의 과거형을 만들 때 치음(dental sound)인 －d나 －t를 어미로 붙인다는 것이었다. －d나 －t를 동사 뒤에 붙여서 과거형을 만들 때 이러한 동사들을 Jacob Grimm이 처음으로 약변화동사(Weak Verb)라 이름 붙이고 따로 분류해냈던 것이다.

게르만어군(Germanic)도 처음에는 동사의 과거형 및 과거 분사형을 만들 때 동사의 모음을 변화시켜서 시제 변형을 하였다. 그러다가 세월이 지나감에 따라 점차 명사, 형용사, 동사 등에 －ian이나 －jan을 붙여서 약변화동사를 만드는 경향이 점차 늘어나게 된다. 그 예를 보면, 형용사 full－jan → fyllan (to fill, cause to be full), 명사 flēan (flight) －ian → flȳman (to cause to flee), 동사 sittan의 과거형 단수 sæt에서 비롯된 sæt－jan → settan (to set, cause to sit) 등이 있다. 이렇게 만든 약변화동사들은 처음에는 '하게 하다'라는 뜻을 가진 사역동사(causative verb)로 쓰였다. 아래의 약변화동사 변화표는 그 쓰임을 잘 보여준다.

원 형	과거형	과거분사형
fyllan	fylde	gefyld, gefylled
flȳman	flȳmde	geflȳmed
settan	sette	geset

게르만어군에서 이렇게 약변화동사가 많이 발달되었던 동기 중의 하나는 동사의 과거 및 과거분사형을 모를 때 쉽게 어미 −d나 −t를 붙여서 만들면 된다는 규칙성이 가져다주는 효율성이었다. 모음을 변화시킬 때에는 sing−sang−sung의 예에서와 같이 변화양상이 규칙성 없이 다양한 양상을 보임으로써 활용의 측면에서 난점이 드러났다는 것을 짐작할 수 있다.

그래서 현대영어시대에 와서는 거의 모든 동사가 약변화동사로 변모하였으며 이 변화양상이 규칙적이므로 규칙동사라고 칭하였다. 그 외의 강변화동사들은 불규칙동사라 분류하여 영어사전 등에 따로 그 변화표를 두게 되었다. 더욱 흥미로운 점은 외국에서 들여온 외래동사들은 그 과거형 및 과거분사형이 거의 규칙변화를 하고 있다는 것이다. 이것은 제반의 언어 현상에서 단순성 및 효율성이 큰 작용을 한다는 것을 시사한다.

1.4. 한 지붕 네 가족 be동사의 형제들은 아버지가 달랐나, 어머니가 달랐나?

be, am, are, was 등은 성씨가 다른 형제였다. 성씨가 다른 형제들이 모여 이룬 be동사의 가정사를 살펴보고자 한다. 우선 그들의 가족 구성 현황을 보면 다음과 같다.

현대영어

원 형	현재형	과거형	과거분사
be	am/is/are	was/were	been

고대영어

원 형	현재형	과거형	과거분사
bheu	beo/bist/bið/beoð	wæs/wære/wæron	been
es	eom/is/sind/sint		
er	eart		

현대영어 be동사는 동사원형, be동사의 현재형 am, are, is, 과거형 was, were, 과거분사형 been 등은 성씨가 다른 동사들이 모여 한 가족을 이루었기에 모습부터가 달라 보인다. 우선 be동사원형과 과거분사 been이 한 핏줄을 타고난 형제같이 보이고, 현재형 am, are, is 등은 다른 성씨가 모인 것 같고, 과거형 was, were도 현재형과는 다른 성씨를 가진 듯 보인다.

이 사연을 보다 구체적으로 살펴보고자 한다. 먼 옛날 인구어 어족이 한 유형의 언어로 사용되던 당시에 bheu－동사, es－동사, er－동사 등이 있었는데 이들은 각자의 현재형을 가지고 있었다. 그 예를 보면 bheu－동사의 현재형은 bēo, bist, bið, bēoð가 있었고, 이것은 산스크리트 bhavati(become의 뜻)에서 유래된 동사이다. 다른 es－동사의 현재형은 eom, is, sind, sint가, 그리고 er－에서 사용된 현재형은 eart가 쓰이고 있었다. 이 세 개의 동사 bheu－, es－, er－가 하나의 가족으로 모여 살기 시작하자 혼란이 생기게 되었다. 즉 I am에 해당하는 Ic eom이라 해도 되고, Ic bēo해도 되었다. 또 you are에 해당하는 것은 þū eart나 þū bist라고 써도 되었고, 삼인칭 단수에는 (he, she, it) is에 해당되는 것으로는 (hē, hēo, hit) is를 쓰거나 (hē, hēo, hit) bið를 써도 되었다. 그리고 삼인칭 복수에는 (we, you all, they) are에 해당되는 것으로는 (wē, gē, hī) sindon, sind, sint를 쓰든지 아니면 (wē, gē, hī) bēoð를 쓰든지 하여 복잡하게 쓰이고 있었다.

과거형도 be동사나 현재형에 쓰이는 동사에서 발달되어 나온 것이 아니고 아무 상관없는 다른 동사 wesan이란 동사의 과거형을 도입하여 사용하게 된 것이다. 그래서 현재형태와 모양이 전혀 다르게 생겼다. wesan의 과거동사는 (ic) wæs, (þū) wǣre, (hē, hēo, hit) wæs, (wē, gē, hī) wǣron 등의 형태로 사용되고 있었다. 그러다가 중세영어시대에 상당히 간편하게 정리되어 갔다.

고대영어 eom과 bēo는 중세영어시대에 와서 상당히 간편하게 정리되는데, 고대영어 eom과 beo는 중세 영어시대에 am으로 단일화되었고, 2인칭에는 eart→art로 되었고, bist→beest로 되었다. 3인칭에서는 is→is로 그대로 쓰였고, bið→beeth로 변했다. be동사 현재복수형태는 bee(n), beeth, sinden, ār(e)n 등이 사용되어 갔다. be동사의 과거는 1인칭과 3인칭에서는 wæs→was로 되었고, 2인칭에서는 wǣre→wast, wēre로 변했고, 모든 복수로 wǣron→wēre(n)로 변화했다.

현대초기 영어시대인 1500년에서 1800년까지 be동사들이 현대영어의 모양으로 정리가 되었다. 현재처럼 (I) am, (he or she) is, (we or you or they) are로 되었고, 과거형태는 (I, he, she) was, (you, we, they) were로 확정되었다. 이 당시에는 2인칭 thou에는 art가 쓰였고, 과거에도 thou에는 were, wast, werst, wert 등의 형태를 사용했다. 그러나 현대 후기에 오면서 thou가 you로 흡수되면서 art와 wast, werst, wert 등도 현재형에는 are로 과거형에는 were로 정리가 되어서 오늘에 이르게 되었다. 이렇게 해서 한 지붕 네 가족이 오순도순 잘 살게 되었다.

사실 be동사의 과거는 현재형이 여러 가지 있어서 어떤 현재형을 과거대표로 하느냐는 하나의 고민거리였다. 여러 가지 방안을 놓고 고민하다가 결국 be동사와는 아무 관계가 없는 동사의 과거를 be동사의 과거대표로 영입을 하게 됐다. 이 영입된 동사 wesan의 과거 단수형은 wæs였고, 과거 복수형은 wæron이었고, 과거분사는 gewesen이었다. wesan은 'exist', 'happen'의 뜻을 가지고 있었다. be동사의 현재형들이 아무 이의없이 과거를 wesan동사의 과거 단수·복수형에서 받아들였다.

그리고 단수와 복수가 다른 사연이 있다. 보통 고대 영어시대에는 과거에도 단수와 복수형에 어미가 달랐다. wesan의 경우 단수는 wæs였고 복수는 wæson이었다. 그런데 복수에 문제가 생겼다. wæson에서 강세가 wæsón처럼 두번째 음절에 오는 것이었다. 강세가 게르만 언어군에 속하는 것은 강세가 첫음절로 전환되는 시기였는데 이 wæson에서 강세가 wǽson되기 전에 wæsón에 있을 때에는 s자음이 r로 변하는 규칙을 Verner라는 사람이 발견했다. 그래서 wæsón에서 s가 r로 변하고 wærón으로 변화된 뒤에 강세가 앞으로 첫음절에 오게 되었다. 즉 wǽron으로 되고 on에서 강세가 없어지니 en으로 바뀌었다. 그래서 wæren이 되었다. 고대영어 시절에 단어 끝에 n이 있을 때 생략되는 경우가 많았다. 그 예를 보면 쉽게 이해가 될 것이다.

고대 영어	중세 영어	현대영어
findan(원형)	finden	find
fundon(과거복수)	founde(n)	found
funden(과거분사)	founde(n)	found

그래서 위의 예처럼 wæron에서 wæren이 되고, wære도 n이 생략되어서 wære이 되어 결과적으로 were가 be동사의 과거 복수가 되었다.

1.5. 영어 동사는 과거형을 만들 때 규칙을 잘 따르고 있나?

영어 동사들은 시제 변화를 할 때 규칙을 잘 따르지 않고 있다. 그 예가 동사 help이다.

최근의 영어 사전을 보면 help의 과거는 helped, 과거분사도 helped로 나와 있다. 그렇다면 이 동사는 분명 규칙동사이다. 그러나 실제 동사 help는 고대영어시대(449−1100)에 불규칙동사(Irregular Verb, 즉 Strong Verb)였다가 규칙동사로 바뀐 것이다. 고대영어시대에서 동사의 부정형 helpan, 과거 단수형 healp, 과거 복수형 hulpon, 과거분사형 geholpen으로 쓰이고 있었다. 그리고 중세영어시대(1100−1500)에서는 부정형 helpen, 과거형 halp, 과거분사형 holpen으로 쓰였다. 현대영어초기(1500년−1750년경)시대에 현재형이 help가 되고 과거형으로는 helped가 되는 변화가 생겼던 것이다. 중세영어 후기시대부터 점차 강변화동사가 약변화로의 변화가 이루어지다가 현대영어 초기시대에 약변화가 되어가는 과정이 점차 늘어나 일반 영어사전에도 나타나게 되었다. 현대영어 후기시대에서는 강변화동사가 약변화동사로 변해가는 추세가 상당히 급격해졌다는 것을 영어 사전의 항목들에서 알 수 있다(여기서는 시사영어사전에 나온 예를 들어 보겠다). 과거시제 형태에 강변화와 약변화 두 유형이 다 나타나는 동사들은 규칙과 불규칙변화의 경향이 혈투를 벌이고 있다는 것으로 언젠가 둘 중 하나는 패배하여 사라질 것으로 보인다.

현 재	과 거	과거분사	현 재	과 거	과거분사
abide (기다리다)	abode abided	abode abided	slink (조산하다)	slunk slinked	slunk slinked
awake (깨우다)	awoke awaked	awoke awoked	slit(째다)	slit slitted	slit slitted
bide (기다리다)	bode bided	bode bided	speed (질주하다)	sped speeded	sped speeded
cleave (굳게 결합하다)	clave cleaved	cleaved	spoil (망치다)	spoilt spoiled	spoilt spoiled
clothe (옷을 입다)	clad clothed	clad clothed	squat (웅크리다)	squat squatted	squat squatted
dig (파다)	dug digged	dug digged	stave (부수다)	stove staved	stove staved
hamstring (절름발이가 되게 하다)	hamstrung hamstringed	hamstrung hamstringed	stay (머무르다)	staid stayed	staid stayed
light (우연히 만나다)	lit lighted	lit lighted	sweat (땀을 흘리다)	sweat sweated	sweat sweated
overwork (과로하다)	overwrougut overworked	overwrougut overworked	thrive (번영하다)	throve thrived	thriven thriven
plead (변호하다)	ple(a)d pleaded	ple(a)d pleaded	wake (깨우다)	woke waked	woke woken waked
quit (그만두다)	quit quitted	quit quitted	wet(젖다)	wet wetted	wet wetted
rid(없애다)	rid ridded	rid ridded	wind (바람을 쐬다)	wound winded	wound winded
shred (갈기 찢다)	shred shredded	shred shredded	work (일하다)	wrougut worked	wrougut worked
shrive (참회하다)	shrove shrived	shriven shrived			

위의 표에서 보면 동사의 과거형과 과거분사형이 나란히 쓰였는데 실제로 약변화동사가 더 많이 쓰이는 경향이 있다. 이렇게 두

가지로 쓰이는 동사들을 볼 때 현대영어에서 강변화동사보다는 규칙동사인 약변화동사가 살아남고, 강변화동사는 서서히 사라질 가능성이 있다고 예측할 수 있다.

2. 명 사

2.1. England란 이름은 앵글스족(Angles)이 사는 땅(land)?

English라는 이름은 고대영어시대 앵글스족(Angles)에서 유래되어 나왔다. 앵글스족을 앵글(Angle) 또는 앵글리(Angli)라 불렀는데 이 Angli에서 모음에 변화가 일어났다. 즉 A가 E로 되어 Engli가 되고, 형용사 어미 －sc가 붙어서 Englisc가 되었다. 그 후 단어 끝 －sc가 고대영어 후기시대에 fisc가 fish로 변화된 것과 같은 음운변화를 거쳐 단어 Englisc는 English로 변화되었고 중세영어시대를 거쳐 오늘에까지 이르게 된 것이다.

현재 우리가 영국이라고 부르고 있는 이 나라는 영어 공식명칭을 U. K.(United Kingdom)로 쓰고 있다. U. K.는 4개의 나라 즉 England, Scotland, Wales, Northern Ireland로 구성되어 있다. 그리고 Northern Ireland를 제외한 세 나라를 합쳐서 Great Britain 또는 Britain이라 부르기도 하며 일반적으로 England가 대표격 역할을 하고 있다.

그런데 England는 도대체 어떻게 생겨났을까? English나 England를 이해하기 위해서 영국의 역사를 잠깐 살펴보기로 하자. 영국의 고대 역사에 최초로 등장한 민족은 켈트족(Celts)이다. 켈트족들이 평화롭게 살고 있던 곳을 서기 43년에 로마의 클라디우스황제(Claudius)가 침입해 들어와 그 중남부 지역을 점령하더니 로마의 지배하에 두고서 이후 400년간을 통치했다.

그 후 서기 410년에 이르러 로마제국은 골(Gaul)지방의 잦은 게르만 민족의 침입과 국내 사정으로 인하여 영국 주둔 로마군대를 철수하게 되었다. 로마군사들은 켈트족들에게 무기나 병력을 가질 수 없도록 했었기 때문에 로마군대의 갑작스런 철수는 곧 치안 공백 상태를 초래하였다. 이 때, 스코틀랜드 북쪽에 있던 픽트족(Picts), 서쪽에 있는 스코트족(Scots)들이 무방비 상태에 있는 켈트족을 침공해 내려왔다. 켈트족의 왕 보티간(Votigern)은 너무 급한 나머지, 수세기 동안 바다를 건너와 로마 군대를 괴롭혔던 게르만족 중에서 앵글스족과 색슨족에게 원조를 요청했다. 이렇게 해서 켈트족을 도우러 왔던 앵글스족과 색슨족은 그들을 돕기는커녕 오히려 켈트족을 대학살 하거나 산간벽지로 쫓아내고 강제로 영국 땅을 점령해 버렸다. 이때 켈트족은 유명한 아더왕(King Arthur)의 활약에도 불구하고 역부족으로 패망하고 말았다. 이렇게 앵글로색슨족이 영국으로 들어온 해가 449년이며 그때부터 고대영어시대가 시작되었고 그와 함께 앵글로 색슨시대가 시작되었다.

대륙에서 들어온 사람들은 앵글스족(Angles), 색슨족(Saxons), 주트족(Jutes), 세 부족인데 고대영어시대 초기에 사람들은 대륙에서 온 침략자들을 전부 색슨인(Saxons)이라 했다. 따라서 로마인들은 영국에 정착한 사람들을 전부 삭소네스(Saxones)라 하고 그 나라는 삭소니아(Saxonia)라 불렀다. 그 후 서기 601년에 가서야 켄트왕 애설바트(Aethelbert)가 로마 교황 그레고리(Pope Gregory)로부터 락스 앙글로룸(Rex Anglorum=King of Angles)이란 칭호를 받았다. 이 때부터 영국을 말할 때 앵글리(Angli)라는 명칭이 자주 쓰이게 된 것이다.

여기서 국가나 국민 이름은 색슨(Saxon)이나 앵글(Angle) 두 가지 명칭이 다함께 쓰였으나 약 1,000년경부터 영국을 앵글라 랜드(Engla-land)라고 부르기 시작하였다. 이 명칭에서 앵글라(Engla)의 a가 e로 변했다가 없어지면서 England가 되었다. Engla에 복수형 소유격어미 a가 붙어 있어서 해석은 '앵글인들의 나라'라는 뜻으로 처음 사용되었다.

2.2. 영어 Angli가 왜 Engle로 변했을까?

Angli가 Engli로 변화되는 과정에는 일정한 음변화 현상이 나타난다. 즉 단어의 끝음 i가 작용을 해서 앞의 음절에 있는 모음 즉 A를 E로 변화시키는 현상이다. 모음에는 구강의 앞부분에서 나는 소리 i, e, æ 등이 있고 구강 뒷부분에서 나는 소리로 u, o, a 등이 있다. 위의 단어 Angli가 Engli로 되는 것은 구강 앞부분에서 소리나는 모음 i의 힘에 의해서 구강 뒷부분에서 소리나는 모음 A가 E로 변화하도록 유도하는 경향을 보여서이다. 이런 모음변화현상을 영어로 i-mutation(모음변이)이라 하거나 i-umlaut라고 한다. i가 A를 E로 변화시킨 후에는 자신이 소멸하기도 하고, e로 변화하기도 한다. 앵글(Engle)은 i가 e로 변화된 형태이다. 이런 예에서 i가 구강 앞부분에서 나는 음이기 때문에 구강 뒷부분에서 나타나는 A를 구강 앞부분에서 나는 E와 같은 종류의 음으로 변화시키는 것을 동화현상이라고도 한다. 동화 현상의 한 예로, 신체의 일부인 발을 뜻하는 영어 단어 단수형은 foot인데 그 복수형은 foots이 아니라 feet으로 나타나는 것을 들 수 있다. 여기서 원래 단어 끝에 i

음이 있었고 이 모음의 영향을 받아 앞에 있는 모음들이 구강 앞부분에서 나는 소리로 변했다는 것을 유추할 수 있다. 이것을 상세하게 설명하자면, 현대영어 단어 foot에 해당되는 고대영어 형태 fōt(모음 위 ㅡ는 장모음표시)가 복수형을 이룰 때 어미 i를 붙어서 fōti가 되었다. 이때 단어 끝 i가 그 힘을 발휘하여 앞에 있는 모음 ō을 구강 앞부분에서 나는 모음인 ē로 변화시켰고 그 복수형은 fēti가 되었다. 그러나 이 과정에서 i는 변화를 유도한 뒤 사라져 버렸다. 그 결과로 남은 것이 fēt이다. 이 fēt에서 ē는 장모음이었고 중세영어시대 때 장모음은 모음 두 개를 붙여 표기하는 경향에 따라 feet로 변하게 되었다. 현대영어에 와서 보면 단어의 단수형은 foot이고 복수형은 feet이다. 또 다른 예를 들어보자. 현대영어 goose(거위)의 복수형은 geese이다. 이 단어 또한 foot과 같은 원리로 고대영어시대에 gōs가 단수형이고 복수형에는 gōsi라는 모습을 지녔다. 단어 끝에 i가 있으면 그 i가 앞의 모음에게 음 변화를 하라고 명령하면서 구강 앞부분에서 나는 소리인 ē가 되어 gēsi가 되고 뒤에 i는 없어졌다. 그래서 goos의 복수형 gees가 탄생한 것이다. 그런데 현대영어시대 초기에 인쇄소 직원이 인쇄판을 짤 때 판을 모양새 있게 만들기 위해 단어에 없던 e를 붙이기도 했고, 시인들이 시를 쓸 때는 시의 한 행 한 행 끝 부분에 음률이 맞는 끝 음을 만들기 위해 없던 단어에 e를 붙였던 결과로 그 시대에 이르러 단어 goos에도 e가 붙어서 goose와 geese가 되었다. 덧붙여 말하자면, i 모음변이현상은 고대영어시대(5－6세기)에 일어났기에 남겨진 기록이 없었던 관계로 몇몇 책에서는 gōs라고 기록하기도 했다.

이런 현상은 사실상 고대영어시대 이전에 많이 일어났었다. i－umlaut만 나타난 것이 아니라 ī－umlaut(즉, 장모음 i의 움라우트),

j－umlaut와 더불어 세 가지의 umlaut 현상을 볼 수 있었다. 고대영어시대 이전에 ǣ, ē, i, ī를 제외한 모든 모음과 이중모음이 있는 뒤 음절에 i, ī, j 음이 올 때는 앞 음절에 있던 모음들이 전설모음, 즉 구강 앞부분에서 소리나는 모음으로 동화되는 음운변화를 하였다. 이 동화현상의 또 다른 예를 들면, men이라는 단어는 모음 i의 영향으로 manni → menn로, judge라는 단어가 모음 j의 영향아래 dōmjan → dēman으로, 또 enclose라는 단어는 j의 영향으로 tūnjan → tȳnan 등으로 변화했다는 것을 볼 수 있다.

2.3. Children은 욕심이 많아 복수형 어미를 두 개나 달고 있다.

고대영어시대에 어린아이는 cild로 쓰였다. 이 형태가 중세영어(1100－1500)시대에 불어의 철자 모양을 본받아 c가 ch로 쓰여 child가 됐다. 고대영어시대에 cild가 그 단수형이었고 복수형태는 cildru로 －ru 어미가 붙었다. r은 복수를 나타내고, u는 주격, 대격의 굴절어미이다. 이 형태가 중세영어시대에 와서 모든 단어의 두 번째 약음절에 오는 모음 a, o, u는 e로 전환되는 경향에 따라 이것도 childre 또는 childer로 되었다. 그런데 childre의 모양이 복수형태로 보기에는 이상했던지 사람들이 잘 모르고 childre 형태에 oxen에 쓰이는 복수 어미 en을 붙이고 싶었던 것이다. 즉 유추를 해서 그렇게 생각한 것이다. 그런데 e가 앞에 이미 붙어 있으니 n만 붙여서 children 또는 childern이 됐다. 그 뒤 childern은 잘 쓰이지 않고 children만이 쓰이게 됐다. 그러니 복수어미가 두 개나 붙어있는 셈이다.

여기서 복수 oxen, children에서처럼 복수형을 만들 때 단수형에

en을 붙이는 것이 현대영어시대에서는 불규칙변화이다. 그러나 고대영어시대에는 올바른 규칙변화였다는 것도 알아야겠다. 그 예를 현대영어에는 규칙변화를 하고 있으나 고대영어에 불규칙변화였던 것을 다음의 비교를 통해서 보면 알 수가 있다.

		남성 a-stem 명사	n-stem 명사
고대영어	단수 주격	stān(stone)	oxa(ox)
	대 격	stān	oxan
	소유격(속격)	stānes	oxan
	여 격	stāne	oxan
	복수 주격	stānas	oxan
	대 격	stānas	oxan
	소유격(속격)	stāna	oxena
	여 격	stānum	oxum
현대영어	단 수	stone	ox
	소유격	stone's	ox's
	복 수	stones	oxen
	소유격	stones'	oxen'

고대영어시대에 oxa의 단수 변화를 보면 주격을 제외한 모든 어미가 규칙적으로 쓰이고 있으나 stan의 단수 변화를 보면 여러 가지 어미를 가지고 있어서 규칙적이지 않다. 그러나 현대영어시대에 와서 stone은 s나 es를 붙여서 규칙화되었지만 ox는 복수형에 en을 붙이는 불규칙한 명사로 처리된다.

2.4. 육 척의 남자는 영어로 six-foot man일까 six-feet man일까?

여기에는 그 나름의 사연이 있어서 six-feet man으로 하지 않고 six-foot man으로 쓰고 있다. 고대영어시대에 foot의 형태는 단수 때에는 주격과 대격에 fōt였고, 소유격 fōtes, 여격 fēt였다. 복수에 주격과 대격은 fēt였고, 소유격은 fōta, 여격은 fōtum이었다. 고대영어시대 복수 소유격의 끝자리는 거의 전부 -a 어미였다. 이 복수 소유격 어미 -a가 중세영어시대에는 -e로 되거나 없어지기도 했다. fōta에서는 -a 어미가 없어졌다. 그 영향이 현대 영어에까지 왔다. 그래서 six-foot man이라고 하면 foot가 복수 소유격의 의미를 가지고 있다. sixty-mile drive도 같은 이치이다. mile도 고대영어시대에 복수 소유격은 mīla였고 중세영어시대에 mīle가 됐으며 현대영어에 와서 sixty-mile drive로 정착되어 모양은 단수로 쓰이고 뜻은 복수를 나타낸다.

2.5. 고대영어에는 여자(wīfmann)도 남자처럼 군림했다?!!

고대영어시대에 여자(woman)를 wīfmann으로 했으며, 이 단어는 두 단어가 한 단어로 묶인 것이다. 즉 아내 wīf와 남자 mann을 합쳐서 wīfmann이라 했는데, 이 단어의 문법적 성은 남성으로 사용했던 것이다. 뜻은 여자 또는 여성을 나타내지만 대명사로 표현하자면 he로 쓸 수밖에 없었다. 고대영어시대에 wīf는 중성으로 쓰이고 있어서 대명사로 나타낼 때는 중성 hit(후에 가서 it)로 나타냈다. 또 여성이 분명한 처녀 mægden이라는 단어도 말이나 글 중에서 나타나는 성은 중성으로 나타났다.

실제로 고대영어시대에는 여자(woman)의 문법성은 남성으로, 처녀(mægden)의 문법성은 중성을 나타내고 있었는데, 이렇게 실제와 문법이 서로 달랐다. 이렇게 여자를 문법에 쓰일 때 중성으로, 남성으로 쓰이는 것은 문법에서만 그렇게 쓰기 때문에 문법적 성(grammatical gender)이라고 부르고 있다. 그러니까 문법에 쓰이는 성은 영어로 sex라는 단어를 쓰지 않고 gender라는 단어를 사용한다.

그러나 실제의 성과 문법의 성이 다르기 때문에 고대영어시대부터 글을 쓸 때 실제의 성을 생각하고 실제의 성을 표현하고자 하는 생각을 가지고 있었던 것이다. 왜냐하면 여성(wifmann)은 글로 쓸 때에 의식적으로 wifmann의 성을 남성으로 생각해야하는 불편함이 생기기 때문이다. 실제의 성 즉, 자연적 성(sex)을 생각하면 외울 필요도 없이 저절로 알기 때문에 훨씬 쉽다. 그래서 옛날부터 문법적인 성이 실제의 성 표현으로 전환되어 왔는데, 그 예를 찾아보면 다음과 같다. 영국 국교회사(Ecclesiastical History of English Nation)의 경우 Bede는 그 책을 처음에는 라틴어로 썼었다. 그래서 이것을 번역할 때 고대 영국 남쪽지역 Kent왕 Ethelbert의 아내 Bertha를 대명사로 쓸 때, hit로 써야 되는데, hit를 쓰지 않고 여성명사를 받는 여성대명사 heo로 썼다. 이것은 고대영어시대부터 실제의 성을 쓰고자 했던 경향을 보여주는 좋은 자료라 생각되는데, 문법적 성이 그 이후로 차츰 적게 쓰이고 자연적 성이 서서히 증가하는 추세를 보이게 된 것이다.

2.6. Wife의 원래 뜻은 여자였는데 어떻게 해서 아내가?

독일어의 weib가 여자(woman)를 나타내고 있어서 옛날 wife의 뜻을 그대로 간직하고 있다. 중세영어시대의 대표적인 시인인 쵸서(Chaucer)의 시집 캔터베리 이야기(Canterbury tales)의 한 부분에 Wife of Bath가 있는데, 이 때 wife는 여자라는 뜻이라서 번역하면 'Bath지역 출신 여자'라고 해야 한다. 그러나 지금은 결혼한 한 남자의 아내를 뜻한다. 이렇게 일반적인 여자를 나타내다가 한 남자의 아내로 그 뜻이 좁아지면서 어떤 특수한 여건 속에 속한 이름을 나타내는 것을 의미의 특수화(specialization of meaning)라고 한다. 이것은 뜻이 축소(restricted, narrowed)된 경우로 볼 수도 있다. 이렇게 일반적인 것으로 쓰이다가 어떤 특수한 것을 나타내는 경우가 많이 있다.

deer도 본래 동물(animal)을 나타냈었다. 현대초기에는 이 deer가 사슴만을 나타내는 뜻으로 사용됐고, hound도 고대영어시대(hund)에는 일반적인 dog(개)를 나타냈으나 차츰 일반적인 것보다는 사냥을 하는 개 이름을 지칭하게 되었다. disease는 중세영어시대 때 dis－ease 즉, 불편함을 나타내는 정도였는데 현대에 오면서 신체의 질병이라는 좁은 뜻을 갖게 됐다. starve란 단어도 고대영어(steorfan)시대에는 죽다(to die)의 뜻으로 사용되었다. 중세영어 이후부터 starve에 배고픈(hungry) 뜻이 더하여 starve to death라는 표현이 되어갔다. 오늘날 I'm starving 하면 I'm very hungry의 뜻과 같다. 그래서 starve는 'to die'에서 '굶어서 또는 배가 고파서 죽다'의 의미로 특수화되어 왔다. doctrine은 teaching이라는 뜻이었으나 지금은 교리를 뜻한다. science는 일반적 지식(knowledge in general)을 뜻했으나 지금은 과학을 뜻한다. doctor도 teacher라는 뜻이었으나 지금은 거의 medical doctor(의사)의 의미를 갖는다. business는 본래 바쁜 상태(state of being busy)였으나 지금은 사업, 무역(occupation, profession, trade) 등을 나타낸다. coast는 원래 옆길(side)을 뜻했으나 지금은 해변(sea shore)을 뜻한다. liquor는 원래 액체를 뜻했으나 뒤에 알콜(alcholic) 의미가 첨가되어 알콜음료, 술 등을 나타내게 됐다. meat는 음식(food)을 나타냈으나 뒤에 점차 식용짐승고기, 또는 고기가 들어있는 음식 등으로 쓰이고 있다.

이렇게 의미가 특수화 내지 협소화 되는 데에는 이유가 있다. 예를 들면 deer가 일반 동물을 뜻하고 있는데 불어에 사용되는 beast(동물)가 들어와서 deer의 의미를 그대로 반영하여 쓰이니까 deer가 변화를 일으켜 동물이란 의미보다는 협소한 사슴이라는 특수한 동물을 지칭하게끔 된 것이다. 또 다른 이유를 보면 한 단어가 뜻이 협소화 되면 다른 단어가 원래의 의미를 나타내면서 대치되는 경우인데, 영어 hound가 일반적인 개를 나타내다가 사냥하는 개로 뜻이 특수화되니까 dog가 hound의 원래 뜻(개)을 이어받게 되는 것이다. starve가 '죽다'라는 의미에서 '굶어 죽다'라는 의미로 좁아지니까 die가 쓰이면서 starve가 원래 나타내던 뜻을 승계하게 됐다.

2.7. Tuesday, Wednesday, Thursday는 기독교 신 이름이 아니라면?

이교도들의 신 이름인 Tiw, Woden과 Thunor(thunder), Woden의 처 Frig 등은 영어의 요일 표기로 남아 있다. 그 예로 Tiw에서 Tuesday가 생기고, Woden에서 Wednesday가 생기고, Thunor에서

Thursday가 생겨났다. Woden의 처 Frig가 Friday로 나타났다. 또 이교도들의 여신인 Eostre가 기독교의 축제일 Easter(부활절)로 됐다.

이 신들의 이름은 지명에도 스며들어 있다. Tuesley, Wednesbury, Thunderfield로 쓰이고 있다.

이교도의 신이 오늘날의 영어로 된 과정을 보고자 한다.

고대영어	현대영어
Tiw+es(남성) dæg	Tues-day
Woden+es(남성) dæg	Wednes-day
Thunor+es(남성) dæg	Thurs-day
Frig+e(여성) dæg	Fri-day

위의 형태는 고대영어 소유격형으로 나타낸 것이었고 그것이 현대영어 요일을 뜻한다.

2.8. Motel은 어떤 단어들이 서로 결합된 것인가?

1952년에 London에 연기(smoke)와 안개(fog)가 합성된 단어 스모그(smog)가 1주일 동안 밀려와 시민 2000명이 생명을 잃었던 사건이 발생했었다. Smog와 같은 두 단어의 일부를 서로 합해서 한 단어를 이루는 것을 합성어(Blending)라 한다. 최근에는 자동차를 가지고 호텔에 갈 수 있게 만든 Motel(motor와 hotel)이 유행처럼 한국의 Hotel 업계에 생겨나고 있다. 이 Motel은 Hotel 보다는 싼 편이고 여관보다 다소 깨끗한 환경을 조성하고 있는 특징이 있다. 미국의 플로리다주에 보트를 타고 도착하는 사람들을 위해 보트에 잠자리를 마련한 Botel(Boat+Hotel)이 생겨나고 있다. 이런 합성어들이 본격적으로 나타난 시기는 후기현대영어이다. 그 이전에도 간혹 나타나긴 했는데 lunch(lump+hunch), twirl(twist+whirl) 등은 16세기에 생겨났다. 20세기에 들어와서 생긴 아침과 점심을 합친 단어 brunch(breakfast+lunch)는 우리말로 아점이라 할 수 있을까? smaze는 연기와 아지랑이 (smoke+haze)가 합쳐서 생긴 것이다. 호랑이(tiger)와 사자(lion)의 합성 liger가 생겨나게 됐다.

Automobile은 그리스어 autos(self)와 라틴어 mobils(movable)의 결합에서 나온 것이다. 그런데 이 auto는 다른 단어의 일부와 결합해서 많은 단어를 만들어내고 있다. autocar, autobus, autobiography 등이 태어나게 됐다. Watergate는 원래 사무실 이름인데 이 사무실에서 미국의 Nixon 대통령이 다른 당 대통령 후보를 도청했다는 이유로 대통령직을 사임한 사건을 Watergate라고 부르고 있다. 정부가 개입해서 일어난 불미스러운 것을 나타내는 합성단어 Koreagate 등도 만들어졌다. 한국인들이 영어를 할 때 영미인처럼 할 수 없고, 한국인이 영어를 할 때 그 영어를 Konglish라 하기도 한다. 한국에서는 한 때 비평집인 Mook라는 용어가 사용됐었는데 이것은 Monthly Book의 합성어이다. 음식 중에 Hamburger는 원래 독일 도시 이름 Hamburg에 er이 붙여진 이름이다. 여기 Hamburger의 burger 음을 떼어 내어서 cheeseburger, chickenburger 등 burger가 독립된 단어로 사용되고 있다.

2.9. ID가 무엇의 약자인가?

ID는 영어의 신분증(Identification Card)에 해당하는 단어의 첫 글자들을 붙여 써 놓은 것이다. 현대에 오면서 이런 약어 사용법이 증가하고 있는 추세이다.

UN은 The United Nations에서 나온 것이고, MIT는 Massachusetts Institute of Technology로 매사추세츠 공과대학이라는 단어이다. 수사기관인 FBI는 Federal Bureau of Investigation으로 미국 연방 수사국의 약자 이름이고, YMCA는 Young Men's Christian Association의 약자이다. 위에 찾아본 약어들은 대체로 단체 이름들이다.

다음의 예도 있다.

KO-Knock Out
TV-Television
ROTC-Reserve Officers Training Corps
OK-All Correct
EEC-European Economic Community
WHO-World Health Organization

3. 관계사와 한정사

3.1. 지시사 this는 복수형 those를 that에 뺏기고 어떻게 했나?

고대영어시대에 the에 해당하는 지시사 이외에 또 다른 지시사가 있었다. 고대영어는 남성 주격이 Þēs, 중성 주격이 Þīs, 여성 주격이 Þēos이고, 이것의 복수 주격은 Þās였다. 중세영어시대에 Þ가 th로 변하기 때문에 남성 주격 thēs, 중성 주격 this, 여성 주격 thēos, 복수 thās가 되었다. 이 중에서 중성 주격인 this가 현대영어 지시사 this이다. this의 원래의 복수형은 복수 thās에서 ā → o로 모음변화를 해서 만들어 진 thos가 되고, 여기에 뜻도 없고 발음도 안 되는 e가 thos의 끝에 붙어 those가 되어 this의 복수가 되었다.

그런데 큰 문제가 발생했다. 앞에 정관사에 해당되는 지시사 중에 중성 주격형인 Þæt가 중세영어에서 that가 됐었는데, 이 that가 this의 복수형을 탐냈다. This가 방심하고 있는 사이 That이 this의 복수형 those를 빼앗아가서 자기 복수로 삼아버렸다. 한참을 낙담하고 있던 this도 다른 데서 빼앗아 오던지 만들던지 해야 했다. 그런데 this 지시사의 남성 주격 Þēs는 중세영어 때 thes의 모양이었다. this는 이러한 남성주격 thes에다 예쁘게 단장을 한다고 끝에 e를 붙여서 these로 만들어 this의 복수로 삼았다.

이러한 변화들이 일어난 것은 지금과 같이 표준어가 반듯하게 사용되기 시작한 중세후반기부터다. 그 이전에는 여러 가지 방언이 서로 뒤섞이고, 상류층과 하류층, 지방과 중앙과의 교류 등, 사회적 혼란의 여파로 단어들도 마음에 드는 단어를 짝으로 만들기도 했던 것이다.

3.2. 고대영어 관계대명사 þe는 who의 가족에게 죽임을 당했다!

고대영어시대에 유일하게 사용되던 þe관계대명사는 중세영어시대에 hwā(who)의문 대명사 가족으로부터 죽임을 당했다. 고대 영어시대에 관계대명사는 오직 þe 뿐이었다. þe가 어디에나 관계대명사로 쓰이니까 관계절을 만들 때 너무나 편리했고, 간단했다.

현대영어의 관계대명사 종류를 생각해 보면 고대영어시기가 부러워진다. 이 þe 관계대명사가 고대영어 후기부터 점차 hwā의 가족들에게 협공을 당했다. 원래 hwā가족은 오직 의문대명사로서만 고대영어시대에 사용되었다. 이 þe 관계대명사는 그 앞에 sē(the)를 붙여서 복합 관계대명사로도 사용되고 있었다. 활용이 뛰어나니 hwā 가족의 시샘은 극에 달하고 있었다.

그런데 hwā 가족은 단수만으로 구성되었고, 그 대신 남성형과 중성형 두 가지로 무장하고 있었다. 그 예를 보면 다음과 같다.

	남 성	중 성
주 격	hwā	hwǣt
대 격	hwone	hwǣt
소유격	hwǣs	hwǣs
여 격	hwǣm, hwām	hwǣm, hwām
도구격	hwǣm, hwām	hwȳ

남성에서 보면 hwā는 who로 됐는데, 중세시대에 hw는 wh로 철자위치가 바뀌었고 ā는 o로 음변화를 했다. 여격의 hwām은 whom이 됐으며 who와 같은 음변화를 했었다. hwone는 중세영어시대에

힘이 약해지자 그의 역할은 여격에게 위임되었다. 소유격 hwæs는 whose가 되었는데 æ가 o로 전환된 who와 whom의 영향이었다. 가족간에 큰 영향을 주고 받았었다. 또한 중성주격에 hwæt는 what로 전환됐는데 고대영어 æ가 중세영어 때 a로 쓰였기 때문이다. 예로 보면 þæt의 고대영어단어(that)가 중세영어시대 that가 된 것을 보면 알 수 있다. 중성 도구격 hwȳ가 중세영어에 why가 되었다. 다른 의문대명사 hwæðer('which of two')와 hwile('which of many')가 있었다. hwile은 which로 변했다.

이런 가족을 거느리고 있는 hwā는 중세영어시대에 who로 변하면서 관계대명사인 þe를 죽여 버리고 관계대명사의 역할을 빼앗아 자기가족들에게 모두 나눠주어 지금 의문대명사와 관계대명사의 역할을 겸하면서 세력을 누리고 있다.

3.3. Who와 Which를 살려주세요!!

18세기에 영국에서 Addison은 신문에 who와 which를 살려 달라는 탄원서를 공개적으로 냈다. 이것은 1711년 5월 30일자 The Spectator 제 78호에 실렸던 것이다. 그 내용은 That이 관계대명사 용법으로 많이 증진됨으로써 상대적으로 who와 which에 상처를 입힌다는 것이다. 그는 '우리는 조상 대대로 내려온 뼈대 있는 가문이고, 저 형편없는 가문 출신인 That이 우리를 밀어내기 전까지는 수년 동안 가문의 권위와 명예를 지켜왔다'라고 쓰고 있다.

Addison은 who와 which를 너무 편애하고 있다. 왜냐하면 사실 that이 who와 which보다 오래 전부터 사용되었던 것인데, who와 which의 두 관계대명사를 두둔한 이유는 그가 라틴계 관계대명사를 높이 평가했기 때문이다.

Addison의 이 기사 때문에 that이 관계대명사로서 사용되는 데, 큰 제약을 받게 된 것이다. 관계사의 역사를 살펴보면 고대영어시대에는 관계사는 Þe 하나였다. 중세시대에 와서는 의문사인 which가 관계사로 사용되기 시작했고, 또 16세기 이후에 의문사인 who가 사람을 지칭하는 관계사로 쓰이기 시작했다. 그러나 일반 사람들은 굴절형 없이 언제나 같은 형태로 쓰이는 that를 자주 쓰니까 Addison과 같은 라틴문법을 좋아하던 사람들이 who와 which를 옹호하기 위해서 That 관계사를 헐뜯고 업신여기고 있다.

제2절 영어철자

1.1. 고대 영어시대의 글자체는 어떤 것이었나?

비드(Bede)의 저서에 따르면, 주트족을 선두로 하여 앵글족과 색슨족 등이 북유럽에서 브리타니아(영국) 섬에 들어오기 시작하면서 브리타니아에서 살고 있던 켈트(Celts)족은 그때까지 배우고 익히던 라틴글자를 버리고 앵글족과 색슨족이 가지고 온 루운(Rune) 글자를 배워야 살아갈 수가 있었다고 한다.

그럼 루운글자는 앵글로 색슨 민족의 고유의 글자일까?

이 루운글자는 초기 게르만(Germanic) 민족이 만들어 쓴 글자로 알려져 있는데 그 근거를 따질 때면 라틴글자와 그리스글자에서 참고하여 만들었다고들 추측했었다. 그러나 문자학자인 울만(Ulmann)은 이런 생각은 분명히 잘못된 것이라고 주장하면서 루운글자는 분명히 매우 초기에 북이태리알파벳(North Italian Alphabets)에서 파생되어 나왔으며, 형태면에서 라틴알파벳과 유사하지만 근본적으로 라틴 알파벳과는 무관하다고 설명하고 있다.

브리타니아에 거주하는 사람들이 루운글자를 사용하고 있을 때에 아일랜드(Ireland)에서는 4세기 이후 대륙으로부터 전파된 기독교가 성 패트릭(St. Patrick)의 수고에 힘입어 완전히 복음화를 이룩하고 있었다. 이 때 성경과 함께 들어온 언어는 공식 라틴어이지 속(Vulgar) 라틴어가 아니었다. 그 언어를 표현하는 글자는 로마자이며 그 서체는 공식적으로 쓰인 언셜체(Uncial)와 거기에서 발달되어 나온 반언셜체(Half-Uncial)였다. 따라서 언셜체와 반언셜체에서 아일랜드 특유의 서체가 발달되어 나왔는데 이 서체를 도서체(Insular Hand)라고 부르고 있다. 여기서 아일랜드의 서체인 도서체의 기원은 반언셜체로 보아야 한다.

이 도서체는 성 콜롬바(St. Columba)가 브리타니아 북부지역인 스코틀랜드에 기독교를 전파하는 과정에서 유입되었고, 그 뒤 기독교가 남부에까지 전파되면서 이 서체도 브리타니아 전역에서 사용되기에 이르렀다.

7세기 초에 아일랜드에서는 서체가 두 가지 형태로 발달하게 되었다. 그 하나는 넓고 둥근 모양을 한 서체인 원형체(Round Hand)라고 알려진 것과 다른 하나는 글 획의 모양을 압축시킨 듯한 서체인 뾰족체(Pointed Hand)이다. 현재까지 남아 있는 원형체는 아일랜드의 국보로 지정되어 있는 7세기에 쓰여진 켈의 책(Book of Kells)의 서체이며, 영국에서는 같은 7세기에 쓰여진 린디스팬의 복음서(Lindisfarne Gospels) 등에서 그 예가 나타난다. 이 원형체의 특징으로는 각 글자의 위쪽이 두툼하고 특히 첫 획이 더욱 두툼

하다는 것이다. 점차적으로 원형체보다는 뾰족체가 일반화되었으며, 비드(Bede)가 쓴 영국 국교회사 등도 모두 뾰족체로 쓴 것이다. 이 뾰족체가 1066년 노르만 정복 때까지 쓰였고, 노르만 정복 이후에는 프랑스의 서체인 캐롤라인(Carolingian)서체가 도입되었다.

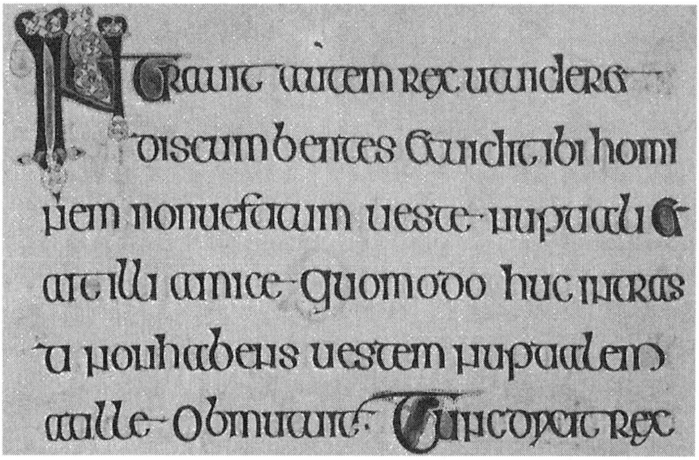
INtravit autem rex ut videret
discumbentes et vidit ibi homi
nem non uestitum ueste nuptiali et
ait illi amice quomodo huc intras
ti non habens uestem nuptialem
at ille obmutuit. Tunc dixit rex

도서체의 원형체(Insular Round Hand)인데 위의 예는 아일랜드의 국보인 The book of Kells에서 발췌 다음은 주로 영국에서 많이 사용된 뽀족체의 예이다.

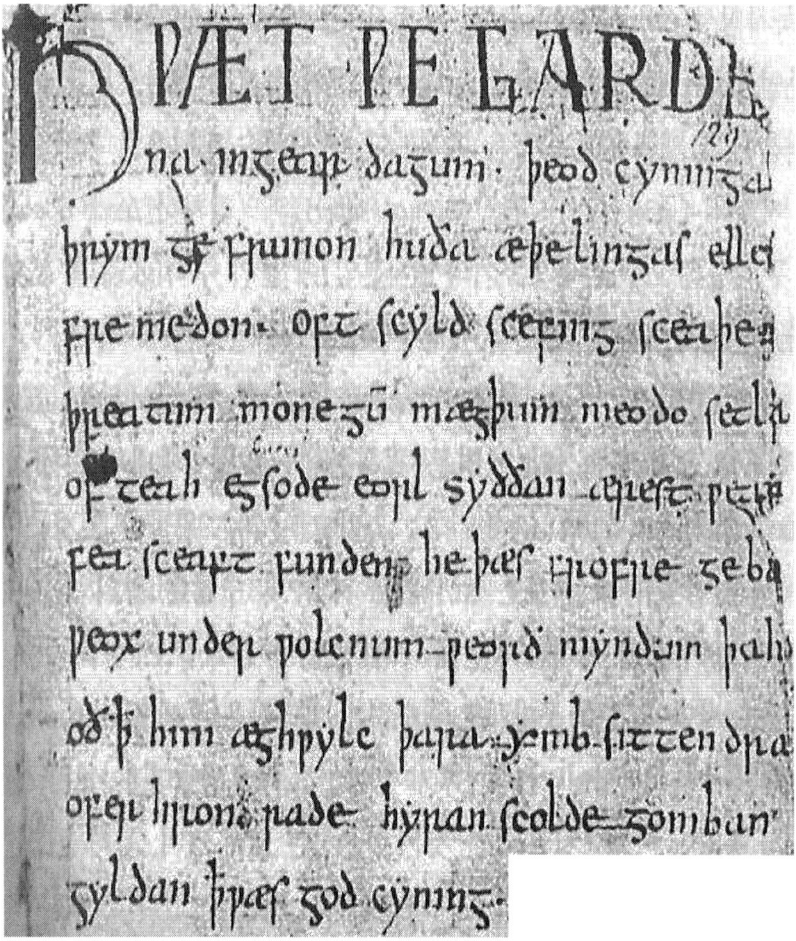
HWÆT ƿE GARDE
na in gear dagum. þeod cyninga
þrym ge frunon hu ða æþelingas ellen
fremedon. oft scyld scefing sceaþen
þreatum monegum mægþum meodo setla
of teah egsode eorl syððan ærest ƿearð
fea sceaft funden he þæs frofre geba
ƿeox under ƿolcnum ƿeorð myndum þah
oð þ him æghƿylc þara ymb sittendra
ofer hron rade hyran scolde gomban
gyldan þ ƿæs god cyning.

뽀족체의 예 : 앵글로 색슨의 최초의 시 Beowulf의 예

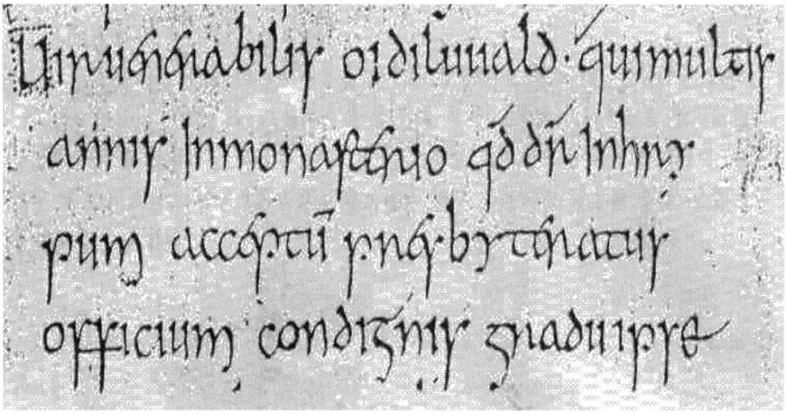

앵글로－색슨족들이 많이 사용한 뾰족체 : 비드(Bede)의 영국교회사의 예이다(Ecclesiastical History of the English Nation V. I.에서 발췌하였다).

캐롤라인서체(Carolingian Insular)

위의 서체는 영국이 노르만에 의해 정복된 이후 9세기경에 도입되어 사용된 서체이다.

1.2. 영국에 루운(Rune)글자의 흔적은 있나 없나?

루운글자의 흔적은 영국 도처에서 발견된다. 그 중에서도 가장 흥미로운 것은 스코틀랜드 덤프리스 주(州) (Dumfriesshire) 루스웰 마을의 루스웰 교회 십자가(the Ruthwell Cross)상에 루운글자로 남아 있는 작자 미상의 시(詩)이다. 루운글자가 기독교를 믿지 않는 이교도들의 문자인데 반해 시의 내용은 예수와 십자가를 찬양하고 있다는 점이 주목할 만하다. 십자가의 꿈(The Dream of the Rood)이라는 제목의 이 시는 이러한 이유로 종교 연구가 뿐만 아니라 문자 학자들에게도 흥미로운 연구의 실마리를 제공해 준다. 그 중 일부를 옮기면 다음과 같다.

루운글자	ᛣᚱᛁᛋᛏ	ᚹᚫᛋ	ᚩᚾ	ᚱᚩᛞᛁ
영어철자	krīst	wæs	on	rodī
영어	christ	was	on	the cross
번역	그리스도는 십가가 위에 있었다(못박혔다)			

앵글로색슨족들은 그들이 대륙에 거주하던 시기에 사용하고 있었던 자신들의 글자인 루운문자를 영국으로 가져가서도 계속 썼으나 훗날 기독교로 개종하면서 그것을 버리고 로마철자를 채택한 것이 오늘날에 이르렀다. 그들의 철자를 버리고 남의 나라 글자를 사용하다 보니 그들의 발음에 꼭 맞는 철자도 있었지만, 그들만의 독특한 발음을 표현할 수 없는 부분도 있었다. 그래서 로마철자 하나에 두 개의 다른 발음이 나거나 세 개의 다른 발음이 나는 경우

가 생기게 된다(예 : c는 come에서는 [k], ic에서는 [ts]음을 나타낸다. 또 dæg에 g[j]음, geese에서 g[g], dragan에서 g[ɣ]음을 나타낸다). 앵글로색슨족들이 루운글자를 버리고 로마철자를 도입해서 사용하기 시작한 때부터 바로 영어의 발음과 철자 사이에 차이가 나타나기 시작했다는 것이 역사적인 사실이다.

앵글로색슨족들이 사용하던 루운글자는 모두 31개의 철자로 구성되어 있으며, 첫 번째 글자부터로 시작해 여섯 번째 글자까지를 붙여서 읽는 방법으로 루운철자를 fuþork(푸소크)라고도 일컫는다.

철자순서	1	2	3	4	5	6	7	8	9	10	11	12	13	14	15	16
모양	ᚠ	ᚢ	ᚦ	ᚩ	ᚱ	ᚳ	ᚷ	ᚹ	ᚻ	ᚾ	ᛁ	ᛄ	ᛇ	ᛈ	ᛉ	ᛋ,ᚴ
음가	f	u	þ(th)	o	r	c	g	w	h	n	i	j	i	p	x	s
철자순서	17	18	19	20	21	22	23	24	25	26	27	28	29	30	31	
모양	ᛏ	ᛒ	ᛖ	ᛗ	ᛚ	ᛝ	ᛟ	ᛞ	ᚪ	ᚫ	ᚣ	ᛠ	ᚸ	ᛣ	ᛤ	
음가	t	b	e	m	l	tɔ	œ	d	a	æ	y	ea	g	k	k̄	

앵글로색슨족들이 대륙에 머물고 있었을 당시 루운글자는 여러 종족이 사용하고 있었기 때문에 덴마크의 루운글자나 게르만의 루운글자 등이 글자 수나 그 모양에서 약간의 차이점을 보인다. 이 중에서 앵글로색슨족들이 로마철자와 함께 계속 사용한 철자는 세 번째 þ(th), 여덟 번째 ᚹ(w), 그리고 스물여섯 번째 글자 ᚫ (æ) 등이 있다.

1.3. 고대 루운문자의 잔재가 Shakespeare의 이상한 묘비명이 있는데 혹시?

Shakespeare의 비문을 보면 놀라지 않을 수가 없다. 비문의 내용을 Shakespeare 자신이 썼다고 하는데, 무덤을 누군가가 파괴할 것을 미리 겁을 먹고, 비문을 새긴 기이한 현상을 본다. 그 내용은 이러하다.

GooD FREND FOR Iesvs SAKE. FORBEARE,
(good friend for Jusus's sake forbear)
친구들이여, 제발 삼가해 주시오!

TO DIGG TH E DVST ENCLOASED HE ARE :
(To dig the dust enclosed here)
여기에 매장돼 있는 유해를 파내는 것을)

BLESE BE Y(E) MAN Y(T) SPARES FIES STONES,
(Blessed be the man that spares these stones,)
이 비석을 보호해 주는 사람은 축복받을 것이요

AND CVRST BE HE Y(T) MOVES MY BONES.
(and curst be he that moves my bones.)
나의 유해를 가져가는 사람은 저주를 받을 것이다.

아마도 Shakespeare가 죽기 전에 어떤 위협을 받았던 경우를 생각해 볼 수 있다. 문학에서 대문호로 여겨져, 많은 Shakespeare 연구가들의 칭송을 받고 있는 그가 이런 죽음 후의 걱정을 하고, 또 사후에 무덤이 온전치 못하리라는 것을 비문에 새겼을 정도이면 겁쟁이거나, 아니면 다른 말 못할 사연이 그 속에 담겨져 있을 지도 모른다. 아니면 이 비문을 본 후세 사람들이, 더욱더 많은 호기심을 갖고 연구를 하도록 의도한 유언일 수도 있다. 어떤 경우든 비문으로서 격에 맞지 않고, 또 영문법을 파괴하고, 엉망으로 만든 사람의 비문으로 격하시켜 보면 보통 이하의 사람으로서 기이한 행동을 한 괴짜였다고 볼 수 있지 않을까?

1.4. Shakespeare 묘지명에 쓰인 $\overset{E}{Y}$와 $\overset{T}{Y}$는 무슨 사연이 있는 글자?

영국 중부 stratford-upon-avon 도시가 셰익스피어의 출생지이며, 그 곳 Trinity Church 안에 셰익스피어의 묘가 있다. 묘지에 쓰여 있는 문구에 요즘에는 보기 어려운 $\overset{E}{Y}$와 $\overset{T}{Y}$글자가 나오고 있다. 영어 철자에 이런 글자가 있었나? 나뭇가지 위에 t와 e가 안전하게 앉아있는 모습이 재미있게 보인다. 그러나 현대영어에서 찾아보면 이런 모습은 찾을 수가 없다. 옛날 초기현대영어의 철자를 찾아보면 그것에 대한 사연이 나올 것이다.

셰익스피어는 1564년에 태어나서 1616년까지, 현대초기영어시대를 살았기에 그 당시에 쓰인 철자의 모양도 현대후기시대의 철자와 다소 차이가 있다. 1525년의 영어를 Banckes가 쓴 Herball 책에서 Rosemary장에 쓰인 예를 중심으로 살펴보고자 한다. Banckes는 책을 인쇄한 날짜까지 기록해 놓았는데 "impyrnted by me Richard Banckes, dwellynge in London, a lytel fro $\overset{e}{y}$ Stockes in $\overset{e}{y}$

Pultry, $\overset{e}{y}$.xxv.day of Marche.The yere of our lorde M. CCCCC. & xxv."에서 $\overset{e}{y}$가 세 번 쓰였다. 문맥으로 보면 $\overset{e}{y}$는 the에 해당된다. 그 당시 인쇄되고 있는 것은 the를 $\overset{e}{y}$로 또는 the로 두 가지였다. 그 당시 $\overset{e}{y}$는 제2인칭 단수 목적격 대명사 thee를 대신해 쓰이고 있고, the는 thee를 대신해 쓰이기도 한다. 따라서 thee는 $\overset{e}{y}$로도, the로도 쓰이고 있다. 그리고 현대초기영어의 2인칭 대명사를 살펴보면 단수에 주격 thou, 목적격 thee, 소유격에는 thy 또는 thine이 쓰였고, 복수 주격에 ye 또는 you가 쓰였고, 복수 목적격에 you 또는 ye가 쓰였고, 속격에는 한정적 용법에 your, 명사적 용법에 yours가 쓰였다. 세월이 감에 따라 thou보다는 ye, you가 단수 주격으로 쓰였으며, 목적격은 thee와 함께 you가 쓰이기 시작했다.

이런 변화는 13세기부터 일어나고 있었다. 그 이유는 중세영어 시대에 불어의 영향으로 불어에서 정중한 표현인 tu와 vous의 용법을 모방해서 윗사람에게 말할 때는 단수형보다 복수형을 사용하는 기회가 늘어가고 그래서 thou 보다는 you 또는 ye를 쓰게 된 것이다. 셰익스피어는 you와 thou를 적절하게 구별하여 사용하고 있으나 그 세세한 차이를 알아내는 데는 많은 노력이 필요하다. 그런데 ye가 y^{e}로 쓰일 때도 있다.

$\overset{e}{y}$로 쓰일 때 y는 Þ(thorn)을 나타내기 위한 표현이지 영어 알파벳 y로 해석해서는 안 된다. 이렇게 쓰인 데는 일반사람들이 y를 Þ과 같은 철자로 잘못 인식한 데서 시작됐다. 왜냐면 Þ의 형태가 y와 비슷한 모양을 가지고 있었기 때문이다. y^{t} 또는 $\overset{t}{y}$가 that의 생략 형태로 사용됐다.

1.5. William Caxton(1422?-1491)이 인쇄한 글을 보면 그 당시의 철자상황과 초창기의 인쇄글을 볼 수 있다!!

Caxton이 라틴어로 된 작품 Eneydos(1490)를 번역하게 된 동기를 써놓은 서문을 보면 그 당시의 철자 상황을 알 수가 있다.

> After dyuerse werkes made / translated and achieued / hauying noo werke in hande. I sittying in my studye where as laye many dyuerse paunflettis and bookys. happened that to my hande cam a lytyl booke in frenshe. whiche late was translated oute of latyn by some noble clerke of fraunce whiche booke is named Eneydos / made in latyn by that noble poete & grete clerke vyrgyle / whiche booke I sawe ouer and redde therin. How after the generall destruccyon of the grete Troye. Eneas departed berynge his olde fader anchises vpon his sholdres / his lityl son yolus on his honde.

1500년대에 dyuerse에서 보는 것과 같이 y는 → i로, u는 u 또는 v로 쓰인다. 그래서 현대영어에서 diverse로 된다.

1.6. Fish(물고기)를 Ghoti로 표기해도 될 정도라고 했던 사람은?

영국의 극작가 Bernard Shaw는 현대영어 철자가 철자 쓰인 대로 발음 안 되는 것이 극에 달해 있다고 개탄했다. 그 예로 fish 대신에 ghoti를 사용해도 '물고기'를 나타낼 정도라고 했다. 왜냐하면 gh

는 enough에서 f음을 나타내기 때문이고, o는 women에서 o는 i로 발음되고, ti는 emotion에서 ti가 ʃ음으로 발음되어 ghoti[fiʃ]로 읽을 수 있다는 주장이다.

그래서 영어는 글을 읽고 쓰는데 여간 어렵지 않다. 하나의 음이 여러 개의 철자로 되어 있어 글 쓰는데 큰 장애요인이 되고, 하나의 철자가 여러 개의 음으로 발음되기에 글 읽는데 큰 불편과 어려움을 초래한다. 이것이 영어철자의 현실이다.

더욱 한심스러운 것을 보면 미국의 한 박사논문에서 조사한(Clarence Hotson, Ph.D., Ryt Ryting(Romulus, N.Y. : Privately printed, 1965. p. 6))바에 따르면 현재 영어에 쓰이는 발음수가 40개음 정도인데(학자에 따라 41개라고도 함) 그 40개음을 표현해 내는 글자 수는 무려 500(학자에 따라 561개라고도 함)개 정도라고 하니 영어는 8%의 소리글자요, 92%는 뜻글자와 같다고 했다.

이것이 영어교육에 엄청난 혼란을 초래하고 있다. 영어를 모국어로 하는 성인의 전 생애를 통하여 크나큰 짐이 됨은 물론이요, 불필요한 철자를 쓰고, 인쇄하는데 엄청난 경제적 손실을 가져다주고 있다. 영어를 모국어로 하는 사람이 이 정도인데 외국인인 우리들은 어떤 노력을 해야 할까? C신문에 나온 몇 가지 예를 들까 한다.

예1. 한국인 CNN 서울지국장('99. 12. 31)은 「눈뜨면 영어로 시작하고, 잠자리 들 때까지 영어로 살았다.」

예2. 전국 금속노련 국제부 김씨('02. 1. 20) 「영화 한 편을 여섯 번씩 봤어요. 똑같은 뜻이라도 상황에 따라 발음이며, 표현방식이 다르잖아요? 그걸 다 외웠어요! 리포트는 기숙사 룸메이트를 비롯해 미국인 친구 5명이 교열을 봤고 그것도 달달 외웠습니다」 김씨는 지금도 매일 새로운 용어를 단어장에 담아 외우고 다닌다.

예3. 새롬기술 사장('02. 1. 27) 「미국에서 돌아온 뒤에도 끊임없이 AFKN을 보며 영어에 대한 감각을 잃지 않도록 노력했다. 거의 매일 영어공부했으며, 무엇보다 창업 후에는 주기적으로 실리콘밸리를 방문해, 미국인을 직접 상대하며 영어에 대한 실전감각을 익혔다」

예4. 외교부 통상교역 본부장('02. 2. 3)「아침에는 CNN뉴스로 하루를 시작한다. 틈만 나면 수첩을 꺼내드는 버릇이 있다. 수첩에는 어려운 단어, 숙어가 빽빽이 적혀있다. 혹시 약속 시간에 5분이라도 일찍 도착하면, 어김없이 주머니에서 수첩을 꺼내든다. 수첩을 꺼내보기 피곤할 때는 소형녹음기로 자신이 녹음한 영어표현을 다시 들으며 암기한다.」

일본인의 예. 1. 전 일본경제기획청 장관('02. 2. 10)

「나는 68년의 인생 중 22년을 미국에서 보냈지만 늘 영어 때문에 괴로움을 겪었다. 미국에 있는 동안 TV나 길거리에서 미국인끼리 떠드는 것을 100% 이해한 적이 한 번도 없었다. 완벽하게 영어를 이해하는 것은 도무지 불가능했고, 이런 '언어의 소화불량'상태로 22년이나 생활했던 것이다. 생각해 보면 나는 미국에 유학가기 전 일본의 중-고-대학에서 10년이나 영어를 배웠다. 시간도, 에너지도, 돈도 꽤 많이 썼다. 그런데도 영어는 좀처럼 입에 붙질 않았다.」

앞에서 영어발음이 40개 정도인데 철자는 500가지가 있다는 것에 대한 실제 예를 들어보겠다.

모음[i :]에 11개의 철자가 있는 경우 :

예1. caesar, guay, even, stream, keen, receive, key, machine, shield, onomatopoeia, people에서 I발음을 위해 ae, ay, e, ea, ee, ei, ey, i, ie, oe, eo 등 11개 다른 철자로 쓰고 있다.

모음[i]를 15개의 다른 철자로 발음 표시하는 경우를 보면 :

예2. England, been, king, sieve, women, busy, build, symbol, savage, carriage, valley, mountain, foreign, coffee, lynch에서 e, ee, i, ie, o, u, ui, y, a, ia, ey, ai, ei, ee, y 등 15가지 다른 철자로 표현된다.

위의 예로 두 가지 음 [i :]와 [i]의 발음 표시 철자로 26가지가 쓰여 있는 것을 본다. 위의 것도 완벽한 예가 아니라 더 많은 철자가 있음을 알아야 한다. 그러니 영어가 발음하기가 얼마나 어렵고, 철자하기가 얼마나 어려운 언어인가!!

한국인들은 정말 목숨 걸고 영어를 해야 영어다운 영어를 할 줄 아는 사람이 될 것이다. 위에 쓴 예는 영어로 성공한 사람들의 이야기이기 때문에 일반사람들과 거리가 있는 것은 사실이다.

1.7. Good과 God는 뿌리가 같았을까?

고대영어 시대에는 good과 god은 같은 철자 god이었다. 그러나 발음이 달랐다. good에 해당하는 god은 o발음이 길었고, god에 해당하는 god은 o가 짧은 모음이었다. 중세 영어시대에 가서야 good과 god에 차이가 생기게 됐다. 중세영어 시대에는 긴 모음 o는 oo로 쓰게 했다. 즉, fod가 food가 되고, fot가 foot가 되었던 것처럼 good에 해당하는 god은 o가 두 개가 쓰여 good으로 철자 상에 god과 good에 차이가 생겼다. gospel(god＋spel)은 good＋tidings 즉 good＋news의 의미이다. 원래 godspel에서 god은 긴 모음 o를 가진 단어였는데 o 뒤에 dsp 등 세 개의 자음 철자가 연이어 있을 때는 중세 영어에 단모음이 되었다. 그리고 d가 생략이 되어 지금의 gospel로 정착되었다.

1.8. debt, doubt에서 발음 안 되는 b는 어떻게 해서 생겼나?

영어에서 이 단어들이 르네상스시대 이전에는 b가 없는 dette와 doute로 철자 되었던 단어들이다. 그런데 르네상스시대에 라틴 단어와 Greek 단어가 다시 영국에 많이 도입되어 사용되었다. 이렇게 많이 들어온 단어에서 영국인들이 자세히 살펴보니 그 중에 dette로 알고 있던 라틴철자가 debitum이었고, doute의 옛날 라틴 단어로는 dubitare로서 b철자가 각각 있다는 사실을 발견했다. 그래서 영어에 b가 쓰이지 않는 것은 잘못된 것이라고 생각해서 옛날 라틴 단어처럼 올바로 고쳐 쓰고자, 쓰지 않던 b를 삽입해서 debt, doubt로 쓰게 되었던 것이다. 이와 같은 예로는 receipt에 p가 삽입된 것, indict에 c가 도입된 것도 같은 이치이다.

1.9. U를 두 번 쓰면 Double U가 되는데 W는 어떻게 해서 생겼나?

로마철자의 v를 u로 읽고 있다. 그러나 로마철자가 성경을 앞세우고 영국에 상륙을 하고 보니 앵글로 색슨족이 쓰던 루운(rune)문자 중에 Ƿ(wynn)가 w와 같은 음가를 가지고 있었다. 앵글로 색슨족은 로마 철자 w 대신에 Ƿ을 쓰기 시작했다. 그래서 고대영어시대에서 w가 많이 쓰이지 않았고 대신 Ƿ철자가 w음을 나타내면서 쓰이고 있었다. 그러다가 중세영어시대가 되면서 불어가 영국을 휩쓸었다. 이때에 Ƿ철자 대신 v와 v가 서로 붙은 합자인 w가 노르만 서자생들에 의해서 쓰이기 시작했다. w의 기원은 그 이름이 말해주듯이 double－u 즉 v가 두 개 붙어서 사용됐다는 것이다. 그 때는

v형태가 u로 읽혔던 것이다. 라틴어 서법의 영향으로 v를 u문자로 표기했으나 단어 첫 음 위치에서는 u문자 대신 v를 사용했다. 그 예가 vnder(under)이다. 단어 중간에는 v나 u음 다같이 u로 나타냈다. 그 예로 liue(live)가 있다. 따라서 u는 모음 u와 자음 v를 대신해 사용됐다.

영어의 긴모음 u를 표시하는 철자가 불어에 도입되면서 ou로 표기하게 됐다. 고대영어 hūs(house)에 ū는 장모음인데 이 형태가 중세영어 hous로 변했다. 그런데 모음 앞에서 douer 같은 단어에서 문제가 생기게 된다. u 철자가 [v]음을 표시하기 때문이다. 그래서 douer는 dower도 나타낼 수 있고, dover도 나타낼 수 있게 된다. 따라서 혼란을 피하기 위해서 u가 모음일 때는 u를 두 번 써서 uu를 나타냈다. 그래서 douer에는 douuer와 douer가 있다. douuer는 뒤에 dower로 쓰이게 된다. 물론 지금처럼 u와 v가 따로 음가를 가지고 있으면 w 사용이 불필요했을 텐데 그 당시에는 u와 v가 서로 바꾸어 사용했으니 w가 생겨났던 것이다. 또한 w는 단어의 끝자리에 쓰이는 u 대신에 쓰이기도 했다. 예로 window, draw, cow 등에서 끝 음은 전부 u인데 w로 표기하고 있다.

1.10. 로마철자를 영국글자로 선택한 것은 잘한 일인가?

영국인이 그들이 즐겨 쓰던 루운(Run)글자를 버리고 기독교로 개종하면서 로마철자를 그들의 글자로 받아들이는 순간 벼락치는 대혼란이 생겨 버렸다. 영국언어와 로마철자에 아귀가 맞지 않는 사태가 발생해서 영어를 사용하는 영국인뿐 아니라 영어를 제1외국어로 공부하는 사람에게 평생 큰 부담을 준 불운의 선택이 된 것이다.

로마철자를 선택했던 처음 시기인 고대영어시대부터 나타난 아귀가 안 맞는 현상은 다음과 같다.

로마철자 C는 [k]발음을 나타냈는데 이 C철자가 영국에서 두 가지 발음을 표시했다. cap에서 [k], cild에서 [tʃ] 등이다. 로마철자 g는 [g]발음을 나타냈는데 이 c철자가 영국에서 3가지 발음을 표시했다. glæd에서 [g]음을, manig에서 [j]음을 dragon에서 [ɣ] 등이다. 이렇게 한 철자가 두 개 내지 세 가지 음을 나타내어 배우는 사람에게 부담과 혼란을 주기 시작했던 것이다.

이런 잘못된 선택을 한 것에다 더욱 영어단어의 철자와 발음을 유리시킨 사건은 노르만디의 영국정복으로, 노르만디인들이 쓰던 철자모양이 영어단어를 쓰는 철자에 도입되면서 국제화된 표현이 대두되어 문제가 더욱 커졌다. 즉 앵글로 색슨어에 불어를 비롯한 로만스어 언어자료가 가미됨으로써 풍부한 언어자료를 가진 국제적인 언어로 변모하기에 이르렀다. 사실 로마글자는 로마언어를 표기하기 위해 다듬어진 철자인데 이것이 40개 음을 가진 영어음을 표기하자니 혼란이 야기됐음은 당연한 이치이다.

로마철자는 표기상으로 26개 철자이나 고대영어, 중세영어 시대에는 사실상 22개 정도에 불과했다. 왜냐하면 로마철자 중에 j와 i는 같은 음을 표현했고, k와 c도 같은 음을, u가 v와 같은 표기를, w도 uu로 사용했기 때문에 22개가 사용할 수 있는 철자였다. 그래서 중세영어 초기 때까지도 글 쓰는 필경사들은 어떤 통일된 기준이 없었기 때문에 22개 철자로 40개음을 표기하는데 퍽 난처한 입장에 있었던 것이니, 일반사람들의 문자생활은 개인마다, 지역마다 엄청난 철자 차이를 보이고 있어서 혼란이 극심했던 것이다.

고대영어에 쓰이던 철자가 없어지거나, 없던 것이 쓰이기도 하고, 자음이 모음으로 변하기도 했다. 그 예로 몇 가지 들면 다음과 같다.

예1. 쓰이던 철자가 없어진 예

고대영어	중세영어
hnutu	nute
hring	ring
while	wile
swa	so
twa	two(쓰이기는 해도 발음이 없어짐)
hæfde	hafd(현대영어 had)
swylc	such

예2. 없던 자음이 쓰이는 것

고대영어	중세영어
spinel	spindle
þumor	þunder
agains	against
ancien	ancient
þūma	þumbe

예3. 자음이 모음으로 변하는 것.

고대영어	중세영어
gelimpan(happen)	ilimpe
gewiss(certain)	iwiss
gesungen(sung)	isungen

오늘날과 같은 고정된 영어철자를 만드는데 기여한 사람은 네덜란드 인쇄업자인 William Caxton이다. 그는 1476년에 영국 런던에 West Minister Abbey에 인쇄소를 처음 차렸다. 그를 위시해서 일단의 인쇄업자들은 철자를 동판이나 쇠로 만들어 인쇄했기에 한번 조판을 하면 변함이 없이 계속 사용했던 것이다. 이때부터 16세기 말까지 조판할 때 끝자락에 공간이 생겨서 모양이 안 좋으면 그 공간에 없던 철자 e를 덧붙여 사용해서 칸을 메우기도 했다. 이러한 인쇄술의 도입은 영어철자를 안정시키고, 고정시키는데 큰 역할을 했다.

그 다음 영어철자를 안정시키는데 기여한 것은 1611년도에 발간된 King James Version이란 성경이다. 성경에 쓰인 철자는 권위가 있어 발음변화를 철자가 따라가지 않고 안정을 취한 공로는 있으나 또한 발음과의 차이를 두게 한 장애물 요소가 되기도 했다. 이것에다 철자와 발음이 더욱 거리가 생기는 역할을 한 영어사전(A dictionary of the English Language)이 나와서 영어의 철자는 한층 엄격함을 더해 갔다.

성경 번역과 사전편찬 그 사이에 영어철자를 혼탁하게 하는 일련의 운동이 전개되었는데 이것이 소위 문예부흥(Renaisance)운동이었다. 이 운동으로 영어의 어원을 라틴어나 그리스에서 찾아서 쓰려고 했기에, 영어에 쓰이지 않는 철자도 다시 철자하자는 운동이 거세게 일어났다. 그 때 영어철자에 좋지 않은 양상이 또 나타났다. 즉 철자는 되지만 발음이 안 되는 단어를 양산했기 때문이다.

그 예를 보면, debt, delight, foreign, island, sovereign 등이다. 단어에는 철자는 되지만 발음되지 않는 쓸모없는 철자가 있게 됐다.

현대에 오면서 영어에 장모음(long vowel)이 원인 모를 이유로

음변화를 했는데 이것을 대모음전이(Great Vowel Shift)란 이름으로 영어사 책마다 약방의 감초처럼 나오고 있다. 즉 moon[mo : n]이 moon[mu : n]으로 음변화했고 life[li : f]가 life[laif]로 변한 것을 말한다. 이 때문에 철자하고 발음 차이가 나는 계기를 한층 더 깊게 했다.

그 다음으로 영국영어와 미국영어라는 용어가 생겨났는데 수세기 동안에 일어난 차이를 Noah Webster가 규명했다. 미국의 용법과 영국의 용법이 미세하지만 다소간의 차이는 보이고 있다.

1.11. F는 V의 후손이라 필요에 따라 V를 나타내기도 하고 F를 나타내기도 하는 사연?

V자는 U, W, Y, F자의 원 조상이다. 그 역사는 이러하다. 기원전 10세기경에 페니키아의 셈족들은 丅모양과 비슷한 문자기호를 wāw라 읽었으며, 반모음 w로 읽기 시작했다. 그 후 그리스인들이 이 글자를 기원전 9세기경 빌어가서는 글자 upsilon(bare u)이라 하는 모음 u자와 digamma라고 불리는 반모음 F를 만들어 썼다. u자의 그리스체 v는 로마에서 쓰일 때에는 반모음 w와 모음 u로 쓰였다. 후기 로마에 와서 w음은 v로 나타냈다. v, w, u음은 구별되지 않다가 꼬리 없는 v는 v음으로 쓰였다. 또 F는 에투리아 문자를 거쳐 로마 문자 ꟻ, F로 들어와서 로마 문자에서는 자음 f자로 쓰였다. 로마자의 키 큰 대문자 F는 필기체 ℱ와 인쇄체 대문자 F의 원형이다. 필기체 로마자 F는 언셜체(둥근체) F와 초서체 f로 발전했다.

또한 그리스 문자 upsilon은 또다른 u로 발음되다가 ü의 음가를 가지게 되었고, 후기로마글자와 언셜문자(둥근체) ʏ, 초서체 y에 이르러 자음, 모음을 겸하여 I자와 같이 쓰이는 경우가 많았다. 인쇄체 Y, y는 로마 대문자 Y에 본 딴 것이며 필기체 *yy*은 초서체 *y*에서 따온 것이다.

그래서 초기현대영어에서 under를 vnder로 usually를 vsually로 썼던 것이고 F는 고대 영어시대에 [v] 발음을 F철자로 대신 받기도 했다. 예를 들면 철자는 cnafa로 F이지만 발음은 [v]를 나타냈다. v로 첫 음을 쓰는 단어가 중세영어 이후에 많이 불어에서 도입됨으로서 v철자가 음소로 승격하여 victory가 쓰이게 됐다. 이런 인연으로 v는 U, W, Y, F의 원 조상이지만 특히 F와의 관계가 다른 철자보다 긴밀함을 보여 왔다.

현대영어에서도 그 긴밀함을 가지고 있다. calf, wolf, thief, wife 등의 복수를 만들 때 f는 원 조상 v에게 양보를 해서 calves, wolves, thieves, wives로 유성음으로 변한 모습을 볼 수 있다. 가끔 반항을 할 때도 있다. beef는 beeves와 beefs의 두 가지 복수 형태를 가지고 있기도 하고, staff는 staffs와 staves로 변화하지만 이때는 뜻이 달라진다. 앞의 것은 [참모], 뒤의 것은 [막대기] 등을 나타낸다. 차용어엔 이런 변화를 주지 않는다. 즉 s만을 붙여 roofs, chiefs, strifes 등으로 나타난다.

1.12. 영어 철자 j는 i에서 태어났다.

j는 i에서 만들어졌다. 이 때가 중세 영어시대(AD. 1100－1500)였다. 영국의 서자생(글쓰는 직업을 가진 기능인)들이 단어 끝자리에 i가 올 때는 i 대신에 y를 사용(즉 dai －day)하고 있었다. 영어에서 j의 용도는 한동안 숫자를 나타내는 데에만 사용했다. 그 예를

들면 숫자 3을 로마자 iii으로 표기하지 않고 끝 자 i를 좀 길게 쓰고 또 꼬부려서 iij로 표기했던 것이 시초가 되었다.

그리고 i와 j의 윗부분에 점을 찍기 시작한 것도 중세 영어시대부터였다. 원래 i의 윗부분에 점이 없는 ı였다. 고대 영어시대에는 i는 전부 필서체 ı로 나타났다. 그런데 이 ı철자를 사용하니 여러 가지 문제가 발생했다. 예를 들면 comıng, mın 등 i 철자 이웃에 m, n, u 같은 철자(stroke letter : 즉 일필휘지 글자 : m 글자같이 글을 쓰기 시작해서 끝날 때까지 손을 떼지 않고 쓰는 글자)가 올 때에 ı자를 찾아내기가 대단히 어렵다. 그래서 여러 가지 고민 끝에 찾은 방법은 일차적으로 ı 글자 대신에 y 글자를 쓰는 방법이었다. y 글자를 쓴 예를 보면 mın homcomınge를 myn homcomynge(my homecoming)으로 썼다. 또 다른 방법은 m, n, u와 ı를 구별하기 위하여 ı 위에 비스듬하게 선을 그었다. 즉 í처럼 쓰이다가 나중에 점을 찍게 되어 i로 모습이 정착되었고, j도 처음에 J였다가 윗 부분에 빗금을 하다가 점으로 바뀌어 j가 되었다.

그러나 처음에는 i가 i와 j를 다같이 표기했다. 예를 들면 Shakespeare의 Henry Ⅳ에 사용된 것을 보면 다음과 같다.

예. come, your reason Iack, your reason에서 Iack은 J 발음으로 읽어야 된다. 즉 주인공 Falstaff의 첫 이름이 Iack로 쓰지만 이것이 I를 J로 자음으로 읽었던 것이며, 그래서 i는 두 가지 발음표기로 쓰이고 있었다. 사실 j가 쓰이기 시작한 한참 후에도 일반 사람들은 j가 I음과 같은 음이고 같은 철자로 느끼고 있었다. 그래서 1755년에 사전을 처음 편찬한 사뮤엘 존슨(Samuel Johnson)도 그의 사전 The Dictionary of English Language에서 i와 j를 함께 분류했으며, 이런 용법은 19세기에 가서도 쓰이고 있었다. 즉 사전에서 Iambic

을 jamb와 jangle사이에 오도록 분류하고 있고, jaspre(jasper)를 Iaspre로 표기하고 있다.

1.13. A&Ω는 어떻게 읽어야 옳은가? '에이'와 '오메가'로?

교회 건물 벽이나 교회 건물 옥상에 A&Ω란 글자를 가끔 보게 되는데, 이것을 어떻게 읽어야 될지 어리둥절할 때가 있을 것이다. A는 분명 영어 철자이고 Ω는 분명 그리스철자이기 때문이다. 정답은 '알파 앤드 오메가'로 읽어야 된다. 그 이유는 영어철자를 알파벳(Alphabet)이라고 하니 그 이름에서 힌트를 얻을 수가 있다. 영어철자는 그리스철자와 매우 깊은 인연이 있다. 영어철자는 로마철자가 아일랜드를 거쳐 영국에 들어가서 이루어진 글자이기 때문에 로마철자와 거의 같다. 문제는 이 로마글자는 로마인이 만든 것이 아닌 데에 있다. 로마인들은 그리스글자를 도입해서 그들이 쓰기에 알맞도록 고쳐서 사용했다.

1.14. 철자의 자리변동은 어떻게 일어났나?

Oxford 대학교 New College 학장인 Reverend W. A. Spooner (1884－1930)가 1879년 'Conquering Kings'를 발음해야 될 것을 뒤에 나오는 단어 첫 음을 앞에 붙여서 잘못 발음하게 된 것에서 유래됐다. 즉 'Kinquering Congs'라고 했던 것이다. 그래서 이렇게 잘못 발음하는 것을 그 사람의 이름을 따서 Spoonerism이라고 한다. 이런 것이 단어의 형태에도 영향을 끼쳐서 일어난 언어 현상이 있다. 이것은 철자 위치 변화(Metathesis)이다. 고대영어시대의 bridd가 뒤에 가서 bird로, thride가 third로 됐다.

1.15. 로마철자 C, D 등은 그리스글자 Γ, Δ 글자에서 변화된 것이다.

로마글자는 서부 그리스글자(western Greek)에서 들어왔다. 즉 로마글자는 그리스글자에서 유래된 것이다. 로마글자로 들어오기 훨씬 전에 그리스글자들은 A, B, Γ, Δ 등으로 각을 이루는 모양이었다. 이 때에는 돌에 새기기에 알맞게 고안됐던 것이다. 그러다가 종이와 펜이 도입됨에 따라 종이나 파피루스에 쓰게 될 때 각의 모양에서 둥근 모양으로 차츰 모습이 바뀌게 됐는데 로마에 들여 올 즈음에 둥근 모습의 글자가 그리스에도 로마에도 동시에 사용되게 됐던 것이다.

글 쓰는 도구의 영향 이외에 또 다른 것은 글자를 규칙적이고 대칭의 아름다움을 나타내려 했던 것이다. A는 대칭을 잘 나타내는 예이다. 철자는 이웃 철자들에게 영향을 주기도 했는데, 그 예를 보면 F가 이렇게 쓰이게 된 것은 이웃 글자 E의 영향이고, Q는 또 이웃하는 O의 영향을 받았고, M은 이웃 N에서 영향을 받았다. 또 Π(p음)가 주변에 있는 P(r음)의 모양을 훔쳐갔기 때문에 P 모양에 꼬리를 달아 R(r음)을 만들었던 것이다. B 역시 모양으로 보면 사촌쯤 되는 P에서 영향을 받거나 서로 주고 받았다.

1.16. 영어 철자 G는 C에서 만들었다.

원래 로마인들은 그리스인들로부터 철자를 받아들일 때 Γ 또는 C 형태를 받아들였고, 철자의 음가는 [g]였다. 즉 gamma라고 부를 때 첫 음이 바로 그 철자의 음가였다. 그래서 [g]음을 나타냈다. Γ

과 C가 같은 음을 나타내는 철자로 쓰이는 것은 각을 이루는 형 Γ은 돌에 새길 때 사용되다가 잉크와 종이 등이 사용되니까 유연한 형인 C 모양으로 변경되게 됐다.

그러니까 그리스철자가 로마에 들어올 때는 펜과 종이로 글을 쓰기 시작한 초기였다고 보면 맞는 말이다. 그러다가 펜과 종이에 글을 쓰는 것이 훨씬 편리하니까 Γ는 사라졌고, 따라서 C 철자는 [g]음보다는 [k]음을 차츰 나타내니까 [g]음을 나타내는 철자를 새로 만들어야 했다. 그래서 로마인들은 C에서 꼬리 부분에 변화를 주어 G를 만들어 [g]음을 표하는 철자를 고안해 냈다. G철자는 C에서 고안됐기에 서로 연관이 있다.

1.17. R은 P 때문에 왜 울었을까?

원래 그리스철자에서 로마철자 P에 해당되는 것은 Π였고, 로마자 R에 해당되는 그리스철자는 P였다. 그래서 그리스철자 이름이 Π는 pi라고 읽어 음가는 [p]였고, P은 그리스철자 이름이 Rho였고 음가는 [r]이었다. 그런데 그리스철자 Π가 로마철자로 오면서 슬쩍 자기 모습을 버리고 Rho의 모습인 P로 변신해 버렸다. 엉겁결에 자기 모양을 도용당한 Rho는 많이 울다가 할 수 없어서 자기 모양을 변신해야 되겠다고 생각했다. 그래서 P에 꼬리를 조금 붙여 쓰다가 나중에는 점점 꼬리가 커져서 R 모양이 되어 사용하게 됐다. 이렇게 철자 간에도 이웃하는 철자끼리 모양을 도용하거나 스스로 변신하거나, 이웃 철자와 닮아가는 경향을 보여 주었다.

1.18. 로마철자 몇 개를 영어에 가져왔나?

로마철자가 영어를 표기하는 철자로 영국에 도입되었다. 이 철자의 도입은 로마에서 직접 도입된 것이 아니고 아일랜드에서 약간의 변화를 겪은 후에 영국의 북부지역인 스코틀랜드를 통하여 도입되어 전 영국에 전파되었다. 아일랜드에서 도입된 로마철자에는 지금과 비교해 보면 모양이 좀 유별난 철자가 있는데 f, g, r, s 등 4글자다. 이 글자는 Ꝼ, ʒ, ꞃ, ꞅ로 되었다. 이때에는 인쇄가 없었기에 손으로 쓴 수서체이다. 수서체의 글씨 형태는 두 종류가 있는데 둥근체와 뾰족체가 있었다. 둥근체는 주로 아일랜드에서 쓰이고 영국에서는 주로 뾰족체가 쓰였다.

특이한 것은 아일랜드에 도입된 철자에 앵글로-색슨족이 대륙에서 살고 있을 때에 사용했던 루운글자 중에서 3글자 즉 æ, þ, ƿ 등을 첨가해서 사용했다. æ의 이름은 ash, þ의 이름은 thorn, ƿ의 이름은 wynn(또는 wenn) 등이다. 고대영어 초창기에는 þ을 도입하지 않았을 때 th를, ƿ을 도입하지 않았을 때에는 w 또는 uu를 사용한 예를 김인숙외(1989)에서 제시하고 있다. ð는 루운문자가 아니다. 이 글자의 이름은 crossed d 또는 eth에서 추측할 수가 있듯이 로마철자 d의 변형된 형태다.

영국에 도입된 철자 수는 a, b, c, d, e, f, g, h, ı, k, l, m, n, o, p, r, s, t, u, w, x, y 등 22철자인데 k 철자는 잘 사용하지 않아 사실상 21글자가 아일랜드에서 영국에 전파되어 차츰 사용되었다. 영국에서 차츰 영어표기에 익숙해지면서 k철자가 다시 부활하여 차츰 쓰이기 시작하였고 여기에다 루운문자 3개(æ, þ, ƿ)와 로마철자

변이형(ð) 등 4개를 포함해서 보면 a, æ, b, c, d, e, f, g, h, ı, k, l, m, n, o, p, r, s, t, þ, ð, u, ƿ, x, y 등 25글자가 고대영어시대에서 사용되었다.

아일랜드에서는 유럽대륙에서 사용되던 철자에 약간의 변화를 주었는데 특히 d와 g가 ∂ 와 ʒ로 변화되어 사용되었다. eth라고 불리는 글자는 이 d의 변형인 ∂ 문자의 변형이고, 중세영어시대에 와서 d철자로 전환되었다.

고대영어시대에서는 j, q, v, w, z, 사용되지 않았고, k철자는 처음에 자주 사용되지 않았으나 점차 사용빈도 수가 증가하였다. 고대영어시대에서 영어표기에 루운글자 3자를 추가했으나 루운글자 wynn은 로마철자 w를 대신해서 사용된 것이고, thorn과 eth는 현대영어 th의 발음인 무성음과 유성음을 표기했는데 고대영어시대에는 유성 · 무성 구별없이 둘 다 사용했던 것이다. 루운글자 ash는 중세영어 때까지 사용되다가 현대 초기영어시대에서 a철자로 대치되었다.

1.19. 영어 Alphabet은 어디에서 연유된 이름인가?

간단히 말해서 그리스글자 A, B 즉 소문자로 하면 α, β의 이름을 합친 것이다. 그리스철자의 첫 두 글자 이름을 붙여서 만든 것이다. 즉 A를 Alpha라 부르고 B는 Beta라고 부르는데 이 두 글자를 합하여 Alphabet이라고 한다.

그러면 왜 영어알파벳은 그리스글자 첫 두 글자의 이름을 붙였을까? 그 이유는 영어철자는 영국인들이 만든 것이 아니고 다른 나라 글자를 가져와서 사용하기 때문이다. 그러면 그리스글자를 가져왔기 때문에 이름을 그렇게 부르는가? 물론 간접적인 이유는 되겠다. 그러나 영국인이 철자를 가져온 나라는 로마였다. 물론 아일랜드를 거쳐서 들여오긴 했지만 로마글자를 도입해서 사용했다. 그런데 로마인들도 그들 철자를 그리스인들이 만든 것을 도입하여 그들의 요구에 맞게 다듬어 사용했던 것이다. 우선 학계에서 확실하게 인정하고 있는 영어알파벳의 전파경로는 철자 A를 예로 보면 페니키아철자 '(aleph)→ 그리스철자 A(alpha)→ 로마철자 A(a)→ 영어철자 A(ei)로 이어져 있다.

1.20. 로마철자는 23자인데 영어철자는 26자이다. 영어철자는 3자 즉 j, v, w가 더 첨가된 철자이다.

로마 시대에는 i와 u를 모음, 자음으로 모두 사용했다. 현대에 y를 모음으로 by에서 쓰고, 자음으로 you에서 쓰는 것과 같다. i와 u의 원래 로마철자 형태는 I와 V였다. 지금에 와서 I는 모음으로 쓰고, V는 자음으로 쓰고 있다. 그런데 i의 긴 형태 j와 v에서 나온 u가 옛부터 사용되었다. 그러다가 u가 규칙적으로 쓰이는 형태가 되고 v는 간혹 쓰이는 형태가 되었다. 영국에서는 17세기쯤 가서야 구별이 되었다. 그래서 대부분 u와 j는 그 이후에 사용되었다. J는 상당기간 대문자 I와 같이 사용되었다. 지금도 독일어에서는 로마자 표현에서 J를 I로 사용한다. 영국에서는 1611판 성경에서 J는 찾아볼 수 없고, Shakespeare의 희곡에서도 찾아볼 수 가 없다.

영어 사전에서는 u와 v가 구별이 되고 난 뒤에도 한참 동안이나 같이 취급을 했다. 1828년도 Webster사전 첫 판부터 u로 시작되는 단어가 규칙적으로 v로 시작되는 단어 앞에 놓이게 됐다. 영국에서는 1904년에 발간된 British Museum Catalogue of Printed Books에서 아직도 u와 v를 혼용할 정도로 상당한 기간까지 u와 v는 같은 것으로 써 왔다.

W는 라틴 글자에서 자음 u음을 나타내기 때문에 영어에서 u가 자음 u음을 나타내는 w음을 나타내는 철자로 쓰였어야 했는데 사정이 조금 달라서 그렇지 못했다. 그런데 라틴 자음 u는 현대 자음 v음을 채택했기에 앵글로-색슨족도 처음으로 라틴 자음 u가 현대의 v음을 채택했던 것을 그대로 사용했다. 그래서 7세기쯤 해서 두 개의 u 또는 uu를 사용하기 시작했고, 반면 라틴에서는 그 소리가 더 이상 나타나지 않았다. 8세기경 w가 루운글자에 대치되었지만, w는 독일어와 불어에 쓰이게 되었다.

1.21. 로마인들이 그리스철자를 도입하여 철자 이름을 모두 바꾸었다.

그리스인이 페니키아로부터 글자를 받아들일 때 페니키아 글자는 자음으로만 구성된 글자였고, 또 각 철자 이름은 어떤 사물의 뜻을 나타내는 단어였다. 자음으로 구성된 글자이기는 하지만 발음을 하려면 모음도 필요한데, 모음은 자음을 발음할 수 있게 개인마다 모호하게 발음하여 그 발음을 특별히 규정지을 수 없다. 이러한 미완성의 철자를 그리스인들이 받아들여서 그들의 생활양식에 알맞게 고쳐 사용했던 것이다. 예를 들면 페니키아 철자 즉 'aleph의 음가는 자음인 '인데 이 '를 없애고 이름을 alpha로 고쳐서 모음으로 만들어 사용했던 것이다. 여기서 강조할 것은 철자 이름을 보면 철자 이름의 첫 글자가 그 철자의 음이란 사실이다. 그러니 Alpha 하면 a가 이 철자의 음인 셈이다. 우리 한글에도 기역 할 때 첫 음

ㄱ(기역)이 이철자의 음을 나타내는 것과 같은 이치다. 그리고 그리스인들은 페니키아 철자들이 가지고 있는 뜻을 없애버리고 음만을 나타내는 글자로 만들었다. 예를 들면 'aleph 하면 황소머리를 나타내는데 그리스에서는 alpha 하면 오로지 a음만을 나타내게 했다. 그리스인들은 페니키아글자에서 없던 글자를 만들어 썼던 것도 있다. 그 예를 보면 Ω(오메가) 즉 Omega는 o음을 나타내지만 mega가 있으니 이 mega는 '크다'는 뜻이 있어서 o음도 큰 o음을 나타내기 위해 만든 것이다. 그리스철자에는 작은 o음도 있는데 그것은 o(omicron)이다. 그 이름을 살펴보면 omicron 즉 micro는 '작다'의 의미가 있다. 그래서 o는 작은 o음, Ω는 큰 o음을 나타낸다.

그리스철자는 Α, Β, Γ, Δ, Ε, Ζ, Η, Θ, Ι, Κ, Λ 등이고, 이름은 alpha, beta, gamma, delta, epsilon, zeta, eta, theta, iota, kappa, lambda 등이다. 그런데 로마인들이 이 철자를 도입해서 사용하면서 새로운 이름을 부여했다. 즉 모음 이름은 모음 소리로 구성하도록 했다. 예를 보면, a, e, i, o, u는 그대로 읽도록 했다. 그 다음 l, m, n, 과 f, s 등은 처음에 e를 넣어 el, em, en과 ef, er, es로 읽었고, x는 i를 앞에 첨가하여 ix로 읽었다. 그리고 h, k, g를 제외한 나머지 자음도 그들 음 다음에 e를 붙여서 이름으로 사용했다. 즉 be, ce, de 등으로 이름 지었다. 그래서 로마 철자의 이름을 보면 a, be, ce, de, e, ef, ge, ha, i, ka, el, em, en, o, pe, qu(koo 발음), er, es, te, u, ix, y(Frenchu), zeta로 이름 불렀다.

위의 이름 중에 he가 아니고 ha가 된 것은 이웃하고 있는 ka의 영향이 작용했으리라고 추측한다. ix도 한 때 ex였는데 그리스 xi의 영향으로 ix로 변경됐다. 로마 철자에 xe, xi로 이름 짓지 않은 것은 로마인들이 단어 첫 음으로 x를 발음하는 것을 힘들어했기 때문이다.

p의 이름은 페니키아 영향을 그대로 가지고 있는데 페니키아 이름은 pe였다. 그리스어 이름 xi, phi, chi 등은 p에 기반을 둔 것으로 그리스에서 만든 것이다. e의 이름은 페니키아 he에서 그리스인들이 h를 없애고 쓴 것이다. 이것을 유추해서 o와 u도 같은 방법으로 그리스인들에 의해 지어졌다. 비슷한 유추로서 a, i는 그리스에서 글자를 처음 도입한 에투르스칸이 지었다. 아니면 그리스 방언에서 들여왔을 가능성도 있다. be, ce, de, ka, qu, te 등은 그리스 방언이던가 아니면 에투르스칸에서 지었다. ha는 에투르스칸이나 로마인들이 지었다. ef, el, em, en, er, es 등의 이름은 로마공화국 말기 때 지었던 것이고, ex는 같은 시대이나 ix는 그 이후 로마인들에 의해 지어졌다. 로마인들은 알파벳을 elementa라고 불렀는데 이것은 l, m, n 에서 나온 말이다. 지금은 그 말을 쓰지 않는다. 후에 라틴철자 첫 네 글자로 된 abecedarius란 이름을 발견하게 된다. 현대시대에는 'abc's'란 말을 사용하기로 하고, 또는 abecedarium 또는 abecedary로 부르기도 했다. 이것은 로마철자로 부르는 이름이었던 것이다.

1.22. 영어의 철자 이름은 어떻게 변해왔는가?

로마글자를 보면 a, b, c, d, e, f, g 등으로 되어 있고, 그 이름은 a, be, ce, de, e, ef, ge 등으로 읽는다. 즉 [a:], [be:], [ke:], [de:], [e:], [ef], [ge] 등으로 발음된다. 그래서 로마자 알파벳을 abecedarium이라고도 한다. 이것을 앵글로색슨족들이 그대로 도입한 후, 그 이름을 alphabet으로 불렀다. 현대영어시대의 초기에 장모음 모두가 음변화를 한 큰 사건이 일어난 영향으로 철자 이름을 로마 발음 식으로 읽지 않게 되었다. 그래서 a는 [ei]로, b는 [bi:], c는 [si:], d[di:]

로 발음하고, f[ef] 그대로 이지만 g는 [ʤi:], i[ai], j[ʤei] 로 변했다. 몇 가지 변한 것을 살펴보면 h는 로마식으로 [ha]로 읽지 않고, [eitʃ]로 읽는 aitch이다. ha가 aitch로 이름이 바뀌었다. 이것은 불란서에 h를 ache로 읽은 데에서 연유하여 aitch로 바뀌었으나 다른 게르만어에서는 로마자 ha로 계속 읽고 있다. ja도 영국인들이 부여한 이름이다. i에서 발달되어 나온 자음 j는 이웃 철자 ka를 보고서 그대로 ja로 읽게 됐던 것이다. 이것은 또 대 모음전이를 할 때 같이 변하여 a가 [ei]로 발음이 바뀐 것이다. 로마자 r은 er로 읽는데 영어에서는 ar로 읽게 된 것은 영어에 Derby를 Darby로, clerk을 clark로 발음하는 것에 따라 er을 ar로 변화되었다. ve도 다른 이름에 e가 붙는 것을 보고 쓴 것인데 이것은 17세기쯤 만들어졌다. w는 double-u로 읽는 것에서 그 기원을 찾을 수가 있다. y(wi) 이름은 중세기 시대까지 거슬러 올라간다. 그 때 u+i의 합으로 이루어졌는데 u와 i사이에 y가 놓여 있는데 이 때 y는 독일어 ü에 해당된다. z도 ze로 불렀다가 zed로 읽고 있는데, 이것은 zeta가 불어를 통해 들어옴으로서 불어 발음 zède에서 연유됐다.

1.23. C, K, G, Q는 어떤 관계가 있었나?

언제쯤 로마인들이 에투르스칸철자를 도입했는지 정확하게 알 수는 없다. 오래된 새김글들이 B,C. 7세기 또는 B.C. 6세기 정도이니 그 때쯤 해서 에투르스칸철자를 도입했을 것이다. 에투르스칸철자에서는 b, d, o, x를 사용하지 않았고, k와 q도 사용은 하는데 많이 사용하지는 않았다. 그들은 k는 반드시 a 앞에서, q는 반드시 u 앞에서만 사용했다. 이러한 제한법은 그리스철자에서 배워온 것이다. 그 외의 위치에서 c가 k음으로 사용되었는데 처음에는 그리스 철자 gamma로 g음을 나타냈었다. 뒤에 가서는 c만이 k음을 나타냈다. 즉 에투루스칸 인들은 g음의 필요를 느끼지 못했던 것이다. 그러나 로마인들은 그 음이 절실히 필요했다. 처음에는 c와 k의 차이가 없어져 갔기에 로마인들도 c, k, q 등 같은 자음을 일정한 위치에만 한정해 사용하는 것을 그대로 채택했다. 그들 이름을 로마에서 ce, ka, qu라 했다. g음은 철자 c가 표현하고 있었다. 그래서 로마 사람들은 하나의 [k] 음을 나타내는데 3개의 철자를 가지고 있었으며, [g]음과 [k]음을 구별해 내는 철자가 없었다. 그러나 세월이 감에 따라 c가 [k]음만을 나타내고 [g]음을 나타내기에 어려움이 생겨났던 것이다. 로마인들은 k철자를 [k]라고 발음하는 것을 좋아하지 않고 [k]음은 c철자가 표현하게 하니 그리스 시절부터 나타내던 [g]음은 마치 자기 집에서 쫓겨난 꼴이 됐던 것이다. 그래서 다른 거처를 마련해야만 했다. 그러나 거처를 마련해도 옛날 표현하는 c와 먼 거리에 있지 않고 그 주변에서 c에서 약간 변형을 가한 G가 되었다. 그런데 그 형태를 어디에 위치시켜야 될까 고민하던 중에 그리스철자 z가 있던 그 자리지만 로마인이 비워둔 위치에 자리 잡게 된 것이다. 로마인들은 zeta가 필요 없었기에 도입하지 않았다. 그래서 G철자는 로마에서 3-4세기경에 처음 만들어졌다. 그러나 일반적으로 널리 사용되기에는 약간의 세월이 필요했다. 로마의 전 시대를 통해서 g대신에 c가 쓰인 예를 볼 수 가 있다. 약자의 예를 보면 Gaius의 약자 C.와 Gnaeus의 약자 Cn. 등이다. 이름이 쓰일 때에는 Gaius로 쓰지만 약자일 때는 항상 C.로 쓰였다. 또한 라틴 단어에 Caius로 쓰인 단어는 없다. 로마에서는 몇몇 단어의 약자 (ka: e.g kalendae)에 쓰는 것을 제외하고는 k철자는 사라져 버렸다.

그러다가 로마철자가 영국과 독일에서 채택될 때에 k철자가 영광스럽게 다시 쓰이게 됐다. 즉 회생한 셈이다. 로마자에서 q가 생존해 있지만 u앞에서만 쓰이게끔 됐다. 다시 말하면 이 u는 자음 u를 말하고 그 뒤에 모음이 따라오게 돼있다. 그런 방식으로 지금도 사용되고 있다. q자체만으로 k음을 나타낸다면 u를 같이 쓸 필요가 없는데도 2500년 전 에투르스칸인들이 쓰던 것을 그대로 답습하고 있으니 철자의 보수성은 놀라울 지경이다.

1.24. 왜 터키 국가는 1928년 그들이 오래 동안 써 왔던 Arabic글자를 버리고 로마글자를 채택하게 됐는가?

첫째는 Arabic철자는 너무 복잡하고, 둘째는 철자 수가 무려 100개 정도이기 때문에 너무 많아서 배우기에 힘들다는 이유다. 터키는 1928년 터키 국회법에 의해서 라틴철자를 그들의 철자로 채택하고 그때까지 써왔던 고대 셈족부터 이어져 왔던 아라비아글자를 버리기로 결정했다. 이런 조치는 1908년부터 로마글자를 쓰자는 기운이 일어났기에 터키 정부의 주도하에 이렇게 채택하게 되었다. 이렇게 됨으로써 글 쓰는 방향도 로마식으로 바뀌었다. 즉 Arabic글자는 오른쪽에서 왼쪽으로 쓰는데, 로마글자는 왼쪽에서 오른쪽으로 쓴다. 터키의 이런 행동은 이슬람교주의에 입각한 아라비아글자의 연대를 깨는 중대한 사건으로 볼 수 있다.

제3절 어족관계

1.1. 영어가족(Germanic languages group)이 유별난 점은 무엇이었나?

영어는 인구어 어족에 속하는데 이 인구어 어족이 10개의 어군으로 나뉘기 전에는 모든 동사가 과거를 만들 때 모음을 변화시키는 방법을 썼다. 그러던 중 영어가 속해있는 게르만어군이 다른 9개 어군과 차별화 되는 행동을 하기 시작했다. 그것은 게르만어군이 유별나게 동사 과거형을 만들 때면 −t나 −d(약변화)라는 어미를 붙여서 만드는 방법을 고안했던 것이다. 그것은 그 때까지 과거형을 만드는 방법이 동일하게 강변화동사의 유형만 있던 것이 약변화 동사라는 새로운 유형과 조우하게 됐다는 것을 의미했다. 옛날 게르만어군의 영어가 고대영어시대에 이르러서는 여태껏 활개를 치던 강변화동사를 누르고 약변화동사라는 방법으로 서서히 세력을 확보하기 시작한 것이다. 인구어가 하나의 유형으로서 다루어지던 시대의 동사들이 전부 강변화동사였지만 약변화동사들이 영향력을 떨치면서부터 원래 강변화동사였던 것이 약변화동사로 전환하기도 하였고, 또한 명사, 형용사 등에서 새로 만들어진 것도 생겨났다.

특히 중세영어 후반기부터 강변화동사가 약변화동사로 전환하는 경향이 점점 늘어갔다. 특히 중세영어 시대에 불어, 라틴어, 스칸디나비아어 등에서 들어온 동사들은 예외 없이 모두 약변화동사가 됐다는 점은 약변화가 강변화보다 편리하고, 쉽고, 생산적이라는 사실에서 기인한 것으로 볼 수 있다. 그 예로 강변화에서 약변화

유형으로 바뀐 동사 help가 있으며, 명사는 flight(옛날 형태 flēam)에서 fly(옛날형태 flyman)가 된 경우가 있고, 형용사는 full(가득찬)에서 동사 fill(옛날형태 fyllan)이 만들어진 것을 볼 수 있다.

또 다른 특이할 만한 사항은 다른 인구어족과 동족 관계가 전혀 없는 단어를 많이 가지고 있다는 것이다. 영어 형태를 보면 drink, drive, rain, wife 등의 단어들은 다른 인구어족에서 그 동족어를 찾을 수가 없는데, 이것은 인구어족에 속하지 않는 다른 어족과 친분관계를 맺고 있으면서 그 사이 많은 외래어가 유입되었다는 것을 말해준다.

그 외에도 시제 표현에서 현재형과 과거형을 제외한 모든 시제들이 사라졌다는 것도 주목할 만하다. 예를 들면, 영어문장 I shall go there에서 shall이 미래 시제의 조동사이므로 그 뜻은 미래의 일을 가리키지만 형태상으로 시제는 현재이다. shall은 should라는 과거 시제 형태와 짝을 이루고 있으나 라틴어의 경우 미래, 완료 등의 다양한 시제형태를 고스란히 다 유지하고 있다.

다음의 특징은 영어문법에 가장 큰 영향을 끼친 것으로서, 강세가 인구어족시대 동안에는 단어 음절마다 자유롭게 놓였으나 게르만어족으로 분화되면서 첫 음절에만 강세가 오도록 하는 변화가 생겼다는 점이다. 예를 들면, 인구어 중 라틴어에는 páter, patér 등의 다양한 강세가 가능했지만 게르만어에 속하는 언어인 영어에서는 한결같이 fǽder에서와 같이 첫 음절에 강세가 온다. 이것은 두 번째 음절에서 그 모음의 발음이 약화되는 결과를 낳아 영어의 문법 조직에 문제를 일으킨 주요인이 되었다.

마지막으로, 인구어 중에서 유독 게르만어 자음만이 일정하게 변화를 일으켜 다른 인구어와의 차이를 증폭시켰는데 이것은 이러한 음운변화 규칙을 발견한 독일인 학자의 이름을 따서 Grimm의 법칙(Grimm's Law)이라고 부르고 있다.

제4절 발음, 강세와 억양

1.1. 강세가 영어 문법체계를 얼마나 엉망으로 만들었는가?

강세란 어떤 음절(syllable)을 그 주위의 음절보다 더 강하게 발음하게 하는 장치라고 할 수 있다. 인구어 어족이 한 유형을 이루던 시절에는 자유로운 강세체계를 가지고 있었다. 그러나 세월이 흘러 인구어 어족이 10개의 어군으로 분화되는 과정에서 특별히 게르만어에만 단어의 첫 음절에 강세가 놓이는 변화가 일어났다. 이것이 게르만어를 다른 어군으로부터 유별나게 만들었다. 다시 말해서, 인구어 어족 내에서 게르만어 외의 다른 언어들에서는 강세자리가 일정한 곳에 고정되지 않았다. 그 예로 그리스어를 보면 단수 주격의 patér에는 끝 음절에, 단수 호격의 páter는 첫 음절에, 단수 대격의 patéra처럼 중간 음절에 오는 등 일정하지 않은 강세 체계를 보이고 있다. 그런데 게르만어의 한 분파인 고대영어를 살펴보면 단수 주격의 fæder, 단수 호격의 fæder, 단수 대격의 fæder처럼 일정하게 첫 음절에 강세가 온다.

이렇게 단어의 첫 음절에 강세가 고정되면 어떤 결과가 생기는가? 음운 현상들을 보면 이 경우는 말할 것도 없이 한 단어 내의 두 번째 음절이 약해지는 결과를 초래한다는 것을 알 수 있다. 특히 두 번째 음절 내에 있는 모음 a, o, u 등은 세월이 점차 가면서 발음이 약화, e[ə] 발음으로 통일되어 버렸다.

그 예를 보면 고대영어 se dola man(그 어리석은 남자)에서 중세영어시대에는 the dole man으로 dola → dole로 철자가 변화했다. 또 고대영어 nacod(naked)는 중세영어에서 nāked로 o → e로 변했고, 고대영어 medu(liquor)도 중세영어에는 mę̆de로(u → e) 변했다. 두번째 음절의 a, o, u가 e로 변하면서 나타난 결과는 무엇일까? 그것은 고대영어시대에 어느 정도 체계가 잡혀 있던 문법체계가 모두 무너지는 계기를 만들었다는 것이다.

고대영어시대에는 어느 정도 안정된 문법 체계를 가지고 있었으나 첫 음절에 강세가 일정하게 놓임으로 해서, 거의 모든 단어의 둘째 음절에 모음 변화가 일어나고 그에 따라 커다란 혼란을 가져왔는데 그 예를 다음의 명사변화표에서 볼 수 있다.

		고대영어	중세영어	현대영어
남성단수	주 격	sun－u	son－e	son
	소유격	sun－a	son－es	son's
	대 격	sun－u	son－e	son
	여 격	sun－a	son－e	son
남성복수	주 격	sun－a	son－es	sons
	소유격	sun－a	son－es	sons'
	대 격	sun－a	son－es	sons
	여 격	sun－um	sun－es	sons

위의 표에서 보듯이 고대영어시대에 단수 주격과 대격이 sunu, 소유격과 여격이 suna이던 것이 중세영어시대에는 sone 또는 sones로 a, u의 음이 e로 통일되었고, 현대에서는 그 e음마저 탈락해 버렸다. 또한 남성 복수 주격, 소유격, 대격이 suna였고 여격이 sunum이었던 고대영어시대에 비해서 중세영어시대에는 a, u가 e로 변했고, 복수형태 모두는 소유격을 포함해서 sones가 됐던 것이다. 현대

에 와서는 그 e 마저 탈락해서 sons가 되었다.

명사변화표에서 보았다시피 두 음절 단어의 경우, 첫 음절에 강세가 오고 그 다음 음절에 있는 모음 a, o, u가 e음으로 통일되어 쓰이다가 현대에 와서는 그 e 마저 탈락해 버리거나 철자형태로 남기는 하나 발음이 안 되는 형태로 남아 있게 되었다. 결과적으로 고대 영어에서 많이 나타나던 굴절형은 현대영어에서 대부분 탈락, 소멸되었다.

1.2. 강세가 영어 문법을 엉망으로 만든 뒤의 결과는?

1) 주격, 대격, 여격 등의 꼴이 같아졌다. 단수에는 전부 son으로, 소유격은 son's가 됐고, 복수에는 주격, 대격, 여격 등은 모두 sons로 나타나고 소유격은 son's로 나타났다.
2) 남성, 여성, 중성으로 나누던 문법적인 성이 없어졌다. 따라서 대명사를 사용하는 경우에는 자연성으로 사람의 경우 뜻이 여성을 나타내면 she, 뜻이 중성이면 it, 사람의 경우 뜻이 남성이면 he 등으로 나타내게 됐다. 고대영어시대에는 woman이 문법적인 성은 남성이었기 때문에 he가 대명사로 쓰였다. 또한 wife는 문법적인 성이 중성이었기에 대명사로 it를 사용했다. 그러나 현대에서는 그 문법적인 성(gender)마저 없어졌다. 따라서 woman과 wife는 she로 대명사를 쓰게 됐다. 위의 예는 명사에만 국한된 것이나 모든 영문법에서 이와 같은 문법체계가 붕괴되는 큰 사고가 발생하게 되었다. 현대영어를 쉽게 접할 수는 있지만 공부할수록 어렵게 되는 이유는 문법체계를 나타내던 굴절형들이 없어져 버렸기 때문이다. 따라서 영문법을 엉망으로 만든 주범은 강세라고 보아야 할 것이다.

문법 관계를 나타내는 굴절어미가 붙어서 두 음절의 단어가 되었을 때 두 음절 단어의 강세가 첫 음절에 오고 두 번째 음절에는 강세가 오지 않는다. 그래서 두 번째 음절에 발음이 똑똑하게 나지 않으니 차츰 원래의 음이 약하게 되어서 없어지거나 아주 약한 음으로 변화를 겪게 되었다. 그 예를 보면 다음과 같다.

고대 영어	중세 영어	현대 영어
sunu	sune	son

위의 예에서 고대영어 sunu의 끝모음 u가 남성명사 주격과 대격을 나타내는 굴절어미인데 sun에 붙었기 때문에 두 개 음절 단어가 되고 첫 음절에 강한 강세가 오게 되므로 u는 약한 음이 되었다. 이해를 돕기 위해 다른 예를 들어보자.

고대 영어	중세 영어	현대 영어
lufod	loved	loved /lʌvd/

위의 예에서 lufian (love)의 과거시제로 고대영어에서는 lufod 형태가 나타난다. 강세가 오지 않는 둘째 음절에 굴절어미 모음 o가 붙은 것이 중세영어에서 e로 변하였다. 위의 두 예에서 두 음절이 있을 때 뒤에 오는 무강세 음절의 모음이 e로 되고 그것마저 현대영어로 오면서 없어지거나 철자는 쓰이지만(예. loved) 발음은 없어졌다. 따라서 이렇게 강세가 안 오는 두 번째 음절에 오는 모음 a, o, u가 e로 되거나 그것마저 없어지게 됐을 때 문법적인 구조가 변하지 않고 그대로 있다면 그것은 정상이 아니다. 모든 굴절형태가 단어의 끝에 붙고 거의가 a, o, u 등의 모음과 함께 하면서 두 번째

음절이 되었기에 거의 모든 문법 규칙이 변화를 거칠 수밖에 없었다. 변화가 일어난 현상을 간단히 살펴보면 다음과 같다.

1) 문법성을 나타내는 굴절형태가 사라졌다.
- 고대영어 남성주격 se ealda man→중세영어 the lde man
- 고대영어 여성주격 seo ealde talu→중세영어 the lde tale
- 고대영어 중성주격 Þæt ealde swurd→중세영어 the lde sword

위 예에서 남성, 여성, 중성을 가려내는 지시사의 차이가 없어지고 형용사 남성어미 –a와 여성 중성어미 –e가 중세영어에서 e로 통일됨으로써 남성을 나타내는 표시가 사라져 문법성을 나타내는 것이 사라졌다.

2) 고대영어 약변화형용사 복수소유격 –ena와 ra가 처음에 –ene와 re로 되었다가 나중에 –e로 변했다. 따라서 고대영어 약변화형용사의 단수 복수를 합하여 굴절형 5개가 –a, –e, –an, –ena, –um이 하나의 형태 –e로 완전히 변화를 함으로써 수의 차이도 없어졌다.

3) 격의 차이도 소유격을 제외하고는 거의 사라졌다.

4) 동사의 원형부정사(infinitive) 등에 있는 어미 –an, 직설법 과거복수 어미 –on, 가정법 과거복수와 강변화동사의 과거분사 어미인 –en 등이 모두 en으로 통일이 되고 그 뒤 이것마저 n이 탈락되어 –e만 남아 있게 되었다. 이 –e마저 나중에 없어졌는데 그 예는 다음과 같다.

<예>

고 대	중 세	현 대
findan	finden	find

위의 명사, 형용사, 동사 등에 사용된 굴절형의 대부분이 상실됨

에 따라 영어는 고대 중세 현대를 거치면서 거의 굴절이 없는 언어로 전환되었다. 그 이유는 문법관계를 나타내는 굴절형은 단어 끝에 붙기 때문에 거의 모두 강세를 받지 않는 위치에서 운명적으로 탈락되는 비운을 맞았던 것이다.

1.3. 불어에서 들어온 영어단어도 일찍 들어온 단어와 늦게 들어온 단어의 발음이 간혹 달랐다.

영어 단어 chief(대장, 우두머리)는 고대 불어 chef에서 들어온 단어라 ch음은 [ʧ]로 고대 불어와 같다. 그런데 현대 불어에서 [ʧ]는 [ʃ]로 발음이 바뀌었다. 그래서 현대불어에 사용되는 chef는 ch가 [ʧ]가 발음되지 않고 [ʃ]로 발음되는 때에 이 chef가 또 영어에 도입됐다. chef[ʃef]는 요리사, 주방장의 단어로 쓰이고 있다. 또 machine, machinist, machinery가 현대 불어에 도입됐기에 ch[ʃ]로 발음된다. 그러나 machinate, machination 등은 불어를 통하지 않고 직접 라틴어에서 들어왔기에 ch[k] 발음을 가지고 있다.

1.4. 장모음에 큰 변란(The Great vowel shift)이 발생한 것을 처음 다룬 학자는?

이 큰 변란을 대부분의 영어사 책에서는 대모음추이라든지, 대모음전환이라든지, 또는 영어로 The Great Vowel Shift 등의 용어로 쓰고 있다.

현대초기 영어 장모음에 큰 변란을 처음 다룬 사람은 Ellis(1867-89)였다. The Great Vowel Shift라고 이름 붙인 사람은 Jespersen이다. 장모음 중에서 제일 처음 변란이 일어난 모음은 Jespersen에 의하면(Modern English Grammar Ⅵ) 약 1400년경에 높은 모음인 i : 와 u : 가 이중모음으로 변함에 따라 이들의 빈자리를 채우기 위해 밑에 있는 모음들이 한 단계씩 위로 올라갔다고 했다. 즉 처음에 e : →i : 로, o : →u : 로 올라갔으며 그 다음 ε : →e로, ɔ : →o : 로 변해갔다. 중세영어시대에 a : →ε : → e : 까지 변화를 했고, 이 e : 는 ei로, o : →ou로 변했다. 이런 변화는 18세기 중엽에 가서야 보편화 됐다. 도표를 보면 쉽게 이해될 것이다.

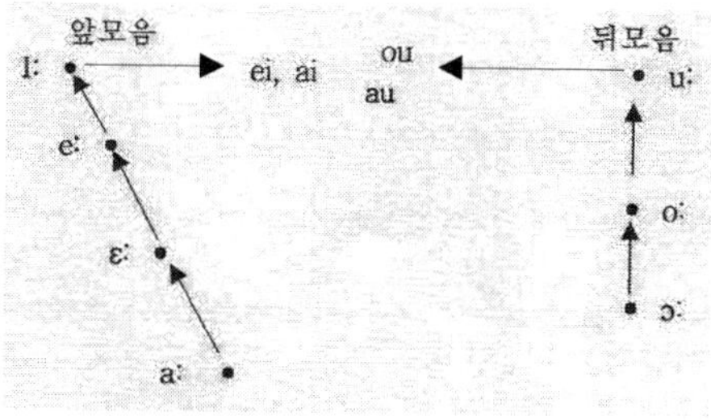

<전설모음 예 4개>

	Chaucer시대 철자	현대의 철자
예1. i : 의 예	lyf [li : f]	→ life [laif]
예2. e : 의 예	deed [de : d]	→ deed[di : d]
예3. ε : 의 예	deel[dε : l]	→ deal[de : l]
예4. a : 의 예	name[na : m]	→ name[nε : m]→ [neim]

<후설모음 예 3개>

예1.	hous[hu : s]	→ house[haus]
예2.	mone[mo : n]	→ moon[mu : n]
예3.	hoom[hɔ : m]	→ home[ho : m]→[houm]

이런 커다란 음 변화에는 분명히 원인이 있을 것이다. 그 원인을

찾는 사람은 영어사 발전에 큰 기여를 한 사람으로 크게 빛날텐데, 아쉽다.

1.5. Citibank, Citybank 중에 어느 것이 올바른 표현인가?

영어에 city는 있는데 citizen은 왜 cityzen이 아닐까? He studyes는 틀리고 He studies는 왜 맞는가? 라는 여러 가지 의문을 가지고 영어 공부를 해왔다. 그런데 왜 study를 studies로 고쳐 쓰는가에 대해서 많은 사람들이 영미인이 그렇게 쓰니까 나도 그렇게 쓴다라고 하는 정도의 답변을 들었을 뿐이다. 그런데 사실은 이렇게 쓰이는 이유를 영어의 발자취를 더듬어 보면 쉽게 찾아볼 수 있다.

로마철자를 영국에 도입할 때 i와 y를 다같이 모음으로 쓰게 됐다. y는 모음이라도 i와는 좀 다른, 독일어로 표현하자면 ü음에 가깝다. 입술이나 입 모양은 u 발음 위치에 두고 소리는 i와 같게 하는 것이다. 영어발음을 할 때 y 발음은 상당히 어려웠던 것 같다. 그래서 고대영어 후기 때쯤 되어서 y음이 i로 합쳐져 버렸던 것이다. 중세영어시대에는 y가 모음에서 ı음에 흡수된 이후 y는 반모음 [y]음을 나타냈다. 특히 이웃 음이 m이나 n이 있어서 같이 쓸 때 min처럼 i에 점이 없을 때에 i가 어디에 쓰인지 모를 때, 즉 1496년 William Caxton이 영국에 인쇄소를 설치해서 책을 인쇄하기 전에는 주로 손으로 글을 썼기에 m과 n 사이에 i가 있으면 점 없는 i가 쓰여 mın으로 i를 찾아내기가 쉽지가 않았다. 그래서 철자의 판독을 좀 더 쉽게 하기 위해서 i와 같은 철자로 생각하고 y를 썼던 것이다.

그 예를 들어보면 myn hom comyng(my home coming)으로 썼다. 따라서 중세영어 후기부터는 장모음 i에 대해 y를 쓰는 것이 일반적인 현상으로 되었었다. 특히 중세영어시대에 영국의 필사생들이 단어 끝에서 i를 쓰지 않고 y를 쓰는 것을 좋아했다. 같은 발음을 가진 i와 y를 쓸 때 y를 쓰면 단어의 끝이라는 사실을 알려주고 단어 끝이 아닐 때는 i를 쓰는 것이 고정되어 갔던 것이다.

따라서 city bank에서 city는 단어 끝이기 때문에 citi로 할 필요가 전혀 없다. 그러나 citibank에서 citi로 쓴 것은 단어 끝이 아니고 뒤에 철자가 계속된다는 뜻이다. 그렇다면 He studies English에서도 study는 단어 끝이니까 y로 끝나고 studies에서 y 다음에 철자가 계속 있으니까 즉 단어 끝이 아니니까 y를 i로 바꾸어 주어야 한다. city와 citizen도 같은 설명이 적용된다.

그렇다면 He stayed at home에서 y는 왜 ed가 뒤에 철자 되는데도 y를 유지하고 있나? 여기에 대한 답변은 만약 y를 i로 고치면 He staied at home으로 된다. 그런데, 영어 단어구성상 모음이 3개가 연달아 오는 것이 거의 없다. 그래서 이럴 때에는 e 모음 하나를 없애서 He staid at home으로 하거나, y를 그대로 두어 He stayed at home으로 하여 모음이 3개가 나란히 쓰이는 예를 막고 있다.

제5절 고대영어와 중세영어의 예

1.1. 들을 지어다! 그는 적의 연회석을 망가뜨리곤 했단다!

위의 글귀는 Beowulf라는 작품의 첫 행의 우리말 번역이다. 손으로 직접 쓰여진 고대 영시인 Beowulf는 현재 남아 있는 고대 영시 중에 가장 길고, 게르만어로 된 것 중에 가장 오래 됐으며, 규모가 최고로 장대한 영웅서사시이다. 이 시를 엘리자베스 여왕이 다스리던 시기에 유명한 고서 수집가 Sir Robert Bruce Cotton(1571－1631)이 수집하여 개인 도서관에 보관했었는데, 그가 사망한 지 100년이 지난 1731년에 도서관에 불이 나서 도서관의 많은 자료들이 심하게 타버렸다. 다행히도 이 Beowulf 詩가 있던 책은 가장자리만 타고 나머지 부분은 무사했다. 그래서 Beowulf의 원본을 보면 아직 불에 그을린 흔적을 볼 수 있다. Beowulf 詩는 3182행으로 구성되어 있는 상당히 긴 시다. 이 시의 주제로 등장하는 영웅 Beowulf는 전설적으로 나오는 괴물 그렌델 모자, 그리고 불을 뿜어내는 용과 격투해서 이기지만 결국 영웅도 같이 죽는다는 내용을 가지고 있다. 실제로 이 시는 옛날 영국 머셔(Mercia)왕국의 오파(Offa)왕 궁전에서 한 기독교 시인이 기독교도를 즐겁게 하기 위해 쓴 시다. 이 시를 쓴 시인은 원래 이교도였으나 후에 기독교로 개종한 것으로 보이는데 이렇게 볼 때 이 시는 680년경에 창작되었을 것으로 생각된다. 이 시의 수서체를 보면 고대영어시대의 철자나 단어의 모양 등이 현대영어에 쓰이는 것과는 전혀 다르고 낯선 것들이 나타난다. 고대영어시대의 영어를 알기 위해 Beowulf를 수기한 첫 장의 몇 행을 앞에 제시했다. 현존하고 있는 수서체본은 본래 2세기 후인 980－1000경에 베껴진 것인데 원본에서 베낀 것이 아니라 대본에서 베낀 것이며 두 명의 수사생이 베낀 것이다. 불에 타다 그을린 흔적으로 가장자리가 불탄 흔적을 발견할 수 있다.

hÆT : 인쇄체로는 HWÆT이며 Æ는 A와 E가 합해져 쓰인 철자이며 æ에 해당한다. ƿE : WE인데 ƿ는 앵글로 색슨족이 쓰던 루운 글자 중에 W에 해당되는 글자다. GAR－DEna : in gear dagum. 고대 및 중세영어 때까지 i는 위에 ·이 없이 ı로만 쓰였다. 또 중세영어시대에 와서야 불어의 영향으로 ȝ가 g로 변하였다. ꞃ는 r을 나타내는 아일랜드에서 온 서도체이다. ꝺ는 d를 나타낸다.

HWǼT, WE GĀR-Da in gēardagum
þēodcyninga þrym gefrūnon,
hū ðā æþelingas ellen fremedon!
Oft Scyld Scēfing sceaþena þrēatum
monegum mǣgþum meodosetla oftēah.
egsode eorl(as), syððan ǣrest wearð
fēasceaft funden; hē þæs frōfre gebād,
wēoxð under wolcnum weorðmyndum þah
oð þæt him ǣghwylc þara ymbsittendra
ofer hronrāde hȳran scolde,
gomban gyldan; þæt wæs gōd cyning!

베오울프(Beowulf)의 수서본을 인쇄체로 쓴것
(첫장 열 한번째 줄까지의 내용)

1.2. 영국에 침입한 앵글로-색슨인들이 켈트(Celts)인을 대량 학살한 결과는?

그 결과는 켈트어가 영어에 남아있는 것이 거의 없다. 영어에 남아있는 것이라고는 영국의 수도 London, 세익스피어가 태어난 곳인 stratford－upon－avon에서 Avon강 이름인데, 이 avon은 'water'의 의미다. London 중앙을 흐르는 Thames강(dark river) 등이 남아있다. 장소의 이름이 다소 보이는 것은 Kent, Devon, Leeds 등이다. 이런 장소의 이름을 빼면 예스퍼슨(조두상, p.44)의 조사에 의하면 켈트어가 영어에 전수된 것이 모두 12개 단어밖에 안 된다는 통계를 제시했다. 그렇다면 이처럼 켈트단어가 영어에 차용되거나 전수되지 않은 이유는 어디에 있느냐? 두 가지 이유로 설명할 수 있다.

하나는 침입자인 쥬트족, 앵글스족, 색슨족들이 켈트인들에게 처절하게 살육을 감행했다는 것이다. 침입자들은 원래 대륙에 있을 때 야외생활을 즐기고, 수렵에 익숙하여 전투에 강해서 켈트인들로서는 상대가 되지 않았다. 그래도 격렬한 저항을 거듭하면서 서부의 웨일즈(Wales) 지방으로, 서남부의 콘웰(Cornwall) 지방으로 쫓겨 가게 됐던 것이다. 이 과정에서 대량학살이 자행됐을 것이고, 힘이 약한 부녀자들은 잡혀서 노예 같은 생활을 하거나 결혼 등으로 점차 융화되어 갔을 것이다. 이 과정에서 많은 켈트인들이 죽거나 노예 신분으로 전락하여 켈트어가 영어에 전수가 안됐을 것이다.

다른 하나는 정복자들의 언어는 왕성하게 살아남고, 많은 사람들이 사용하게 된다. 피정복자의 언어는 정복자들이 배워야 할 하등의 이유가 없다. 역사적으로 지배계층에서 피지배민족의 언어를 관심 있게 배우야 할 어떤 상황은 일어나지 않았다. 켈트어를 쓴다고 할 때 관직에 있지 않고, 떠돌이거나, 하인의 신분을 노출하는 결과가 되기 때문에 의도적으로 하지 않는 한 일반적으로 켈트어를 쓰지는 않을 것이다.

켈트어가 영어에 많이 남아 있지 않은 이유를 윈디쉬(Windisch)는 하나의 공식을 세워서 설명한다. 자기언어는 자기가 배우고 있는 외국어의 영향하에 들어가 혼합언어가 되는데, 자기가 배우는 그 외국어를 가지고 이야기할 때 자기 모국어 단어를 그 외국어에 혼합시켜 말하지는 않는다는 공식이다. 그 예를 18세기 독일에서 일어난 것을 들고 있는데, 그 당시에는 불어를 모방하는 것이 유행이었다. 프레데리크 대제(Frederick the Great)는 불어를 아주 잘하고, 잘하는 것을 자랑으로 여겼다. 그가 불어로 쓴 글 가운데 독일어 단어를 단 한자도 발견할 수 없는 반면, 그의 모국어 독일어로 들을 쓸 때에는 불어단어나 불어구문이 풍부하게 발견된다는 것이다. 그 이유는 독일어보다 불어가 세련되고 뛰어난 언어로 보았기 때문이다.

이와 같은 공식으로 말하면 켈트인들이 쫓겨서 들어간 콘웰(Cornwall)지역에서 켈트 어중의 하나인 콘니쉬(Cornish)어에 남은 마지막 잔재에 보면 많은 영어 차용어 있지만, 그 지역 영어 사용자들이 기록한 영어에는 어떤 콘니쉬 단어도 발견할 수가 없고, 혼합시키지 않았다는 것이다.

이와 같이 두 가지 이유로 영어 어휘에는 영국지방 지역 이름에 쓰인 켈트어를 제외하면 거의 쓰이지 않았고, 발견하기 어렵다는 결론을 내릴 수 있다.

일본이 한국을 강제 합방해서 일본말을 배우고, 쓰게 했으며 일본말만 학교에서 쓰도록 강요한 시절이 있었다. 그 결과로 아직도 일본의 잔재가 여기저기에서 우리가 모르는 사이에 쓰이고 있는데 그 대표적인 예가 건축에 관계되는 용어들이다. 그러나 바꾸어 말해서 일본말에 우리말의 영향을 생각해 보면 그 힘은 극히 미미하리라 생각된다.

앵글로-색슨, 쥬트족들은 도시생활보다는 야외생활에 익숙했고, 의리에 강하고, 용사로서 죽음을 두려워하지 않는 강인성, 배를 타고 죽음의 항해를 마다하지 않는 불굴의 의지로 나약하고, 겁 많은 무방비상태의 켈트인을 가혹하게 살해했을 가능성도 배제할 수 없다.

1.3. 왜 1066년의 해는 고대영어가 죽음의 눈물을 흘려야 했는가?

서기 1066년은 영국 국민에게 잊을 수 없는 통곡의 해였다. 프랑스의 북부 노르만의 William이 영국을 침공, 점령한 해이기 때문이다. 영어로 봐서는 고난이 시작되는 해였다. 그 고난의 기간은 333년이나 지속되었다. 고대영어(449-1066)시대인 6세기 말 영국인은 기독교로 개종하여 많은 지역이 학문의 중심지가 되었고, Aldhelm, Benedict Biscop, Bede, Alcuin 같은 훌륭한 사람들이 배출되기도 했다. 당시 영국 문화는 서유럽에서 가장 발달되었고, 알프레드 대왕의 강력한 지도력과 능력 덕분으로 오랫동안 유지되었다. 따라서 노르만의 영국정복은 열등문화를 가진 노르만이 우월한 문화를 패배시킨 것으로 볼 수 있다.

노르만의 승리의 나팔은 바로 고대영어의 장송곡을 의미했고, 노르만 정복자의 웃음은 영국인의 피눈물을 뜻했다.

노르만인들은 그들의 철자를 영국언어에 사용토록 강요했다. 노르만들이 영어에 끼친 악영향으로,

첫째로 고대의 철자를 변경시키고, 불어철자법을 도입했다.

1) ð, þ을 th로 대치했고, ƿ을 w로 대치, 2) ʒ는 g로 대치, 3) 어두에 v를 쓰는 것을 도입, 어두에 v를 쓰는 단어는 거의 모두 라틴어나 불어에서 도입, 4) v를 도입함으로써, 또 u를 모난형인 v가 사용됨으로써 자음, 모음 구별 없이 두 기호 모두 사용, 어두에서는 모두 v로, 어중에는 모두 u를 쓰게 함, 5) c는 ch로 쓰게 함, 6) hw를 wh로 쓰게 함, 7) cw는 qu로 쓰게 함, 8) 장모음은 철자를 두 개씩 쓰게 함, 9) fode, fede에서 단어 끝 비강세 e는 모음이 길다는 신호로 쓰게 함, 10) 단음 u가 m, n 에 가까이 쓰일 때 o로 변화, 11) 모음 y를 반모음으로 쓰게 함. 또 m, n이 가까이 있을 때 i 대신 y를 사용케 함, 12) 단어 끝에 u를 쓰지 않고 w를 쓰게 했다.

이 때문에 표기가 바뀐 단어는 다음과 같다.

> 1) þæt는 that로, wið는 with로 2) cniht는 cniʒt에서 knight로 3) very, voice 단어가 도입되고 4) vsury, euer처럼 단어첫머리에 v로 단어 중간에 u로 5) cild는 child로 6) hwæt는 what로 7) cwen은 queen으로 8) fet는 feet로 9) fode(=food)는 fede(=feed)로. e가 앞모음 장모음을 나타냄. 10) sunu는 sone로 11) mın homcomınge을 myn homcomynge로 12) window에서 발음이 u인데 철자는 w로 썼다.

둘째로 불어를 먼저 쓰고, 그 다음에 영어로 풀이하는 식이 도입됐다. 일상생활에 불어 단어를 쓴 다음, 같은 뜻의 영어 단어를 나란히 쓰는 습관이 생겨났다. 이것은 언어사대주의로, 우리나라 사람들이 한자를 쓴 다음 풀이식으로 한국어를 덧붙이거나, 영어를

쓴 다음에 해석하듯이 한국어 단어를 덧붙이는 경우와 같다고 하겠다.

1) cherité, þet is luve, 2) in desperaunce þet is in unhope, 3) ignorance, þet is unwisdom & unwitenesse, 4) lecherie, þet is golnesse 등이다.

현대영어 관점에서 보면 불어가 더욱 익숙한 단어이고 영어가 오히려 생소한 단어란 것을 알 수 있다. 그것은 이 때, 불어가 도입되어서 오늘날까지 사용되어 왔지만, 영어는 그 뒤에 다른 뜻이 되거나 없어졌기 때문이다.

셋째로 대량의 외래어가 도입되었다. 고대영어시대에 왕성했던 자국의 단어생산능력이 현저하게 떨어지고 불어, 라틴어 등의 단어를 많이 들여와서 사용하여 어휘에서 고대영어의 어휘를 완전히 다르게 변화시켰다. 고대영어 어휘와 중세영어 어휘를 성경의 돌아온 탕자(Prodigal son)에서 보면 얼마나 차이가 나는지 실감할 수 있을 것이다.

	고대영어	중세영어
재 산	ǣhta	catel
시 민	burhsittendeman	citeseyn
몫	dǣl	porcioyn
충분한	genōh	plente
자 비	mildheortness	mercy
국 가	rīce	cuntre
하 인	þēow	seruaunt
여 행	wræclīce	in pilgrymage

영국인들은 고대영어 어휘를 가지고 새로운 문물을 표현하려는 노력을 했었고, 영어는 충분한 자질이 있었다. 그 예로 복합어를 보면 hronrāde(=whale－rode 바다), rīmcræft(=number－craft 즉 arithmetic), eorðcræft(=earth－craft 즉 geometry), þrīnes(=three－ness 즉 trinity), tungol－wītega(=star－prophet 즉 astrologer) 등이다. 즉, 새로운 문물과 사조를 표현하기 위해 영국인들이 가지고 있는 언어자료를 합성 또는 접두사, 접미사를 붙여 파생어를 만들어 새 문물을 표현하고 외래어 도입을 극히 자제했었다.

그러나 중세영어시대에 외래어를 많이 도입하다보니 자국 언어 사용이 뜸해지면서 손쉽게 외국 어휘를 도입하는 관습이 생겨서 영어의 합성어 능력은 차츰 쇠퇴해 갔다. 오늘날 새로운 물건을 만들면 그리스어, 라틴어 등을 참조해서 외래어식 단어를 만들어 내고 있는 실정이다.

넷째, 중세영어시대에 지배계급인 상류층은 노르만에서 온 사람들로서 불어를 계속 사용하였고, 피지배층인 영국인들은 계속 영어를 사용하다 보니, 이중적인 체계가 형성되었다. 고급 요리의 이름, 군사용어, 법률용어, 여가에 쓰인 용어, 놀이용어, 의복용어, 예술 등에는 불어가 사용되었다.

동물이 살아있을 때의 이름은 영어로 표현되는데(ox, cow, calf, sheep, swine, boar, deer), 그것이 요리가 되어 식탁에 올려 지면 beef, veal, mutton, pork, bacon, brawn, venision 등과 같이 불어 단어가 쓰이게 된다. 살아있는 동물을 돌보는 일은 영국인의 몫이고, 그것을 잡아 요리를 해서 먹는 사람은 상류층이면서, 지배계급인 불란서인의 몫이었기 때문이다.

또한 아침 일찍 일하러 가기 위해 수수하게 먹는 것은 영어

breakfast이고, 호화롭고 여유 있게 즐기는 저녁 dinner, supper, feasts 등은 불어로 표현했다.

1.4. John왕이 귀족의 약혼녀를 빼앗는 바람에 죽어가던 영어가 살아났다면?

William, Henry, Richard, John 등은 노르만 계통의 영국왕들이다. 이 왕들은 영국 왕과 노르만디 공(duke of Normandy)의 두 가지 직위를 동시에 누리고 있었다. 노르만디 공으로서 보면 불란서 왕의 신하로 볼 수 있고, 영국으로 볼 때는 영국 왕이었다. John 왕이 문제를 일으켰다. 1200년에 불란서 귀족의 약혼녀에게 마음이 빠져 급히 이 여인 Isabel of Angoulême와 결혼을 강행해 버렸다. 그랬더니 이 여인의 약혼자는 죽기를 각오하고 프랑스 왕인 Philip에게 그의 사연을 하소연했다. 약혼자는 Lusignan족의 일인자인 Hugh였다. 그의 하소연을 들어보니 John왕이 크게 잘못했다고 판단해서 영국의 John왕을 프랑스 법정에 회부했다. John왕은 불란서의 노르만디 공이지만, 영국에서는 왕이므로 법정에 나가는 것을 거절해 버렸다. 이에 격분한 Philip왕은 1204년에 Normandy 전 지역과 Anjou 지역을 몰수해 버렸다. 이렇게 되어 John은 대륙에 있던 거대한 땅을 잃게 되고, 땅을 잃어버린 왕이라는 별명을 얻게 됐다. 그후 John왕은 영국만을 통치하게 되었고, 영국민은 프랑스에 대해서 좋지 않은 감정을 갖게 됐다. 차츰 노르만에서 영국으로 온 귀족들은 영국인이 되던가 아니면 프랑스로 가든지 양자택일을 해야 했다. 그때까지도 불어가 영국의 공용어 역할을 하고 있었다.

그 후 1258년에 Henry 3세가 포고문(Proclamation)을 쓸 때에 불

어와 영어 두 가지로 쓰기 시작했다. 이것은 1066년 이후 192년 만에 영어가 공용어로 쓰여진 것이다.

이런 상황에서 영국의 상류계급에서 영국과 불란서간의 백년전쟁(1337－1453)이 나기 전까지 의식변화가 크게 일고 있었다. 불란서에서 온 상류계급의 지배층도 영국인이라는 의식이 생겨서, 영국국민이 단합하는 전기가 마련되어 갔다.

불어에 대한 태도가 달라지고 있었고, 불어를 모국어로 간주하는 것이 아니라 공적인 사회생활을 위한 도구 정도로 생각하게 되어 갔다. 따라서 불어의 낱말이 영어에 가장 많이 들어온 시기도 백년전쟁 이전까지의 시기로 보고 있다. 그래도 공용어의 지위는 불어였고, 법정이나 의회에서도 불어를 사용하고 있었다. 날이 갈수록 불어의 세력이 감퇴되어 가면서 13세기 말경에는 상류계급의 아이들이 불어를 잘 알지 못해 배워야 하는 실정에까지 도달되어 갔다.

1362년 영어의 회복을 알리는 사건이 일어났다. 의회에서 의장이 영어로 개회를 했던 것이다. 그리고 의회는 소송서류 작성법을 제정하면서 법정용어는 영어로 사용한다는 의안을 통과시켰다.

1360년에 Geoffrey Chaucer가 영어로 작품활동을 했고, John Gower는 1387년경에 영어로 장편시를 썼고, 1387년에 Chaucer가 Canterbury Tales라는 산문식 시를 영어로 썼다. 또 종교계에서도 Wyclif(1320－1384)의 제자들이 영어 성경을 1382년에 내놓았으며, 1386년에 의회청원(Petition to Parliament)이 영어로 행하여 졌다.

영어의 완전회복의 상징은 Henry 4세(통치자 시작 1399－1413)로 노르만 정복 후 영어를 모국어로 사용한 최초의 영국 왕이었다. 그러니 1066년에 영어를 불어에 빼앗기고 1399년에 영어를 모국어로 사용하는 왕의 등극으로 영어를 공식적으로 되찾았는데, 그렇게 해서 되찾은 게 햇수로 333년의 세월이었다.

1.5. 영국 왕과 바이킹 왕 두 왕을 남편으로 섬긴 Emma의 슬픈 사연?

노르만디에서 시집온 Emma는 영국왕 Ethelred와 결혼하여 고해왕 에드워드(Edward the Confessor)를 낳았다. 그러나 Viking의 침입으로 덴마크 왕 Cnut에 패해 Ethelred가 추방당하고, 왕비 Emma는 전리품으로 Cnut의 아내가 되었다. 이 당시에 왕이 전쟁에서 패배하면 아내는 적장의 노비나 첩이 되는 것이 풍속이었는데, Emma는 덴마크 왕 Cunt에서 Harthacnut를 낳은 불운한 여인이었다.

Viking은 영국을 완전 정복해서 25년간 통치했으며 불란서에서 망명생활을 하던 Edward the Confessor가 1042년에 영국 왕으로 즉위함으로써 Alfred의 왕통은 회복되게 된다.

Viking은 고대영어 wīcing에서 유래됐는데 뜻은 '바다 어귀에 사는 주민'이었으나 차츰 pirate(해적)이란 뜻으로 쓰이게 됐다. Viking은 스웨덴인, 노르웨이인, 덴마크인으로 구성되었지만 흔히 Dane(덴마크)인으로 통칭된다.

처음 영국공격은 800－838년까지였는데 주로 약탈 정도였으나 제2차 공격은 850－878년까지 대규모의 잘 훈련된 조직을 가진 Viking이 영국 동부지역인 East Anglia에 상륙해서 그 지역을 차지하면서 Ethelred가 지배하는 Wessex를 공격했다.

그 다음에 왕이 된 Alfred는 East Anglia의 왕이던 덴마크 출신 Guthram과의 전투에서 이겼는데, Guthram과 협상을 해 동부지방을 Dane의 법이 통하고 Viking이 통치하게 하는 Danelaw(덴마크 법이 통하는 지역) 지역 설치를 하는 조약(Treaty of Wedmore)을 체결하였다. 또한 Guthram은 Wessex로부터 철수하고, 기독교 개종과 더불어 세례를 받고, Alfred 대왕이 대부가 되는 것을 협정으로 맺었다.

그 이후 980년에 노르웨이 왕 Olaf와 스웨덴 왕 Svein Forkbead가 연합하여 영국에 쳐들어왔다. 용감한 영국인 Byrthnorth(고대 영시 The Battle of Maldon에서 찬양) 장군이 저항해서 20년간 버티었으나 결국 Ethelred 왕(978－1016)이 패배하고 영국은 멸망했다. 덴마크 왕인 Svein Forbead 아들 Cnut가 영국 왕으로 25년간 통치하게 됐다.

그러면 Viking의 침입은 고대영어에 어떤 언어적 영향을 끼쳤는가?

스칸디나비아 단어들이 많이 들어왔다. 명사는 man, wife, father, mother, house, life, sorrow, winter, summer 등이고, 동사는 will, can, come, see, smile, ride 등이다. 형용사와 부사는 full, wise, better, best, over, under 등이다. 대명사는 they, their, them이 들어왔다. [sk] 발음이 있는 단어들이 들어왔다. 즉 sky, skull, skill, scrub 등이다. 영국에서 [ʃ]로 구개음화되어 버렸기 때문에 [sk]발음이 되는 것은 스칸디나비아어에서 들어온 단어이다. 스칸디나비아에서 들어온 단어 중에 by로 끝나는 단어가 있는데 이것은 byr에서 나온 것이고, 원래의 뜻은 Village라는 것이다. 그래서 Normanby(village of the Norsemen), Denaby(village of the Danes), 그 밖의 지명으로 Derby, Rugby, Thoresby, Whitby 등이다. 법이란 단어 law도 도입됐는데, 원래 lagu에서 온 것인데 lay와 law가 같은 어원을

갖게 됐고, bylaw는 village law의 의미이다. 이와 같이 스칸디나비아에서 들어온 예는 상상보다 더 많다. 이들 단어의 특징은 대단히 소박하고, 항시 사용되는 낱말로 그 배경을 알지 못하는 사람들은 토박이 영어로 여길 정도이다. 그 이유는 영어에 들어온 지 오래되었고, 또한 자주 쓰여 영어에 완전 동화되었기 때문이다.

1.6. 중세영어의 문장을 보면?

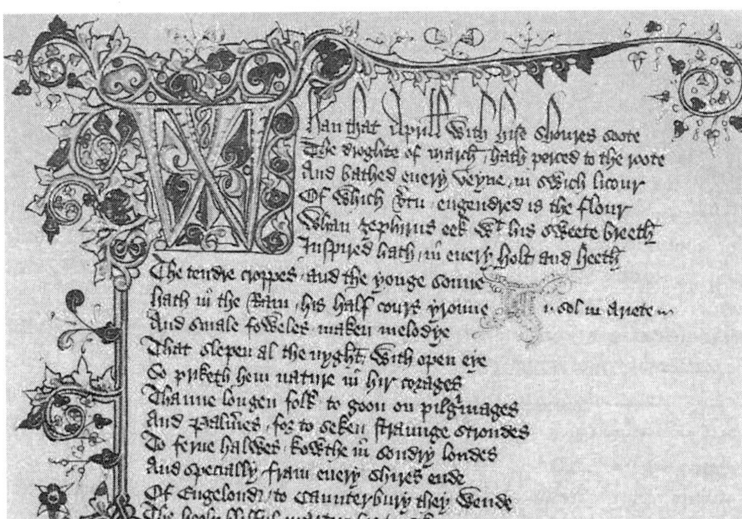

<Chaucer의 Canterbury 이야기의 서문 예>

대표적인 중세영어는 Geoffrey Chaucer(?1343－1400)가 산문처럼 시를 쓴 것이 있는데 그것은 The Canterbury Tales이다. 원래 Chaucer가 구상하기로는 London에서 동남지역에 있는 Canterbury까

지 순례자들 각자가 갈 적에 두 가지씩, 돌아올 적에 두 가지씩 이야기하는 것으로 꾸며서 모두 120가지 이야기를 수록하려고 했었다. 그러나 실제로는 22가지 이야기만 완성했던 것이다. Chaucer는 1386년에 이 시를 구상했는데, 그 이유는 그의 집이 있는 Greenwich에서 유명한 성인 Thomas à Becket의 성지를 보러 가는 순례자들을 볼 수가 있었기에 그것을 소재로 시를 쓸 생각을 했던 것이다. Thomas à Becket는 1170년에 캔터베리에 있는 그의 성당에서 기도하는 도중에 살해된 Canterbury 성당의 대주교였다.

그러면 이 시의 서문(The General Prologue) 중 일부를 보자. 유의할 것은 그 당시까지 인쇄기술이 도입되지 않아서 손으로 썼던 것을 인쇄체로 옮겨 적었다는 것이다.

Whan that April with his showres soote
(현대영어 : When April with its gentle showers)
4월의 단비가

The droughte of March hath perced to the roote,
(has pierced the March drought to the root)
3월의 가뭄을 뿌리까지 꿰뚫고

And bathed every veine in swich licour
(and bathed every plant in the moisture)
꽃을 피우게 하는 물기로

Of which vertu engendred is the flowr ;
(which will hasten the flowering ;)
온 누리 나뭇가지 물관을 촉촉이 적셔주면

Whan Zephyrus eek with his sweete breeth
(when Zephyrus with his sweet breath)
서풍이 부드러운 입김으로

Inspired hath in every holt and heeth
(has stirred the new shoots)
숲, 들판, 애송이 나뭇가지에

The tendre croppes, and the yonge sonne
(in every wood and field, and the young sun)
움을 트게 한다.

Hath in the Ram his halve cours yronne,
(has run its half－course in the Ram,)
이른 태양은 백양궁의 진로 반을 돌았고,

And smale fowles maken melodye
(and small birds sing melodiously,)
작은 새들은 노래 부르는데

That sleepen al the night with open ye
(so touched in their hearts by Nature that)
그들은 밤새 뜬눈으로 지샜다.

So priketh hem Nature in hir corages
(they sleep all night with open eyes－)
자연이 그들 가슴을 못내 설레게 하여,

Thanne longen folk to goon on pilgrimages,
(then folks long to go on pilgrimages)
사람들이 순례를 가고 싶어하는 이 때

And palmeres for to seeken straunge strondes
(and palmers to visit foreign shores)
성지 순례자들은 낯선 나라를 찾고자 하여

To ferne halwes, couthe in sondry londes
(and distant shrines, known in various lands ;)
먼 나라 여러 나라에서 칭송되는

And specially frome very shires ende
(and expecially from every shire's end)
특히 영국의 방방곡곡에서

Of Engelond to Canterbury they wende,
(of England they travel to Canterbury,)
몰려온 사람들은 캔터베리로 성지순례를 가는데,

The holy blisful martyr for to seeke
(to seek the holy blessed martyr)
거룩하고 축복받은 순교자를 찾아간다.

That hem hath holpen whan that they were seke.
who helped them when they were sick.
병들어 고생할 때 그들을 보살펴준.

1.7. 18세기에 라틴어를 최고의 언어로 여긴 이유는?

14세기부터 영국에 불기 시작한 문예부흥 때문이다. 이러한 부흥운동이 없었다면 라틴어의 영향은 크지 않았을 것이다. 또한 라틴 단어가 14세기에서부터 16, 7세기, 아니 19세기까지 꾸준히 영어에 크게 도입된 것은 바로 영어에 결점이 있었기 때문이다. 그 이유는 7세기경 Viking의 침입으로 스칸디나비아어의 단어가 많이 들어와서 영어에 새로운 단어를 만들어낼 필요성이 줄어들게 되었고, 1066년에 불란서의 노르만인들이 침입하여 거의 모든 분야에 불어를 사용하다 보니 손쉽게 불어를 빌려다 쓰는 습관으로 인해, 영어 자체의 단어 만드는 장치가 거의 망가졌고, 새로운 단어를 만들려는 의도 또한 가지지 않게 되었다. 그러다가 문예부흥을 맞이하여 고전 단어가 물밀 듯이 들어오면서, 문법도 라틴문법을 모범으로 여기게 됐다.

그래서 영국인들은 18세기에 와서는 영어를 업신여기게 되는데 반해, 라틴어만을 거의 완벽한 언어라고 칭송하게 되었다. 그들의 생각으로는 언어란 원래 신으로부터 기인된 것이며, 시초에는 완벽한 것이었다. 사람들이 이 언어를 계속 잘못 쓰고, 실수하고 있으므로, 권위자들이 꾸준히 잘못 쓰이는 것을 바로 잡아야 한다는 것이다. 그런데 라틴어는 원래의 완벽한 형태를 많이 보존하고 있는데 반해, 영어는 부패하고 개탄의 대상이 될 정도로 많은 변화를 겪고 있다고 생각했다. 그래서 학교에서는 라틴문법을 가르쳤고, 라틴문법을 영어에 적용했던 것이다. 그 예를 보면, D.Dasson은 밀톤의 시작품(Poetical Works of Milton, 1890)에서 '지금도 영어 구문에 문제

해결이 필요할 때는 라틴구문을 참조하면 가장 쉽게 해결된다.'라고 말할 정도였다. 또한 18세기 영국의 유명한 산문가 John Dryden이 그의 작품 'Troilus and Cressida'의 서문에서 '... 가끔 내가 쓴 글이 영어구문에 맞게 쓴 것인지, 아니면 영국식이란 이름하에 잘못된 글이나 말에 맞지 않는 글을 쓴 것은 아닌지 조심스러울 때가 있다. 이럴 때는 내 영어를 라틴어로 번역하여 보다 안정된 언어에서 단어들이 갖는 의미들을 살펴보는 길 이외에는 내 의심을 풀길이 없다.'라고 했다.

1600년과 1700년 사이에 영국인들이 쓴 과학에 관한 가장 위대한 책 세 가지가 모두 라틴어로 쓰여졌다. 그것들은, 1600년에 쓴 길버트(Gilbert)의 자성(磁性)에 관한 저서, 1628년 하비(Harvey)가 쓴 혈액에 관한 저서, 그리고 1689년 뉴튼(Newton)에 의한 중력이론과 운동법칙을 주창한 '수학적 원리(Principia)' 등이다. 이런 유명한 책을 모국어인 영어로 쓰지 않고 라틴어로 쓴 것은, 라틴어가 오랜 기간 많은 사람들에 의해 사용될 것이라는, 당시 대부분 사람들의 생각을 반영하는 것이다.

제6절 의미에 대한 논의

1.1. sweet란 단어는 도깨비 방망이다. (의미전환의 전문가)

영어에 입맛을 나타낼 때에 sweet cake라 하면 달콤한 과자를 나타내고, 아주 감미로운 음률로 귀를 즐겁게 해줄 때에는 sweet music 이라 한다. 향기로운 냄새를 나타낼 때에는 sweet rose라고 표현할 수도 있다. 행복하고 아늑한 집을 나타낼 때에 sweet home 이라고 한다. 그래서 sweet 란 단어는 도깨비 방망이처럼 기분전환을 잘 시켜준다. 이처럼 sweet와 같은 단어가 맛, 냄새, 감미로운 소리 등 여러 가지의 다른 의미로 달리 표현 하는 것에 쓰일 때에 이것을 공감각(synesthesia)이라 한다. 우리는 맛이라고 하면 음식물을 입에 넣고 혀로 느끼는 달거나, 시거나, 쓰거나, 짜거나, 매운 따위의 느낌을 말한다. 그러니 맛이라고 하면 입맛을 말한다. 그런데 이 입맛에 쓰이는 맛이 귀에다 붙어서 귀맛이라는 단어가 쓰이고 있는 것을 발견하고 무척 놀랐다. 한글 새소식 327호(p.18)에 실린 김경분씨가 쓴 글에서 '적어도 필자의 귀에는 악센트를 넣어 말하는 그 "틀리다"가 아주 생소하게 귀맛 나쁘게 들렸다.'라고 귀맛이란 단어를 쓰고 있었다. 김경분씨는 조선족으로 흑룡강성에 사는 사람인데 그 지방에서는 귀맛이란 단어를 쓰고 있는 듯 했다. 영어에도 미각에 쓰이는 단어가 청각, 후각에 쓰일 뿐 아니라 감각전반을 나타낼 때도 쓰는 것을 위에서도 보았다. 그 이외의 예들은 눈으로 보는 시각을 나타내는 단어 clear light 가 청각으로 전이되는 경우 a clear voice, a clear sound로 나타난다. 촉각의 느낌을 나타내는 warm이 시각 인식으로 warm colors로, 감각전체로 확대해서 a warm welcome으로 쓰이게 되는 것을 공감각에 의한 표현으로 보게 된다.

1.2. 칠면조 Turkey의 원산지는 터키 나라인가?

의미변화에서 사용되는 말 중에 연상(associations)이란 말은 한 가지 일이나 물건에 관련되는 사항을 여러 가지 다른 것에 연관시켜 생각하는 것을 말함이다. 즉 아버지와 아빠는 같은 동의어이지만 이 표현이 주는 연상은 다르다. 예를 들면 라틴어 penna는 원래 깃털(feather)을 의미했다. 깃털을 이용해서 글을 쓰는 도구로 만들었기 때문에 '깃털'하면 쓰는 도구를 연상하게 되었고 오래 사용하다 보니 깃털로 만들지 않은 것들도 모두 필기구 pen으로 사용하게 된 것이다.

이집트에서는 종이가 쓰이기 이전에 풀잎에 글을 썼는데 그 풀잎의 이름이 파피루스(papyrus)였다. 클레오파트라와 안토니오가 사랑을 하는 시대에 사용된 종이 종류는 이러한 풀 종류 파피루스였다. 이 papyrus에서 지금의 paper란 단어가 사용되게 됐다.

Turkey라는 칠면조도 원래 원산지가 미국인데 미국 조상들이 원산지를 잘못 알고 터키 나라를 원산지로 생각해서 그 칠면조 이름을 터키(Turkey)라 하게 됐다.

도자기를 china라고 하는데 그 이유는 china라는 나라에서 도자기를 제일 먼저 만든 것으로 생각해서 도자기 이름을 도자기를 만드는 나라 china라고 지었던 것이다. 위에서 예를 들어 생각한 것이 연상과 관련이 있는 것들이다.

1.3. an eye of a needle(바늘의 눈)을 번역할 때 바늘 귀(문화적 차이)?

원래 eye하면 사람의 눈을 가리키는 말인데 바늘에 달린 눈을 한국말에는 눈으로 쓰지 않고 눈 대신 귀로 번역하고 있다. 바늘의 귀를 영어에서는 적당한 말을 찾지 못하다가 사람의 눈과 비슷한 기능과 위치를 생각해서 an eye of a needle로 했다는데 이렇게 비슷한 개념을 지닌 다른 단어를 빌어서 표현하는 방식을 은유(metaphor)라 한다. 또 다른 예를 들면 시계바늘을 hand of watch로 한다는 것 등이다. 은유법은 속성이 비슷한 것으로 2개의 물체를 암시적으로 비교하는 것인데 예를 들면 Beowulf was a lion in battle 의 문장에서 '베오울프는 전투에서는 사자처럼 용맹스러웠다'라고 사자의 속성을 가진 사람으로 비유하는 표현 등이 은유법이다.

이 은유법에서 생겨난 단어로 chest(고대영어 cest)는 원래 상자를 가리켰는데 그 후 사람들이 심장이 있는 신체부위를 가리키는 명칭으로 쓰게 됐고, 또 목이 길고 부리가 긴 새 crane은 이 새와 비슷한 모양의 무거운 것을 들어 올리는 기계이름 crane으로 쓰이게 됐으며, 옛날에 언덕이나 한 덩어리의 바위를 뜻하는 cloud가 지금 영어에서 그와 같은 모양을 나타내는 구름이란 뜻으로 되었다. 사람의 발에 해당되는 foot에 비유해서 foot of a mountain(산마루), foot of a tree(나무밑동)로 쓰고 있다. 이런 비유적인 표현에 반하여 like나 as를 사용하여 직접 비유하는 것도 있다. 그 예로 Beowulf was as brave as a lion에서 나타난다.

1.4. 눈물 젖은 빵을 먹지 않은 사람은 가난을 모른다(제유법)?

고생하면서 생활비를 벌어 겨우 끼니를 때운 경험이 없는 사람은 가난의 아픔을 모른다고 한다. 눈물 젖은 빵(bread)은 고생하여 얻는 음식을 뜻한다. 여기서 빵의 의미는 곧 양식(food)을 뜻하기도 한다. 음식 중의 극히 일부가 음식 전부를 의미하게 된 것이다. 위의 예에서처럼 일부를 가지고 전체를 표현하거나, 전체로 일부를 나타내는 방법을 제유(synecdoche)법이라 한다. 이것은 효과적으로 언어를 표현하기 위한 기법이다. 영어의 경우 이러한 표현으로 spring은 1년을 나타내고 bread는 음식을 나타내기도 한다. roofs만으로 집(house)을 나타낼 수 있고, silver(은화)가 돈(money)을 나타내는 것도 같은 이치이다. 또한 다른 방법의 은유도 있다. 즉 crown이 king을 뜻하는 것처럼 물건이 사람의 직업이나 지위를 나타내는 경우이다. '나도 왕관을 얻고 싶다.'라고 할 때 그 의미는 '나도 왕이 되고 싶다.'라는 것이다. 또 다른 예로, '그 기차에는 노인이 많았다.'라고 말할 때 old men 대신에 gray hair로 표현할 수 있다. 이와 같은 표현법을 환유(metonymy)라고 한다.

1.5. Toilet은 옷을 싸는 보자기였는데 어떻게 화장실이라는 의미로 바뀌었을까?

Toilet은 고대 불어 toile(옷을 싸는 천)에서 파생되어 나왔다. 이 뜻에서 파생되어 그 뒤 머리 손질시 옷을 보호하기 위해 머리 아래에 두는 천이란 의미로 쓰였다. 이 단어 toile에 지소사(작다는 의미를 부여하는 접미사)가 붙어서 toilette가 되어 작은 경대 보라는 뜻이 되었고 그 후 경대 위의 물건이라는 뜻으로 확대되었다. 그 다음에 경대 위에 두는 물건 등을 넣어 두는 가구 또는 옷을 바꾸어 입는 방이나 가구라는 의미로 변해 갔다. 사실 부녀자들은 toilet에 손님을 영접하기도 했다는데, 당시 toilet은 냄새가 나는 그런 곳이 아니었다. 그 이후에 일반 사람들이 옷을 갈아입고 머리 손질하는 방을 toilet이라 하였다. 그러다가 toilet에서 목욕시설과 변기 등이 설치되었다. 그래서 오늘날에는 toilet하면 변기가 있는 곳, 즉 화장실로 이해한다. W. C.라고 하는 것은 1775년경 변기를 water closet이라고 한데서 나왔으며 그 뒤에 lavatory, commode 등으로도 불리었다. 이렇게 뜻이 바뀌어 오는 과정에서 은유법이 사용되었다.

1.6. die를 go to sleep 등으로 표현하는 것은(tatoo(금기어))?

동료 국회의원에게서 '싸가지 없는 x'이라고 욕을 먹은 한 국회의원이 국회에서 농성을 했다나? x는 사용해서는 안 되는 말이다!!

국회의원에게 마음에 들지 않는다고 해서 '싸가지 없는 x' 등의 언사를 퍼붓는 것은 점잖지 못하며, 듣기에도 거북하다. 이렇게 마음에 상처를 주거나 예를 벗어나는 말을 금기시(Taboo)하는 예는 언어마다 있을 수 있다. 그래서 이러한 금기어 대신에 뜻을 우회적으로 표현하는 방식이 개발되어 쓰였다. 영어에서 Taboo로 여기는 대표적인 단어가 die이다. 옛날부터 영국사람들은 die라는 말 대신에 go on a journey, pass away, go to sleep 등으로 표현했다. 또 우리나라에서 영민하셨다는 의미로 the final sleep으로 표현하기도 한다. 최근 신문보도에 의하면 한국에서도 질병 이름인 나병을 한센병으로 이름을 바꾼다고 하는데 미국에서도 leprosy라는 단어를 사용하지 않고 Hansen's Disease라고 미국의학협회에서 쓰고 있다.

1.7. '미스 리'라고 부르지 마라. 왜(좋지 않은 의미로 쓰임)?!

'미스, 미스터가 영어권에서는 존칭이지만 우리 사회에서는 뉘앙스가 다르게 쓰이고 있다'면서 여직원에 대한 호칭을 바꾸도록 서울시장이 지시했다(호칭 개선 지시. 조선일보. 1999. 6. 1.). 서울 시장은 말하기를 "나도 사무관 시절 남들이 '미스터 고'라고 부르면 기분이 나빴는데 여직원들도 마찬가지 아니겠느냐"고 했다.

한 여직원은 남자직원들이 여직원 호칭으로 미스리라고 부르니까 그 호칭에 대해 '여기가 다방인가, 나도 부모님께서 지어주신 이름을 듣고 싶다'고 항의한 것이 계기가 되었다고 한다. 서양에서는 미스라고 호칭하면 영어로 미혼여성을 부르는 존칭인 것이고 남자에게도 미스터를 붙이는 것이 존칭으로 쓰이고 있다. 미국 대통령에게도 Mr. President라고 부르고 있는 실정이다. 그런데 이 미스, 미스터라는 용어가 한국에 들어와서 쓰일 때에 좋은 뜻으로 쓰이지 않게 된 데서 문제가 생긴 것이다.

미스라는 호칭은 다방에서 차를 나르는 여인을 지칭하는 것이거나 자기보다 연령이 적거나, 지위가 낮은 미혼여성을 부르는 호칭으로 쓰이는 예를 볼 수 있다.

'「미스 김은 좋은 취미를 가졌구먼」 어느 날 생화를 사다가 꽃꽂이를 하고 있을 때, 고용주인 변호사가 한 말이다. 미스 김은 강변호사의 말이 어려워 아무런 대꾸를 못한 채 고개를 떨어뜨렸다.' (정한숙 작 '가오리연'에서)

'「미스터 현! 유사장님 경리과에 내려가시기만 하면 되는 거지?」 과장은 진우에게 물었다.' (김정례 작 '등불')

이처럼 좋은 뜻에서 좋지 못한 뜻으로 전환되어 사용되는 것을 영어로 Pejoration(악화)라고 한다. 이러한 현상은 영어에서도 자주 찾아볼 수 있다. Knave는 옛날에는 boy라는 뜻이었는데 지금은 rogue(건달, 부랑자) 등의 뜻으로 좋지 않게 쓰이고 있다. Villain도 중세영어시대 farm servant(농장 하인)의 뜻이었으나 현재의 의미는 악당(scoundrel) 또는 깡패로 악화되어 쓰인다. 또 Counterfeit는 원래 베껴쓰다(copy)라는 의미였으나 지금은 가짜로 만든 것 즉 위조라는 뜻으로 쓰이고 있다. 또한 Criticism은 원래 장점 찾기라는 뜻을 가졌으나 지금은 비판, 좋지 않은 점 들추기의 뜻으로 쓰인다. Notorious는 원래 widely known(널리 알려진)의 뜻으로 쓰였으나 지금에서는 좋지 못한 것으로 널리 알려진(unfavorably known)의 뜻으로 쓰이고 있다. Boor라는 단어도 원래는 peasant(농부, 소작농)의 뜻이었으나 지금에 와서는 무식한 촌사람, 시골뜨기의 의미로 낮추어 부르는 의미가 들어 있다. Propaganda의 원래 의미는 '뉴스를 전달 보급'하는 것으로 쓰였으나 지금은 사실을 고의적이고 조직적으로 왜곡 선전한다는 뜻으로 쓰이고 있다.

1.8. 현대 영어 minister는 옛날에 하인(servant)이었다?

옛날에 minister하면 종, 하인(servant)의 뜻이었으나 지금은 장관, 목사 등을 호칭하는 단어로 바뀌었다. 이렇게 고위직급을 호칭하는 의미를 가지는 식으로 옛날에 비해서 더 나은 의미를 가지게 되는 것을 뜻의 좋아지기(bettering, amelioration) 또는 양화, 의미의 향상, 의미의 양화(elevation) 등의 용어로 나타낸다.

고대영어 cniht(knight)가 본래의 뜻은 하인(servant)이었으나 중세영어를 거치면서 봉건제 하인(feudal servant)의 의미를 거쳐 초기 현대영어시대－1500년 이후－를 넘어서면서 귀족칭호의 하나로 격상되었다. 또 이름 앞에 sir를 붙일 수 있는 지위에 이르게 되었다. 지금은 knight라고 하면 기사라고 번역한다.

angel이 원래는 사자(使者, messenger)의 뜻이었으나 기독교의 영향으로 천사(天使)의 의미로 쓰인다. 또 martyr도 원래는 '증거자'란 뜻이었는데 '순교자'란 뜻으로 전환되었다.

earl은 고대 게르만시대 때 출신성분이 좋은 무사를 지칭했으나 고대영어시대에서는 man(사람, 남자)을 나타내다가 노르만 침입으로 프랑스의 백작(count)이라는 의미가 더해져 오늘날에는 백작칭호로 사용되고 있다.

이렇게 세월이 가면서 좋은 의미나 계급이 높은 직함으로 쓰이는 단어들이 상당히 있다. 좀더 보면 nice는 원래 무식한(ignorant)이라는 뜻이 어리석은(foolish)이라는 의미로 바뀌었다가 후에 즐거운(pleasant, acceptable)이라는 뜻이 되었다. squire는 용사(shield－bearer)였다가 지주나 지방병사를 뜻하는 말이 되었다. marshal은 말시종(horse servant)이었다가 집행관, 경찰서장, 육군원수 등을 나타내게 되었다. ambassador는 원래 심부름꾼(messenger)이었다가 대사라는 뜻으로 바뀌었다. fellow는 처음에는 동업자(business partner)라는 의미로 쓰였는데 14세기경에 공범자(accomplice)라는 의미로 바뀐 후 15세기 이후에는 대학의 구성원, 교수 등의 의미로 격상되었다.

1.9. salary는 병정들의 소금 구입할 돈(salt-money)이다!

어떤 특수한 의미를 나타내던 단어가 일반적인 의미로 일반화(generalization)되는 것으로 의미가 바뀌게 된다. salary는 불어에서 영어에 들어온 단어인데 원래 병정들에게 소금을 살 돈을 나누어 주었던 것에서 유래한다. 이것이 일반화되면서 봉급이라는 의미로 변했다.

tail도 원래는 털이 많은 말꼬리를 나타냈으나 차츰 모든 동물의 꼬리를 나타내게 됐다. journal은 불어에서 들어온 단어인데 하루하루 일어난 일들을 간단히 적은 일지(日誌)를 뜻했으나 뜻이 확대되어 정기간행물 전부를 의미한다. barn(고대영어 berern)은 고대영어 bere(barley)+ern(house)의 복합어로 보리저장소였는데 오늘날에는 모든 곡물을 보관하는 곡식저장소로 일반화되었다.

mill은 원래 빻아서 물건을 만드는 장소, 가루를 만드는 장소라는 뜻, 즉 방앗간이었다. 지금은 빻는다, 가루를 내다라는 뜻이 없어지고 무엇을 만드는 장소로 변했다. 이것이 woolen mill이란 모직공장으로 쓰이게 되고, steel mill은 철강소가 되었던 것이다. arrive는 원래 물을 통하여 도착하는 것에만 쓰는 단어였으나 지금은 모든 경우의 도착에 다 사용되고 있다. 고대영어 bridd(bird)의 뜻은 어린 새나, 조그마한 새를 뜻했으나 차츰 글자의 자리도 bridd에서 bird로 바뀌었고, 뜻도 모든 새를 bird라고 하게 됐다. carry도 불어에서 들어온 단어인데 원래는 바퀴가 달린 수레에 물건을 실어 전달하는 것을 의미했으나 지금은 바퀴달린 수레의 의미는 없어지고 한 곳에서 다른 곳으로 이동의 의미만 갖게 되었다. pipe는 단순한 음악에서만 쓰이는 도구였으나 지금은 모양이 비슷하면 pipe를 넣어 water pipe 등으로 쓰인다.

box도 원래는 회양목으로 만들어 납으로 예쁘게 장식을 해서 그릇을 두는 곳이었으나 그것과 비슷한 모양만 갖추었다면 어느 것에나 쓰고 있다. 이런 것은 뜻이 확대(widening)되는 예들이다. place는 원래 공개된 장소의 사각광장을 나타냈으나 지금은 어떠한 장소도 가리키게 됐다. maestro는 원래 음악에서의 대가라는 의미였는데 차츰 각 분야에서 뛰어난 분을 지칭해서 사용한다.

bend란 단어는 원래 활을 쏘기 위해 줄을 당기다의 의미로 쓰였다. 그 뒤에 bend는 활 이외의 것에도 당기다, 굽히게 하다 등의 의미로 쓰이게 됐다. picture는 그림을 그리다의 뜻이었고 고대영어에서 그림을 나타냈다. 지금에 와서는 photograph, moving picture, film에도 쓰이게 됐다.

1.10. 살아있는 동물 이름은 영어, 요리된 이름은 프랑스어, 그 사연은?

한마디로 나라 잃은 설움을 영국인들이 톡톡히 맛을 본 증거가 된다. 불란서의 노르만디공 윌리엄 1세가 1066년에 영국을 점령하여 다스리게 되니까 많은 노르만디에서 온 불란서 사람들이 고위관직을 전부 독차지하고 영국인들은 서민층으로 전락할 수 밖에 없었다. 고달프고 힘들고 천하게 생각되는 일은 영국인의 차지가 되었다. 따라서 동물을 기르고 돌보는 일은 주로 영국인들이 맡아서 했기에 동물이름은 거의가 영어로 남아있다. 그 예로, ox(황소), cow(암소), calf(송아지), sheep(양), swine(돼지), boar(수퇘지), deer(사슴) 등이다. 그러나 일단 이 동물들을 요리하고 먹는 사람들은 지배계급인 불란서인들이었다. 그래서 요리이름은 불어에서 온 단어들이다. 그 예를 보면 beef(쇠고기), veal(송아지고기), mutton(양고기), pork(돼지고기), bacon(베이컨－돼지의 등, 옆구리의 살을 소금에 절이거나 훈제한 것), brawn(돼지고기－잘라서 양념에 절여 압착한 고기), venison(사슴고기) 등이다.

먹는 것에서 이렇게 차이가 나는 것을 보면 모든 면에서 비슷한 상황일 것으로 짐작할 수 있다(아래 단어는 모두 불어단어다).

1) 법에 관한 예를 들면 crime(죄)을 지으면 accuse(기소)가 되어 judgment(재판)를 court(법정)에서 받고 prison(감옥)에 가는 punishment(처벌)를 받는 모든 용어가 불어 단어이다.
2) 군사용어 soldier(군인)로 army(육군) captain(대위)으로서 battle(전투)이나 combat(격투)에서 enemy(적)들을 conquer(정복)했다.
3) 문학 예술용어로, literature(문학)에는 poetry(시), prose(산문), tragedy(비극) 등이 있고 art(예술)에는 painting(미술), sculpture(조각) 등이 있으며 grammar(문법)에는 noun(명사), clause(절), gender(성) 등이 있어서 pen(펜)과 paper(종이)로 study(공부) 등이다.
4) 행정기관으로는 state(국가, 주)에는 parliament(국회), government(정부) 등이 있고 계급으로는 chancellor(수상) 밑에 minister(장관), mayor(시장) 등이 있으며, prince(왕자) 다음으로 duke(공작), 그 다음으로 marquis(후작), 한참 밑에 viscount(자작) 등의 귀족 계급 이름들이 도입됐다.

제7절 단어합성, 외래어 단축어

1.1. 숏 다리, 롱 다리는 우리말인가 영어인가?

농구가 붐을 일으키면서 다리가 긴 선수를 long다리라 하고 다리가 짧은 선수를 short다리라고 하는 말이 생겨났다. 이렇게 영어 단어와 한국어 단어가 합쳐서 하나의 의미단위를 구성하고 있는 것을 혼합어(Hybrid)라고 한다. 단어를 새로 만들어 내는 방법 중 기존의 단어들을 결합시켜 만든 단어를 복합어라 하는데, 복합어 만드는 것 중에는 특히 단어 구성요소의 하나가 외래어일 때 그것을 혼합어(Hybrid)라고 한다. 영어에서 혼합어 중에 자국어 단어에 외국에서 온 접사(affixes)가 붙어 만들어진 것이 많다. 그 예로 talk-ative(수다쟁이)를 보면 talk는 영어인데 －ative는 라틴어에서 온 접미사(단어 뒤에 붙는 것)이다. 이렇게 영어＋라틴어(접미사)로 구성된 단어가 혼합어 v이다. 반대로 불어 단어 beauty에 영어 접미사 －ful이 합쳐진 beautiful도 혼합어이다. 또 ice cream은 영어 ice와 라틴어 cream의 혼합어이다. 이처럼 영어와 외래어의 일부분(형태소) 결합은 옛날부터 시작되어 지금도 계속되고 있다. 영어에서는 그리스어, 라틴어, 불어 등에서 들어온 외래어와 합쳐서 이루어진 단어가 상당히 많다.

특히 영국이 1066년에 불란서의 침입을 당한 이후로 불어가 물밀 듯 들어왔기에 혼합어가 상대적으로 늘어났다. 불어 단어에 영어 어미가 붙어서 이루어진 혼합어의 예를 보면 secretness(비밀)

에서 secret에 영어 어미 ness가 붙었다. 단순함을 나타낸 simple+ness로 simpleness가 되었다. 영어 어미로 부사를 나타내는 형으로 불어 단어 noble에 영어 어미 ly가 붙어서 nobly가 되고 easily도 같은 경우이다. 불어에 영어 어미가 붙어서 형용사가 된 beautiful, artful, powerful 등이 있고, powerful은 beautiful 만큼이나 많이 쓰이는 단어다. 동료애를 뜻하는 companionship, 구애작전 courtship 등도 불어 단어에 영어 어미 ship을 붙여서 만든 단어다.

또 영어 단어와 불어 어미가 결합한 경우에 starvation에서 −ation은 불어 어미다. 이 −ation은 많이 활용되는 어미이며, 명사를 만드는데 사용된다. 그밖에 불어의 어미로 −age, −ment, −able 등이 있는데, 특히 −able 어미는 명사, 동사 등에 많이 사용된다. 예를 보면 serviceable, companionable, marriageable, peaceable, seasonable 등이 있고, 동사에는 drinkable, edible(eat+able), answerable 등으로 쓰인다.

혼합어를 구성하는 데에는 세 가지 방법이 있다. 첫째는 영어 어간+외래어 접사로 구성된 경우인데 그 예로 talkative(영어+라틴 접사)가 있다. 둘째는 외래어 어간+영어 접사로 그 예는 beautiful(불어+영어 접사)가 있고, 셋째는 외래어 어간+외래어 접사로 그 예는 musical(그리스어+불어 접사)이 있다.

여기서 반드시 짚고 넘어가야 할 것은 영어의 접사에는 그 성질에 따라 두 가지가 있다는 것이다. 그 하나는 굴절접사이다. 예를 들면 create란 단어가 있는데 품사는 동사다. 이 동사가 현재로 쓰이면 He creates a toy car에서와 같이 s를 create에 붙여서 동사 앞의 주어가 삼인칭 단수임을 나타내고, 과거를 나타내고자 할 때 He created a toy car로 쓰면서 create에 −ed란 과거접사를 붙인다. 이렇게 동사의 기본 성질을 바꾸지 않고 시제를 나타내기 위해 붙인 것들을 굴절접사라 한다. 다른 하나는 파생접사이다. create의 명사형 creation, 형용사형 creative, 부사형 creatively 등으로 품사를 바꾸는 접사를 파생접사(derivative affix)라 한다. 그런데 파생접사까지를 어간(stem)이라 부르고, 파생접사까지도 없앤 create를 어근(root)이라고 한다.

그러니까 혼합어를 구성할 때 쓰이는 접사는 모두 파생접사라 한다. 즉 동사를 다른 품사로 전환시킬 수 있는 접사는 파생접사들이다. 그런데 접사는 어근 뒤에 오면 접미사, 어근 앞에 오면 접두사라고 부른다. limited란 단어의 앞에 un을 붙여서 unlimited로 만들면 un은 접두사이고, love에서 lovely로 할 때 ly는 접미사라 한다. 그리스어에서 온 anti－(against)는 단어 앞에 붙는 접두사로서 영어단어와 합쳐서 anti－Catholic(반 카톨릭)으로 만들고 있다.

어디에나 있는 슈퍼마켓(supermarket)에서 super도 그리스어에서 온 접두사로 superman과 같은 단어를 생산하고 있다. 그리스어에서 온 것으로 접두사는 ante－, de－, dis－, ex－, inter－, post－, pre－, re－, semi－ 등이 있다.

영어에도 보면 접사가 아닌 완전한 단어와 단어가 결합해서 단어를 만드는 방법이 널리 쓰이고 있다. 그 예로 학교에서 사용하는 흑판 또는 칠판을 영어로 blackboard인데 이것은 black board와 뜻이 다르다. 즉 blackboard는 용도가 학교에 사용되는 칠판이고 black board는 까만 판이라는 뜻이다. 그래서 단어와 단어가 결합했을 때 새로운 의미를 갖게 되는 단어 생성법이다. 복합어를 만드는 방법은 blackboard처럼 서로 결합하거나, 하이픈을 넣는 baby－sit의 경우이거나, 아니면 ice cream처럼 띄어 쓰는 경우 등 세 가지가 있다.

1.2. Yankee go home! Yankee는 어디에서 나왔나?

몇 년 전 학교 운동장에서 많은 학생들이 모여 Yankee go home! 하면서 열띤 구호를 내뱉고 있었다. 6.25동란을 겪은 사람 중에 미국인을 Americans라고 부르지 않고 Yankee라고 부르는 소리를 많이 들었을 것이다. Yankee 물건 하면 미국제 물품을 일컫는 말이다. 평소에 Yankee의 유래는 어디서 왔을까 궁금해 왔었으나 기껏해야 사전에 적혀있는 내용을 알 수 있을 뿐이었다.

그 내용을 종합해 보면 첫째, 기원을 알 수 없다는 것이다. 즉 어원을 찾으려는 시도들은 사실 믿을 수 없다. 둘째, 네덜란드와 연관된 별칭으로 Yank(e)y 또는 Yankee가 1683년에 처음 기록으로 나오고 있다. 네덜란드의 Jan 즉 영어로 John과 같은 것에 기초를 두고 있을지 모르겠다. 셋째, 미국의 New England 지역 즉 동북부지역 거주자를 지칭하고 있다. 넷째, 남북전쟁 당시에 남부군들이 북부군을 부를 때 Yankee라고 했다.

이상과 같은 내용을 알 수 있을 뿐이었는데, 마침 Jespersen의 저서인 The Growth and Structure of English Language에서 H. Logeman의 주장을 담고 있는데 상세히 살펴보고자 한다. Jespersen 같은 대학자가 Logeman의 주장에 신빙성을 두고 있으니까 믿을 만하다.

원래 Yankee 단어는 북아메리카에 New Amsterdam −1644년에 영국인에게 빼앗겨서 New York이름으로 바뀌었다−지역을 포함해서 북아메리카 지역 거주자를 부르는 말이었다. 네덜란드 사람들이 현 New York 지역에 이민을 와서 새로운 도시 즉 New Amsterdam

을 세우겠다고 의욕적으로 살던 곳이 New York 지역이다.

지금 Yankees는 유럽의 벨기에 남부지역인 플란더스(Flanders) 지역에 네덜란드 출신 사람을 부르는 별칭으로 쓰이고 있다. 그런데 Jan이라면 네덜란드에서 흔하게 사용하는 이름인데 영어의 John과 같은 것이며, Kees에 대해서는 세 가지 설이 있다.

첫째는 네덜란드에 기독교 세례명인 Cornelis를 애칭으로 부를 때 Kees라 하고, 둘째는 네덜란드의 특산물인 치즈를 Kaas라 하는데 사투리로 Kees라 한다. 셋째는 위의 두 가지가 합쳐서 사용된 것이라 한다. 즉 Jankees(John Cheese)는 영어로 Yankees가 되고 s는 복수로 여겨 없어져 Yankee가 됐다. Yankee는 미국의 동북부지역 New England 거주민을 지칭했다가 나중에 미국 전체로 확산됐다. 그 뒤 남북전쟁 시대에 남부군이 북부군을 얕잡아 보면서 부른 것이 되었다. 그 뒤 미국인이 전 세계로 나가면서 각 나라의 사람들이 미국민들에게서 시기와 질투 및 분노를 받았을 때 상대적으로 멸시의 뜻으로 미국인을 부를 때 Yankee라고 부르고 있다고 한다.

1.3. 그 많고 많은 영어 단어 3분의 2는 외국에서 들어온 단어다!!

왜 이렇게 영어 고유의 단어보다는 외국에서 온 단어가 많은가? 영어는 외국 단어가 영어에 들어오는 것을 막을 힘이 없었나? 간단히 말해서 노르만디의 영국 점령으로 불어 단어가 대량 영어에 들어감으로써 영어가 가지고 있던 외국 단어에 대한 저항력이 거의 없어졌다. 따라서 영국인들의 마음 속에 모국어 자료로 새로운 단어를 만들려는 마음을 움츠리게 했을 뿐 아니라 외국 단어를 오히려 좋아하는 경향으로 흘러가게 했던 것이다.

이 사건 말고 또 다른 사건은 문예부흥이란 것 때문에 엄청난 규모의 외국단어가 물밀 듯이 영어에 들어오게 됐는데, 이때는 고전단어 즉 그리스, 라틴 단어가 많이 들어왔던 것이다. 이 문예부흥의 영향은 모든 유럽나라에 다 같이 영향을 끼쳤으나, 그 중에서도 불란서와 영국이 제일 큰 영향을 받았다.

특히 문제가 되는 것은 영어에 들어온 라틴단어들이 불어를 통해서 들어온 단어들과 구분할 수가 없다는 것이다. 라틴어의 단어가 불어에 들어가서 그 단어가 영국어에 도입된 것도 많기 때문이다. 또 문제는 그리스어도 라틴어, 불어에 도입된 후 그것이 다시 영어에 도입되는 등 여러 가지가 혼재된 상황이기 때문이다. 많은 어휘의 경우 영어형태가 불어와 라틴어 형태와 닮았다는 데에 문제가 있다.

라틴 어휘가 영어에 얼마나 들어왔는가를 세어 본 사람이 있어서 그 사람의 의견을 찾아 볼 필요가 있겠다. J. B. Greenough와 G. L. Kittredge라는 두 교수가 Latin Dictionary에서 A에서 Z까지의 단어 중 A로 시작되는 단어만을 세어보았는데, 고유명사, 이중어, 동사의 한 부분 －e나 －ter로 끝나는 부사를 제외하고 계산해보았다. A로 시작되는 단어가 모두 3000단어인데 이 중에 154개(20개 중 1개 정도)가 라틴 단어 모양 그대로 영어에 채택되었던 것이고, 500개 이상의 단어가 영어형태를 가지고 있는데 그 단어는 불어를 통해 약간의 수정이 되어 영어에 들어왔던 것이므로 A로 시작되는 라틴어 단어는 다섯 단어나 네 단어 중에 한 단어 정도가 영어에 들어갔던 것으로 파악되고 있다. 이 비율은 영어의 전체 철자에 다 적용될 것으로 Jespersen은 보고 있다. 영어에 라틴어 영향은 가히 태풍과 같은 힘으로 휩쓸었던 것이다.

영국의 학교에서는 라틴어를 교육하고, 추상적이고 고도의 학문적 주제에 대한 글을 쓰기에 영어보다 라틴어가 쉽고 문장구조의 격조를 높이며 존엄성도 갖추고 있다고 여겨서 라틴어를 영어보다 선호하게 됐다.

따라서 영국인들은 새로운 사물에 대한 표현방법을 먼저 영어에서 찾으려는 생각이나 습관을 차츰 잃고 외국에서 손쉽게 단어를 들여와서 쓰는 경향이 늘어났던 것이다. 이렇게 되니 영국인들은 어떤 주제에 대하여 글을 쓰려고 하면 영어로 글을 쓰려 해도 라틴단어가 끊임없이 제일 먼저 떠오르곤 하는 것이다.

영어 어휘 중에 재미나는 현상이 발견된다. 영어 명사에 대한 형용사를 찾으려고 하면 라틴 형태로 나타나 있는 것이 있다. 즉 명사는 영어인데, 형용사는 라틴어에서 도입된 것이다.

예를 보면

mouth(명) – oral(형), nose(명) – nasal(형), eye(명) – ocular(형), mind(명) – mental(형), son(명) – filial(형), ox(명) – bovine(형). house(명) – domestic(형), book(명) – literary(형), moon(명) – lunar(형), sun(명) – solar(형), star(명) – stellar(형), town(명) – urban(형), man(명) – human(형)

형용사를 영어로 쓰려면 항상 라틴어 형용사가 머리에 먼저 떠올라서 마치 영어 단어인 양 쓰이게 됐던 것이다.

영국의 많은 지식인 글이 일반대중에게 읽히게끔 쓴 것이 아니라 자기의 학식을 뽐내기 위해서 그 글 속에 무수한 라틴어를 비롯한 외국에서 들여온 단어를 사용했다는 사실은 현재 영어 어휘의 3분의 2가 외국에서 들어왔다는 사실에서 여실히 증명된다.

이것을 한국의 상황에 견주어 보면 현대 이전에는 말이나 글을 사용할 때 한자어나 한문을 써야만 유식하다고 생각해서 말을 할 때 일단 한문으로 말한 후에 우리말로 풀이하면서 유식을 과시했고, 현대에 와서는 영어 어휘를 한 번 말하고 그 다음 그 어휘로 풀이하는 식으로 우리말을 하는 소위 영어 지향적 인사들의 언어행위를 볼 수 있다. 동서양을 걸쳐서 지식인의 지식 과시욕은 같은 것 같다.

1.4. 행주치마가 원래 Napron에서 Apron으로 된 사연?

서양식 식당에 가보면 냅킨(Napkin)이나 테이블 린넨을 준다. 또한 웬만한 한식집에 가도 물수건 아니면 서양식 냅킨을 주곤 한다. 냅킨의 영어철자가 Napkin으로 N으로 시작하는 것과 같이 Apron도 고대영어, 중세영어시대에서 Napron으로 쓰였다. 그러다가 그만 사람들이 잘못된 지식을 가지고 아는 체 하다가 Napron을 Apron으로 사용하게 됐다.

그 이유는 이러하다. 중세영어시대에 mīn(my)에 강세가 오지 않을 때에는 n이 없어지는 경향이 있었다. 이와 같이 강세가 오지 않은 굴절형 끝에 n이 사라지는 것이 그 시대의 추세였다. 그 예를 보면 고대영어 mīn fæder(my father)가 중세영어시대에 mī fader 또는 my fader로 쓰였다. 즉 mīn의 n이 사라진 형태다. 그리고 ī 는 y가 대치되어 my fader가 됐다. 이런 사실을 알고 있는 지식인들은 a napron에서 원래는 an에서 n이 사라지면서 뒷 단어에 가서 붙었을 것으로 잘못 생각하고 원래 모양으로 다시 만들기 위해 an apron으로 쓰게 했다. 왜냐하면 그렇게 잘못 쓰인 예가 있었기 때문이다. 그 예를 보면 중세영어 이전에 an ekename였다가 a nickname(별명)으로 되어 있는 것을 볼 수 있는데 여기서 an의 n이 뒤의 단어에 붙어 있다. 또 Shakespeare(King Lear 1막 4장 117항)에서도 my nuncle이란 단어가 나오는데 an uncle에서 a nuncle로 n이 뒤의 단어에 붙어 쓰이고 있었다. 이렇게 a napron이 원래는 an apron이었을 것으로 생각해서 an apron으로 사람들이 쓰기 시작함으로써 일반적으로 쓰이게 되었다.

1.5. paper는 이집트인들이 사용한 papyrus에서 생겨났다는데?

고대 이집트에서는 글을 쓸 때의 재료로 papyrus 풀을 채취하여 그것을 가로 세로 놓고 눌러 만든 것에 썼다. 뒤에 종이가 만들어졌을 때 이 papyrus를 본떠 paper란 단어를 만들었다.

이 파피루스는 B.C. 4세기에서부터 A.D. 8세기에 걸쳐서 그리스 글자 연구를 하게 한 주역이다. 옛날부터 글자체에는 두 가지가 있었다. 책이나 공문서에 쓰는 정규체와 일반적으로 빨리 쓰고 흘려 쓰는 초서체가 그것이다. 정규체는 돌에 새겨 놓은 새김글 모양이다. 거의 대부분이 이 글씨체다. 그러나 3세기쯤에 와서는 정규체가 초서체의 영향으로 둥근 모양으로 변하게 됐다. 이 체를 Uncial 체(둥근체)라고 했다. 즉 Σ→c, E→ε로, Ω→ω로 변했다. A가 나중에 α가 됐다.

한편으로는 사업 목적으로 쓰이기 시작한 초서체(cursive hand)도 발달되었다. 이 초서체는 철자 한 자 한 자 쓰는 대신에 여러 철자를 붙여서 쓰는 법이 많아져 갔다.

1.6. 샌드위치(Sandwich)라는 단어는 어떻게 해서 생겨났을까?

현대의 식생활 중에서 간단히 빠른 시간 안에 허기를 채울 수 있는 샌드위치가 사람의 이름에서 유래된 것이라니 재미있는 현상이다. Sandwich는 샌드위치 가문의 제 4대 백작 John Montagu, 4th Earl of Sandwich(1718－1792)의 이름에서 유래됐는데 그는 지독한 노름꾼이라 식사 때가 되어도 도박장을 떠나지 않고 빵 두 조각 사이에 고기조각을 끼워 넣어 먹으면서 24시간 도박에 열중했다. 그가 그렇게 간편하게 식사를 하는 것을 많은 사람들이 따라하면서 그렇게 만든 빵 이름을 샌드위치라 부른 데에서 유래됐다.

이런 종류는 고유명사가 일반 보통명사가 되어서 영어단어를 풍부하게 만든 원인 중의 하나이다. 이런 단어를 좀 자세히 살펴보면 재미나는 사실들을 알아볼 수 있다.

요즈음 소비자나 노동자들이 부당 행위에 대항해서 조직적으로 배척운동을 벌일 때에 흔히 사용되는 표현인 '불매동맹' 또는 '배척운동'이란 표현을 Boycott이라 한다. 이 Boycott은 원래 Charles Cunningham Boycott(1832－1897)이란 사람의 이름 Boycott에서 유래됐다. 그는 아일랜드의 County Mayo(마이요군)의 토지 관리인이었는데 소작인들이 그가 멋대로 정해서 주는 소작료를 내는 것을 거부하자 그들을 추방시키려 했다. 이 때문에 아일랜드 토지 연맹(Irish Land League)의 선동자들이 Boycott씨를 배척하기로 결의하고 그를 추방해버렸다. 이때부터 Boycott란 단어가 일반적으로 쓰이기 시작했던 것이다.

Lynch란 단어는 미국의 Captain William Lynch(1742－1820)라

는 한 치안판사의 이름에서 유래됐다. 그는 버지니아주 펜실베니아 마을(Pittsylvania County)의 선량한 사람들을 괴롭히는 깡패들을 소탕하고 그들이 지은 죄만큼 벌을 주자는 운동을 전개했는데 이 때부터 Lynch가 일반동사가 되어 「제재를 가하다」, 또는 「개인이 주는 처벌, 제재」라는 의미의 명사로 쓰이게 됐다. 그는 Lynch's Law라는 법령을 만들어 시행하기도 했다.

한때는 나팔바지모양의 판타롱이라는 이름의 바지가 유행을 했었다. 이 판타롱 바지 이름은 불어 Pantalon에서 Pantaloon이 됐는데, 이 불어 Pantalon은 몸에 꼭 끼는 바지를 입고 활약한 이탈리아 희극의 어리석고 늙은 베니스사람의 이름인데, 이탈리아 단어로 Pantalone에서 유래가 되었다. 과학용어로 쓰이는 farad, faraday는 Michael Faraday의 이름에서 유래됐고, Ohm, Watt, Volt 등도 사람의 이름에서 나온 단어다. Chesterfield도 Earl of Chesterfield(1694-1773)이름에서 유래됐는데, 긴 의자의 일종이거나, 단추가 안 보이는 남자용 싱글 외투 등을 말하는 일반명사가 됐다.

언어학에서 유명한 Spoonerism이란 용어가 있다. 이 용어도 William A. Spooner가 말을 실수함으로 일어난 언어현상을 이 사람의 이름을 따서 사용하고 있다. 이 Spoonerism이라는 것은 Chomsky-Halle라고 말해야 될 것을 잘못하여 Homsky-Challe라고 어두음을 서로 바꾸어 말하는 것인데, 그러한 용법이 한때 유행이 된 적도 있었다.

이와 같이 사람의 이름에서 일반명사나 동사로 쓰이는 예를 들면 다음과 같다. Ampere, macintosh, Pullman, Valentine, guy(Gunpoder plot의 주모자 Guy Fawkes에서 유래), dunce, begonia, camellia, dahlia, nicotine, pasteurize, platonic. 영국 경찰제도에 일대 혁신을

일으킨 Sir Robert Peel의 애칭 bobby가 영국경찰(British Policeman)이라는 말로 쓰이면서 이것의 동의어인 peeler라는 단어는 사라졌다.

1.7. Copper(구리)는 지중해 Cyprus 지명에서 유래됐다!!

어느 지역의 이름이 보통명사로 쓰이는 예를 찾아보면 참 재미난 사실들이 있다. 서양 지중해 동부에 있는 키프로스(Cyprus)섬의 이름에서 Copper가 유래되어 사용되고 있는데 이 섬에서는 Venus가 탄생했다고 한다. 키프로스 섬은 고대에 구리광이 많기로 유명한 까닭에 지명 Cyprus가 세월이 흐름에 따라 Copper로 전환되어 일반명사가 되어갔던 것이다.

damask란 단어는 다마스커스 비단, 또는 (천에) 꽃무늬를 넣어서 짜다라는 뜻을 가지는데 이 단어가 중동 시리아국가의 수도 Damascus 이름에서 만들어졌다.

bikini는 원자폭탄의 실험이 이루어진 태평양의 어떤 산호섬 이름이다. 이 이름에서 여자 수영복 이름이 지어졌다. 수영복 디자인이 파격적이어서 마치 원자 폭탄과 같은 위력을 발휘할 것을 기대하고 수영복 이름을 비키니라고 광고하였던 것이다.

1.8. Pants(팬츠)는 Pantaloons에서!

긴 바지 판타롱에서 팬츠(pants) 즉 속바지가 생겨났으니 재미나는 현상이다. 이러한 예는 상당히 많다. 동물원 zoo는 원래 zoological garden을 줄여서 쓴 것이다. auto(자동차)는 automobile에서 앞부분만 쓴 것이고, car는 motorcar에서 뒤쪽만 쓰인 예다. bus도 omnibus의 뒤쪽만 쓰인 예이고, bra는 brassière에서 앞부분만 사용된 것이다. phone은 telephone에서 뒷부분만 사용하는 것이다. ad(광고)는 advertisement의 앞부분 약자이고, high tech는 high technology에서 약어로 쓰였고, pop song에서 pop은 popular의 앞부분만 사용됐고, extra도 extraordinary의 앞부분만 쓰는 용어가 됐다.

역사비교언어학을 역비, 중앙도서관을 중도, 구 도서관을 구도 등으로 한국학생들도 약어축약형을 많이 쓰고 있다.

1.9. 예의범절의 뜻인 etiquette에서 ticket 단어가 나왔다?

옛날이나 지금이나 젊은이는 예의범절이 없다고 한탄을 했다는데 이 예의범절인 etiquette을 줄여서 사용한 것이 ticket(표)이 되어 사용된다. 영어 because에 be가 생략되어 cause로 쓰이고 있으며 squire는 esquire에서, cute는 acute에서 나왔는데 이처럼 단어 첫 음이 없어지는 것을 aphetic form(두음소실형)이라고 한다.

단축해서 쓰는 용법에서 etiquette에서 ticket을 만들어 쓰는 두음소실형과 다르게 pop song이라는 예에서처럼 popular에서 뒷부분을 생략하고 단어 pop을 만드는 용법, 즉 뒷부분이 소실되는 것을 Apocope(어미음절 삭제법)이라 한다. 다른 예로 cab이라면 택시인데 이 단어는 cabriolet에서 나온 것이다. Miss와 Mrs.는 Mistress의 약어형이다. photograph의 단축형 photo, bicycle의 단축형 bike도 있다. memo는 memorandum에서, co－ed는 co－educational student에서, gym은 gymnasium에서 나왔다. 사람의 이름이 단축되어 애칭으로 쓰인다. 예로 Ben은 Benjamin에서, Ike는 Eisenhower에서, Jim은 James에서, Joe는 Joseph에서, Sam은 Samuel에서, Tom은

Thomas에서 나온 것이다. 일반 단어에서는 mend는 amend에서, size는 assize에서, lone은 alone에서, live는 alive에서 각각 유래되었다.

애주가들이 즐겨 찾는 술 이름 Gin은 술의 원료 Geneva의 단축형인데 스위스의 한 도시 이름으로 들릴지 몰라도 사실 Geneva는 도시이름 뿐 아니라 네덜란드산 진(Holland gin)을 뜻한다.

1.10. Beggar는 옛날 수도회 회원(Begar)들이다.

수도회 회원들이 구걸해서 생활하다보니 구걸하는 사람을 beggar라고 했던 것이다. 단어beg은 1200년경 beggar에서 만들어졌다. 이것을 만든 사연을 들어보면 사람들의 잘못으로 이루어진 것을 알 수 있다. 영어에는 대개 단어 어근에 접미사를 붙여서 여러 단어를 만들고 있는데 이 beggar도 ar접미사, 즉 사람을 나타내는 접미사 ar를 어디서 가져다 붙여놓은 것으로 생각했다. 그래서 beggar에 ar를 떼어버리고 beg를 만들었다. 그러나 사실은 beggar에서 ar는 접미사가 아니었다. 구걸해서 생활했던 beghards라는 수도회 회원 begar라는 고대 프랑스에서 차용해서 사용한 것이다. 이처럼 사람들이 잘못 알고 단어의 끝을 없애버리고 만든 단어를 역형성(back−formation)이라 한다. 이와 비슷한 것으로 butcher, editor도 어미 −er과 −or 등이 speaker, sailor 등과 같은 접미사로 알고 er과 or를 떼어버리고 단어 butch, edit를 새로 만들어 사용했던 것이다. 사실 butcher는 프랑스에서 도입한 단어이고, editor는 라틴어에서 차용한 단어이며 명사로만 사용되는 단어였지, 동사로 butch나 edit는 없었던 단어였는데 사람들이 잘못 유추해서 만들어진 것이다. 또한 burglar, pedlar에서 burgle, peddle 단어를 같은 방법으로 만들었다. 이렇게 잘못 알고 만들어진 단어를 살펴보면 다음과 같다.

typewriter에서 typewrite가, housekeeper에서 housekeep가, baby-sitter에서 babysit가 생겨났다.

grovelling은 원래 부사였으며, '고개를 숙이고' 라는 뜻이었다. 사람들이 이 단어가 단어 끝에 ing가 붙어 있는 것을 현재분사형으로 생각해서 －ing형을 없애고 grovel이란 동사를 만들었다. 이와 같은 종류로는 sideling에서 sidle이, darkling에서 darkle이 만들어졌고, nestling에서 nestle이 만들어졌다.

비대증 치료법을 개발한 London의 가구상 Banting씨의 이름을 따서 banting method를 개발했는데, 이것이 대중의 인기를 얻고, 이 이름에서 bant라는 동사 즉 '몸이 야위도록 식이요법을 하다'라는 동사가 만들어졌다. 1900년도 남아프리카공화국의 도시 Mafeking이 보어인(Boers)들의 포위로부터 벗어났다는 소식을 듣고 시민들이 환호하고 떠들며 축하하는 분위기를 보고 한 신문기자가 maffick란 동사 즉 '흥겹게 떠들며 축하하다'라는 단어를 사용하고부터 자주 신문에 이 maffick가 사용되고 있다.

1.11. Johnson은 John＋son에서 유래되었다?

Johnson, Thomson, Peterson, Wilson 등과 같이 조상의 이름에 접미사 －son을 붙여 성씨를 만들어 내는 영어의 전통은 스칸디나비아의 영향 즉 바이킹에서 유래된 것이다. 여기서 바이킹은 영국에 얼마나 많은 영향을 주었는지 그 역사를 간단히 살펴볼 필요가 있다.

바이킹들이 약 787년경 배 세척을 이끌고 영국에 쳐들어 와서 영국의 마을 촌장을 죽였다는 것에서부터 시작되는데, 793년부터 매년 영국에 쳐들어 와서 수도원을 약탈하고 때로는 노썸브리아 지방까지 침공했다는 영국의 연대기의 기록이 있다. 851년에는 큰 선단을 이끌고 타넷트섬(Thanet)을 점령하고 런던을 휩쓸었다. 바이킹들은 상륙하면 재빨리 망루를 구축하고 그 지방의 말을 잡아 기병대를 편성하고 각 지역을 점령해 나갔던 것이다. 그래서 영국의 노썸브리아, 머시아를 점령하고 마지막 웨섹스의 일부까지도 함락시켰다.

그 후 바이킹의 왕인 거스럼(Guthrum)의 군대가 웨섹스로 진격하자 알프레드왕은 한 해의 겨울을 소택지에 잠복하고 있다가 바이킹들이 안심하고 있을 때에 바이킹을 공격하여 항복을 받았다. 바이킹이며 이스트 앵글리아(East Anglia)의 왕인 거스럼과 29명의 수장들은 세례를 받았고 알프레드왕이 그들의 대부가 되는 조건으로 대신 영국의 북부와 동부 (Danelaw : 데인족의 법이 통하는 지역)에서 바이킹이 살도록 조약(Treaty of Wedmore)을 맺었는데 이 조약에 따라 그 이남지역은 알프레드가 안전하게 국가를 통치할 수 있었다.

그 뒤에 에설레드 (Ethelred, 978－1016) 시대에 다시 바이킹이 바다 건너에서 왔다. 이때에는 덴마크왕인 스웨인(Sweyn)이 988년에 침공해 왔었고, 또한 노르웨이왕 올라프(Olaf)가 994년에 덴마크왕 스웨인과 합동으로 쳐들어와서 영국을 쑥대밭으로 만들었고, 1014년에는 덴마크왕 스웨인은 아들인 크누트(Cnut)와 함께 쳐들어와서 영국의 왕인 에설레드를 국외로 추방하고 마침내 영국을 완전히 점령했었다. 그 후 바이킹인 크누트가 영국을 25년간 다스리게 됐던 것이다. 이러한 역사적 배경을 가졌기 때문에 바이킹의 영향은 말할 수 없이 컸다.

스칸디나비아인의 정착으로 우선 지역이름이 바이킹의 지역명과 비슷한 것이 나타나고 있다. Swainby, Laceby, Omsby처럼 －by로 끝나는 지명이 많은데 이것은 바이킹의 옛날 말(Old Norse)을 보면 마을(village)이라는 뜻의 단어로 byr를 쓰고 있으며 1085년에 영국에서 토지조사를 할 때에 －by가 붙은 마을 이름이 무려 543개나 있었다고 한다. 또 다른 지역이름으로 －thorp라는 접미사가 붙었다가 오늘날에는 －drup, －rup, arp 등으로 쓰이고 있다.

바이킹들이 영어에 남긴 흔적들은 일반 단어에서도 나타나는데 그 대표적인 것이 knife이다. 바이킹들이 사용한 칼은 다른 민족의 것보다도 우수하고 색다른 면이 있어서 영어뿐만 아니라 불어(canif)에까지 영향을 끼쳤던 것이다.

바이킹들은 영어에 일상적인 생활에 사용되는 어휘를 많이 남겼는데, 그 예를 보면 husband, fellow, sky, skin, wing, window, skill, anger, gate 등이다.

영어 문법에도 큰 영향을 남겼는데, 그 예로 인칭대명사 복수 3인칭에 쓰이는 they, their, them은 그 대표적인 것이다.

1.12. 어떤 영어 단어가 가장 많이 쓰이나?

1971년 American Heritage Word Frequency Book의 편집자가 백만개의 영어 단어를 헤아려 보았다. 가장 많이 나오는 단어가 the였다. 이 단어는 두 번째로 자주 쓰이는 단어 of에 비해 무려 세배나 많이 쓰인다고 한다. 가장 자주 쓰이는 단어의 예로는 12개를 들면 다음과 같다. 1등 the, 2등 of, 3등 and, 4등 a, 5등 to, 6등 in, 7등 is, 8등 you, 9등 that, 10등 it, 11등 he, 12등 for의 순서였다.

1.13. 로마 숫자인 I, II, III은 원래 손가락에서 나왔다.

요즈음 digital(디지탈 시대)라고 하는 이 글자가 라틴어 digitus에서 나온 것인데 이 단어의 뜻은 finger(손가락)을 나타낸 것이다. I는 손가락 하나, III는 손가락 세 개를 나타냈다.

V는 손을 편 손바닥을 보면 엄지손가락과 네 손가락을 합한 것을 나타냈다. X는 두 손을 교차시킨 것을 뜻해서 10이다. 4를 나타내는 방식으로 IIII를 처음 사용했으며 9는 VIIII사용되기도 했다.

이러한 숫자는 간혹 시계 문자판에서 사용되기도 하지만 옛날에는 4를 나타낼 때 IIII 또는 IV 두 가지가 사용되었다. 3은 간혹 IIV으로 쓰이기도 했다. 숫자를 나타내는 I, V, X의 모양이 차츰 로마 알파벳의 I, V, X 모양과 동일하게 취급되었다.

사실 숫자를 나타내는 기호는 로마철자와 처음에는 전혀 관계가 없었다. 엄격히 말해서 숫자 V는 철자에 있는 V가 아니었다. 그 뒤에 가서 숫자를 나타내는 기호가 철자에 흡수되어서 지금은 철자로 보고 있다.

1.14. 구두점은 언제부터 시작됐나?

그리스글자에 의문부호(question mark)가 도입된 것은 9세기경이다. 쉼표와 엑센트 표시는 그리스의 Aristophanes(B.C. 448?-380?)시대부터 시작 됐다는데 남아있는 증거는 없다. 현대와 같은 쉼표 표시는 11세기에 가서야 생겨났다. 강세(Accent)는 3세기부터 파피루스에 나타나고, 양피지에서는 8-9세기에 가서야 나타났다. Hyphens(−)과 Apostrophe(')도 그리스시대부터였고, 파피루스에 종종 사용된 것을 볼 수 있다.

1.15. The sooner, the better의 the를 정관사라 하면 왜 틀리나?

모양이 정관사 the와 꼭 같기 때문에 정관사라 하기 쉽다. 그러나 여기 쓰인 the는 정관사가 아니다. 앞의 것은 관계부사, 뒤의 것은 지시부사다. 그러니 다같이 부사다. 원 문자대로 하면 by this (much) sooner, by this (much) better로 '그만큼 빠르면 그만큼 좋다'라는 뜻이다. 그러니 The man에서의 the와는 큰 차이가 있다. 이때는 형용사이므로 명사 man을 꾸며 준다. 이러한 관사나 부사는 어디에서 어떻게 생겨났을까?

고대영어에는 지시사가 두 가지가 있었다. 자주 쓰이는 지시사는 그 기능에 있어 오늘날에 쓰이는 정관사에 해당되는 것으로 the, that, those로 번역될 수 있는 지시사다. 이 지시사는 남성 주격에 sē 또는 se, 중성 주격에 Þæt, 여성 주격에 sēo, 복수 주격에 Þā 등이 있었다. 중성 도구격(Instrument)에 Þē가 쓰였다. sē, se, 또는 sēo 형태는 뒤에 가서 Þ로 시작되는 다른 성의 주격형태로 닮아가서 Þē, Þe, Þēo로 형태를 바꾸어 쓰게 됐다. 중세영어시대에 Þ가 th로 바뀜에 따라 thē, the, thēo로 형태가 바뀌게 되었다. 그래서 현대영어에 사용되는 관사 the는 고대영어 남성 주격인 Þe에서 발달되어 나왔고, the sooner, the better에서 the는 중성도구격 Þē에서 발달되어 나온 것이다. 현대영어에서 남성 주격에서 나온 the는 형용사인 관사로 쓰이고, 중성 도구격에서 나온 the는 부사로 쓰이게 된 운명이었다.

1.16. 중세영어시대에 Þ가 th로 된 사연은?

원래 로마자가 th를 가지고 있었는데 이 로마자가 선교사를 따라서 아일랜드를 거쳐 영국에 갔다. 영국에 가니 영국 사람들은 그들의 고유 철자인 루운(rune)철자를 쓰고 있었다. 영국인은 자기들 글자를 버리고 로마글자를 쓰게 됐다. 이때 th가 두 글자로 되어 불편하여 그 글자 대신 루운글자에 th와 같은 음을 가진 Þ(thorn)을 th 대신에 썼다. 또한 영국인은 그들 고유의 철자 대부분을 버렸지만 몇 자는 그대로 유지했다. 그 예를 들면 Þ, æ, Ƿ 등 3가지 글자다. 이 글자는 로마글자에 보태어 쓰게 됐다. 그러다가 1066년 노르만디공 윌리엄 1세가 영국을 점령해서 영국을 지배하면서 불란서 철자가 도입됐다. 이때 불란서에서는 th로 쓰기 때문에 Þ 대신에 th로 바꿔 쓰게 되었다. 그래서 중세영어시대에는 Þ는 잘 쓰지 않았다.

1.17. 영화 '포스터 맨(postman)은 벨을 두 번 울린다'에서 postman 은 영국영어일까 미국영어일까?

영국영어에서 우체부를 postman이라 하고 미국영어에서 mailman이라 한다. 미국영어와 영국영어에 서로 다른 단어를 쓰는 예를 몇 가지 보면 다음과 같다.

단 어	미 국	영 국
아파트	apartment	flat
약국	drug store	chemist
건물 1층	first floor	ground floor
건물 2층	second floor	first floor
엘리베이터	elevator	lift
상점	store	shop
깡통(캔)	can	tin
부교수	associate professor	reader
조교수	assistant professor	senior lecturer
학기	semester	term
영화	movie	film
술집(바)	bar	public house
감자튀김	french fries	chips
후식	dessert	sweet
왕복	round trip	return
철도	railroad	railway
지하철	subway	tube 또는 under ground
고속도로	highway, freeway	motorway
차대여	rent	hire
휘발유	gas, gasoline	petrol
전차	street car	tram
아프다	sick	ill
휴가	vacation	holiday

1.18. 앵글로-색슨족은 왜 그들의 고유글자인 루운(rune)철자를 버렸나?

우선 루운글자가 어떤 모양인지 알 필요가 있다. ᚠ, þ, ᚱ, ᚷ, ᚹ, ᛋ, ᛏ, ᛒ, ᛖ, ᛚ, ᚨ 등으로 구성되어 있다. ᚠ는 명칭이 feoh라 읽고 뜻은 가축이고 앵글로 색슨문자로는 f에 해당된다.

- þ는 명칭이 thorn이며 의미는 가시를 뜻하고, 영어철자 th로 나타났다.
- ᚱ은 명칭이 rād이며 뜻은 여행이고, 영어에는 r에 해당된다.
- ᚷ는 명칭이 giefu이고 뜻은 선물을 나타내고, 영어에 g[j]에 해당된다.
- ᚹ는 명칭은 wyn이고 뜻은 기쁨이며, 영어로는 w에 해당된다.
- ᛋ는 명칭은 sigel이고 뜻은 태양이며, 영어 s에 해당한다.
- ᛏ는 명칭은 tir이고 티우神을 뜻하며 영어 T에 해당한다.
- ᛒ는 명칭이 beorc이며, 자작나무를 뜻하고, 영어 b에 해당한다.
- ᛖ은 명칭이 eoh이고 말(馬)을 뜻하고, 영어 e에 해당된다.
- ᛚ는 lagu라 하고 물을 뜻하며 영어 L에 해당한다.
- ᚨ는 æsc(애쉬)라 하고 재(불에 타고 남은 것)을 뜻하며 영어 æ에 해당한다.

위의 이런 글자들은 기독교가 영국에 전파되기 전에 영국인들이 사용한 글자다. 이 글자들을 가만히 살펴보면 각이나 모가 져서 비명(碑銘)이나 돌에 새기는데 적절했지만, 책으로 쓰기에는 그리 적당한 글자가 아니다. 따라서 루운문자는 대략 서기 3세기 게르만의 여러 부족들 사이에서 돌이나 나무에 새기거나, 명각을 새기는데 쓰였다. 루운(rūn－mystery, secret)글자는 신비적인 것을 의미했으므로, 비명에 새기면 신비적인 힘을 지니게 된다는 생각을 했던 것으로 전해진다. 이 루운문자는 보통 24글자로 사용되고 자모의 첫 순서대로 여섯 글자를 따서 푸도르크(futhorc)라고도 한다. 주로 많이 사용된 지역은 스칸디나비아지방이며, 스웨덴, 노르웨이 등에서 많은 유물을 발견하게 된다. 이 철자의 모양은 라틴문자를 닮은 것이 많다. 예를 들면 ᚱ, ᛒ, ᛁ, ᛏ 등인데 따라서 라틴문자에서 변화된 철자로 보면 된다.

1.19. 영어를 손으로 쓰면 글씨체에서 남녀구별을 하기 어려운 이유?

그 이유는 영어는 남성적이고, 사무적인 언어이고 감정표현 없이 냉정한 의사전달을 하기 때문에 남녀구별이 나타나지 않는다. 예스퍼슨이란 영문법가는 영어를 남성적 언어, 사무적인 언어라고 규정한다. 영어를 쓰는 민족은 영국인이었다. 영국인은 꼭 필요한 단어나 필요한 음절만을 쓰니까 다소 사무적인 면이 보인다. 영어는 과장되거나 지나친 칭찬 또는 찬사의 말을 사용하는 것을 자제하는 듯해서 불란서인과는 대조적인 면을 보이고 있다. 불란서인들은 따스하고 정감이 가는 표현, 예술성이 강하고 감수성이 강한 표현을 쓴다. 불란서인이 extrêmement이란 말을 쓰는 곳에 영국인은 very, pretty 정도의 말을 써서 열광적이거나, 큰 실망적인 표현 따위를 싫어한다. 그래서 감정표현이 인색하고, 냉정한 면이 있다. 이런 면에서 남성적인 성격의 영어는 사무적인 면이 많다고 할 수 있다. 감정표현에서 억양을 사용하여 일반적으로 높이 올린다든가, 착 가라앉은 소리를 내어서 감정 기복이 심한 면을 나타내는 것은 주로 여성이다. 영국인들은 다른 나라 사람들보다도 단조롭게 말을 한다고 하는데, 극도로 말의 억양 차이를 없게 하려는 경향이 있다. 이것은 영국인들 중에서도 남성에 있어 더욱 두드러진 현상이다.

영어가 사무적인 언어라고 한 것은 독일어나 라틴어처럼 숨바꼭질 놀이를 하지 않는다. 영어는 조동사와 본동사가 멀리 떨어져 있지 않고 가까이 있으며, 부정하는 단어도 부정하는 단어 앞뒤에 가까이 놓이게 된다. 대체로 형용사는 명사 앞에 놓이게 된다. 영어는 어순도 독일어나 라틴어와 달리 엄격한 규율을 준수한다. 이런 어순규율을 가장 엄격하게 준수하는 언어가 중국어이다. 그러니 중국어도 굉장히 사무적인 언어라 할 수 있다. 만일 한국 사람이 한글을 손으로 남녀가 각각 썼다면 대개는 남자글씨, 여자글씨를 구별해 낼 수 있다. 그러나 영어 글씨에서는 남녀구분이 좀 곤란하다는 것을 학생들의 시험지 채점에서 실감할 수 있었다.

1.20. 영국땅에 기독교가 왜 글자까지 데리고 갔을까?

영국에 기독교가 전파될 때에 로마글자도 같이 들어갔다. 선교사들은 여러 가지 신(神)들을 믿고 있는 앵글스－색슨족들에게 기독교를 전파하려고 했다. 이 당시 앵글로－색슨족들은 티우(Tiw), 워덴(Woden), 튜노(Thunor) 신을 믿고 있었다.

영국에 앵글로－색슨족이 침입하기 전 켈트인이 영국 각처에 정착해 살고 있으면서 로마의 점령 하에 있을 때 기독교가 상당히 전파되었다. A.D. 3세기쯤 해서 314명의 주교(bishop)들이 영국에서 로마 지배하에 있던 골(Gaul)에 종교회의에 참석할 정도였다면 많은 켈트인들이 기독교도였다는 것을 알 수가 있다. 이러한 현상은 로마병정들에 의해서도 기독교가 전파됐을 것이라 추측이 된다. 켈트인들은 그들의 신 두루이드(Druid)를 믿었으나 많은 사람이 기독교로 개종했었다.

앵글로-색슨족이 영국에 와서 켈트인을 산간벽지에 내몰고 영국 땅에 정착해서 비옥한 토지를 개간을 하면서 마음에 안정을 찾았을 적에 기독교가 다시 전파되었다. 이때에 기독교가 대륙에서 왔다기보다는 아일랜드에서 왔다. 아일랜드의 선교사 성 콜롬바(St. Columba)는 스코틀랜드의 아이오나(Iona)섬에 수도원을 열고 선교를 했으며, 로마철자를 교육하여 영국지역으로 전파시켰다. 성 콜롬바는 스코틀랜드에서 남쪽 영국지역으로 기독교로 개종시키려고 했으며, 영국인들에게 로마알파벳을 약간 수정한 아일랜드식 알파벳철자를 가르쳤던 것이다.

이 알파벳 이름은 도서체(Insular Hand)다. 이 도서체 알파벳이 서기 1066년 노르만 정복 때까지 쓰였으며 사실 고대영어(서기 449-1100)전 기간에 걸쳐 사용된 철자다. 앵글로-색슨족으로 구성된 영국인보다 아일랜드인들이 먼저 기독교로 개종을 했고 그들이 먼저 로마철자를 익혀서 영국인에게 글 쓰는 법을 가르쳤던 것이다. 이 도서체는 게일족(Gaelic) 아일랜드의 글에 사용되고 있다. 이 아일랜드 도서체를 성 콜롬바 선교사를 비롯한 선교사들이 스코틀랜드를 중심으로 학교를 열고 글자공부를 시켰다. 그 이후 서기597년에 로마 교황 그레고리 1세(Gregory I)가 성 오그스틴(St. Augustine)을 대표한 선교단을 영국에 파견했다. 이들은 영국의 남

동쪽 켄트(Kent)주 타내트(Thanet)섬에 상륙하게 됐고 이곳에서 켄트의 에셀베르트(Ethelbert)왕의 환대를 받았다. 이 왕은 프랑크족의 공주와 결혼을 함으로써 기독교를 받아들일 자세가 되어 있었다. 4년 후인 601년에 성 오그스틴은 칸타베리(Canterbury)의 첫 번째 대주교로 임명되었다. 북동쪽에서는 노섬브리아(Northumbria) 지역의 조그마한 섬 린디스팬(Lindisfarne)에 사원을 세우기 위해 스코틀랜드의 아이오나(Iona)에서 온 아일랜드 선교사들이 노섬브리아 지방과 메르시아(MErcia) 지방 등에 기독교를 포교함으로써 7세기 동안 기독교가 급속도로 확대되어 갔다.

로마의 공식 선교단을 이끌어 왔던 성 오그스틴은 로마문자를 사용하면서 선교활동을 했지만 로마에게서 직접 가져온 로마서법이 영국에 정착하지 못하고 성 콜롬바가 아일랜드에서 가져왔던 도서체가 영국전역에 사용하게 됐다는 것은 아일랜드의 서체가 먼저 영국국민에게 보급된 것 때문이기도 하지만 서당을 열어서 서체 교육을 한 것에도 영향이 컸다. 도서체에는 로마서체를 약간 수정한 것과 앵글로－색슨족이 대륙에서부터 사용해 왔던 그들의 문자 루운(rune)글자에서 3글자(æ : 이름이 æsc, Þ : 이름이 thorn, Ƿ : 이름이 wynn)를 도서체에 포함시켜서 발전시켰던 것이다.

앵글로－색슨족이 그들이 대륙에 있을 때부터 섬기던 워든 신(Woden)을 버리고 기독교의 신 (God ; Jehovah)을 섬기게 됨으로 몇 가지 변화가 일어나게 됐다. 이웃을 사랑하게 되고, 잔인한 행위를 하지 않게 되었고, 정착해서 아이를 교육하고 온순한 마음을 갖게 되었다. 도시생활을 할 줄 몰랐던 유목민의 생활을 버리고 정착지 생활을 하면서 정서적으로 안정감을 찾고 평화를 갈구하는 민족으로 바뀌게 되었다. 각 지역에 교회와 수도원이 생기고 부속학교가 설립되어 고전어인 그리스어, 라틴어를 가르치고, 문학을 포함하여 기초학문을 연구하는 기틀이 마련되어 갔다. 그래서 교회와 수도원이 학문의 중심지로 자리 잡아 갔다.

1.21. e-mail에 쓰는 골뱅이 @의 유래

컴퓨터 이용자들에게 '골뱅이 @는 어떻게 해서 생겨났는지 아느냐?'라고 질문하면 거의 대부분 '영어 at를 @로 표기한 것 아니에요?'라는 대답을 듣게 된다. 또한 부산일보(2001년 10월 31일) 밀물썰물 칼럼에서 '골뱅이@'라는 제목 글에서는 '주소 앞에 '어디어디에 위치한'이란 뜻의 at를 의미하는 @를 썼던 것이다'라고 지적하고 있다.

사실을 확인해 보면 문자학자인 울만(Ullman)이 그 내력을 상세히 지적해 주고 있다. 그에 의하면 골뱅이 @는 라틴어 ad의 합자(ligature)형태 표기이다. 그런데 합자란 두 개 이상의 철자를 하나의 철자로 줄여 쓰는 표기 형태이다. 예를 들면 라틴어 et를 하나의 기호형태인 &로 표기한 것과 같은 것이다. 이 합자형 &를 영어에서 'and'의 의미로 쓰고 있으며 영어 이름으로 앰퍼샌드(ampersand)라 읽고 있다. 합자의 예로 모음으로는 a e를 æ로 o e를 œ로 만들어 쓰는 것 등이다.

그러면 라틴어 ad를 어떻게 하여 골뱅이 @로 합자 형태로 만들었을까? 중세시대 때 만들어졌는데 라틴어 ad에서 a는 그대로 두고 d를 그 당시 글씨 쓰는 서체인 언셜체(uncial)로 쓰면서 둘을 하나의 기호형태로 만들었던 것이다. 이때 d를 언셜체로 쓰면서 좀 과장되게 표현(ꝺ)을 해서 a를 감싸 안는 형상을 만들었던 것이다.

언설체란 인쇄가 발명되기 전에 모든 책과 서류를 손으로 쓰던 당시 알파벳을 쓸 때 여러 가지 필서체 중의 하나였다. 필서체 중에서 제일 먼저 개발된 서체가 사각 대문자체이며, 그 다음이 언설체, 반언설체, 투박체, 그리고 고딕체 등이다. 언셜체로 알파벳을 쓸 때에 d는 윗쪽을 좌측으로 구부려지게 썼는데, 그것을 조금 과장되게 하면서 a와 합쳐져서 골뱅이 @가 됐던 것이다.

이 라틴어 ad 즉 골뱅이 @의 뜻은 라틴영어사전에 보면 'towards, to, at' 등의 의미로 쓰인다고 되어 있다. e－메일을 만들 때 미국인 레이 탐린슨이 이 골뱅이 @ 기호를 도입해서 사용했던 것이다. 따라서 골뱅이 @를 꼭 at라고 단정하지 말고, at, towards, to 등의 의미로 쓰인다고 설명하면 어떨까 한다.

1.22. Time, This, Simple 한국 담배인가, 미국 담배인가?

우리 담배 이름에 우리말이 사라지고 있다.

최근 우리나라의 담배에 우리말 우리글이 점차 없어져가고 영어말과 글이 대다수를 차지하고 있으며, 심지어 일본말로 생각하게 하는 담배 이름도 나오고 있어 담배 이름 짓는 데에 신중을 기해 줄 것을 촉구하고자 한다.

그 실태를 살펴보면 현재 시중에 판매되고 있는 한국 담배는 전부 궐연 담배뿐이고, 그 종류는 23가지나 된다.

현재 23가지 담배 중에서 영어이름이 16개로 70%에 해당하고, 우리말 이름은 7개로 30%에 불과하다. 한국에서 만들어내는 담배이지만 포장이나 이름에서 외국산 담배로 여겨질 정도이다. 한국산 담배에 영어로 된 이름을 보면 'Rich, Esse, Simple, Get2, Expo,

Deluxe Milde, Lilac, Lilac 멘솔, Eighty Eight 멘솔, Eighty Eight 라이트, Eighty Eight 골드, Time, Mount, This, This Plus, Cima' 등이다. 이런 이름으로는 한국담배라고는 할 수가 없고, 또한 외국 담배와 전혀 구별할 수가 없다. 70%에 해당하는 외국 이름의 담배에 비해 겨우 30%에 해당하는 한국말 이름으로 된 담배는 '한마음, 하나로, 한라산, 도라지, 장미, 솔, 시나브로' 등 7가지에 불과하다.

담배 이름의 역사를 살펴보면 외국말을 쓰지 않아도 아름답고 예쁜 우리말을 가진 이름이 많이 있었다는 것을 알 수가 있다. 또 어느 시대에 우리말을 제일 많이 사용하고 어느 시대에 외국말을 많이 사용했는지를 알아 볼 수가 있다.

담배 이름의 역사를 일제에서 해방을 맞이한 시대, 60년 군사 혁명시대, 88올림픽 개최 이후 지금 2001년 전후시대로 대별해서 생각해 보고자 한다.

일제로부터 독립하여 우리 담배를 만들어 팔기 시작한 것은 1945년 9월이며, 이때에 처음으로 한글로 된 '승리'란 담배가 나왔다. 해방의 기쁨을 담배의 이름에 붙였고, 다음해인 46년에 민족의 영산으로 생각하는 '백두산'을 한자 '白頭山'으로 표기된 담배가 출시되었다. 또한 같은 해에 한글로 된 '무궁화'란 우리나라꽃 이름의 담배가 출시되었다. 이 당시의 담배이름은 우리 민족을 대표하는 상징물을 표현했던 것이다. 두 번째 시기는 61년 군사혁명이후 '잘살아 보세'라는 노래처럼 국토개발, 자주국방, 빈곤퇴치 등을 중점사업으로 하여 담배에도 '재건, 새마을, 새나라, 상록수, 희망, 비둘기, 개나리, 남대문, 거북선, 아리랑, 샘' 등 그 구호에 알맞는 우리 고유의 전통적인 이름이 많이 나왔던 것이다. 이 당시에는 외국말이나 한자말의 담배 이름이 거의 쓰이지 않았고, 순수 우리말이 거의 대부분이었다. 이 시기에는 한글 전용을 주장하여 공문서를 한글로만 쓰도록 할 정도로 우리말과 우리글이 가장 보호를 받았던 시기였다. 그 다음 시기는 88 올림픽을 위한 준비기간에서 올림픽을 성공적으로 개최한 시기와 그 영향으로 한국이 국제사회에서 위상이 높아감에 따라 영어가 많이 도입되는 시기이다. 그 내용을 보면 80년도에 '솔' 담배에 영어 'PINE TREE'란 이름이 한글만큼이나 크게 쓰더니, 87년에는 한글이나 한자 이름을 제치고 드디어 한국에서는 처음으로 영어로만 쓰인 'EIGHTY EIGHT88' 담배가 나왔다. 이를 기점으로 영어 이름의 담배를 자주 보게 되었다. 89년에는 'Lilac'이란 큰 글자에 아주 작은 한글 '라일락'과 함께 나옴으로써 우리말과 글에 대한 소극적인 태도가 분명하게 나타났다. 다음해인 90년에는 'DELUXE MILD100' '88'이 등장하고, 91년에는 'EXPO'가 등장하면서 이때부터는 외국말 담배이름이 아주 자연스럽게 등장했다. 94년에 'This', 96년에 두 가지의 담배 'ESSE', 'SIMPLE', 97년에 'Get 2', 99년에 'This Plus', 2000년에는 두 가지 'Time'과 'Mount class', 2001년에는 'CIMA'가 나왔다. 2001에 나온 'CIMA'는 '시마'로 읽기 때문에 일본말 느낌을 주기까지 한다. 이 담배는 '정상을 뜻함'이라는 일본어가 아닌 다른 나라의 말이라고 담배인삼공사에서는 밝히고 있지만 뒷맛이 개운치가 않다.

영어로 된 담배이름은 대체로 최근에 많이 쓰였고 우리말의 이름은 몇 년에 하나씩 가뭄에 콩 나듯 쓰였다. 80년에 '솔', 82년에 '장미', 그 이후 6년 만인 88년에 '도라지', 89년에 '한라산', 92년에 '하나로' 그 다음에는 7년간이나 우리말 담배를 새로 만들지 않고 외국말 담배만을 새로 만들었다. 그러다가 99년에 '시나브로'를 훈민정음 반포 당시의 표기를 써서 7년 만에 만들어 내 놓았다. 그리고 2000년에 '한마음'이란 담배를 끝으로 2001년에는 외국말 담배만을 새로 내놓았을 뿐이다. 이렇게 담배 이름의 역사를 살펴보니 우리의 고유한 말과 글이 담배이름에 있어서 많이 홀대받고 있다는 것을 역력히 알 수가 있다.

물론 외국말과 글로 된 담배가 잘 팔리고 우리말과 글로 된 담배는 잘 팔리지 않아서 어쩔 수 없는 생존전략이라고 항변할 수도 있다. 그러나 담배인삼공사에서는 보다 노력을 기울여 품질에서 승부를 걸 생각을 해야 하고 담배이름으로 승부를 건다는 것은 좀 소극적인 자세가 아닌가 한다. 그런 자세가 한국말과 글이 점차 사라지게 하는데 일조했다고 훗날에 가서 비난을 받을 것이다. 몸에도 좋지 않은 담배를 만들면서 마음의 건강, 우리말 우리글의 건강도 크게 해친다는 사실을 인식해 주었으면 좋겠다.

1.23. 영어의 어휘는 총 몇 개나 될까?

Oxford 사전이나 Webster 사전에 반영된 핵심 어휘는 약 50만개로 추산하고 있다. 그러나 영어단어를 세는 방법에 따라서 50만에서 200만개 이상의 폭으로 늘어난다. 예를 들면 세탁기를 washing－machine 두 단어로 세어야 할 것인가 아니면 washingmachine 한 단어로 세어야 할 것인가, 또한 get at, pass by 등을 한단어로 할 것인가 두 단어로 할 것인가에 따라서 많은 차이를 나타낸다. 또한 누구의 영어단어를 세어야 하는가라는 문제에 봉착된다. 지역 방언에 속한 단어를 어휘 계산에 포함시킬 것인가라는 문제가 있다. 또한 생략어는 어떻게 처리할 것인가라는 문제도 있다. 최근 생략어 사전에 40만개 이상의 항목이 수록되어 있다. 예를 들면 MA, BA,

MBA, NATO, FBI 등이다. 또한 동물과 식물의 종류 중에서 이미 100만종류의 곤충이 기록되어 있는데 이 종류를 영어로 말 한다면 100만개의 단어가 생겨난다고 볼 수가 있다. 따라서 이론상으로 영어 어휘는 방대한 수로 늘어날 수가 있는 문제다.

영어는 고대영어시대에는 영어의 언어자료로 복합어 단어를 많이 만들어 내는 능력과 장치가 있었으나 차츰 왕성하던 그런 능력이 사라지고 외국의 단어를 손쉽게 가져와서 필요한 의미를 표현하는 방식을 택하게 되어 현대영어시대에 올수록 더 많은 외래어 즉 차용어가 영어에 사용되게 되었다.

1.24. 사우나(sauna)는 어디에서 온 차용어인가?

사우나는 핀랜드에서 나온 차용어휘이다. 그래서 여러 나라를 살펴보면 실로 우리 눈에 익은 몇 개의 단어들이 영어에 차용되어 사용되는 것을 찾아볼 수가 있다.

아프리칸어	trek(여행)
아라비아어	sultan(이슬람에서 왕)
호주어	boormerang(부메랑)
중국어	typhoon(태풍)
체코어	robot(로봇)
에스키모어	igloo(이글루)
불란서어	table(책상), medicine(약), victory(승리), dinner(만찬), garage(차고), police(경찰)
독일어	waltz(왈쯔),
그리스어	topic(화제), neurosis(노이로제)
힌디어	sari(사리)
이탈리아어	traffic(교통), opera(오페라), balcony(발코니)

일본어	kimono(기모노), judo(유도)
라틴어	index(색인), compact(치밀한), alibi(알리바이)
나와틀어	tomato(토마토)
노르웨이어	ski(스키)
포르투갈어	buffalo(물소), pagoda(파고다), veranda(베란다)
러시아어	rouble(루블), czar(전제군주),
산스크리트어	yoga(요가),
스페인어	banana(바나나), potato(감자), cigar(궐련)
스와힐리어	safari(원정비행),
터 키	yoghurt(요구르트), caviare(상어알젓)

1.25. 영어가 언제 제일 많이 팽창되었는가?

영국의 엘리자베스여왕(1558－1603 통치)시대 영국영어를 사용하는 사람 수는 크리스틀(Crystal, 1988)의 예를 보면 500만－700만 명 정도다. 그 뒤 300년 후인 1800년에는 무려 2000만 명이 사용하게 되었다는 예스퍼슨(1954)의 통계가 있다. 그의 통계에 따르면 영어는 100년 후인 1900년에는 1억 1600만 명으로 그리고 1926년에는 1억 7000만 명으로 대폭 증가되었지만, 독어 8000만, 러시아어 8000만, 불란서어 4500만, 스페인어 4100만으로 영어에 따라가지도 못할 정도로 저조하다. 최근의 추정으로는 영어를 모국어를 하는 사람이 3억이 넘는다고 한다. 1985년도 미국의 추정인구가 2억 3900만에 달하고 그 중에 2억 1500만 명이 영어를 모국어로 한다고 크리스틀은 주장하고 있다. 1991년도 박근우 교수(영어, 어제, 오늘 그리고 내일의 역자 서문에서)는 영어를 모국어로 하는 사람은 3억 2000만 명이라고 하고, 전 세계 우편물의 75%, 세계 과학자들의 논문과 저술의 70%, 세계의 전산정보 탐색 시스템에 저장돼 있는 정보의 80%가 영어로 사용된다고 한다. 그리고 세계 120개 국가의 라디오가 영어프로를 방송하고 있다. 이렇게 본다면 영어는 세계에서 가장 많은 국가에서 널리 사용하는 언어라고 할 수 있다.

1.26. 영국의 앵글로-색슨족의 최초 사용했던 고대영어철자는?

고대영어 때는 인쇄체가 아니고 수서체로 쓰였다. 우선 로마철자에 루운철자가 포함된 수서체 알파벳은 다음과 같다.

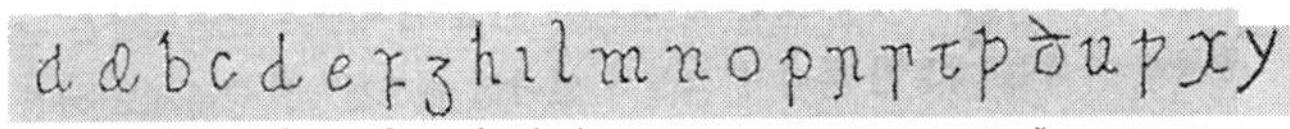

a æ b c d e f g h i j m n o p r s t þ ð u w x y

「영어발달사」(김석산외, 1985, 신아사 발행)에서 발췌

고대영어철자는 조병태(1983)에 의하면 초기에 a, æ, b, c, d, e, f, g, h, i, l, m, n, o, p, r, s, t, þ u, ƿ(wynn), y 등 22개 철자였다. 이 철자 중에서 k철자는 고대 후기에 사용되었고, 그 이전에는 완전히 로마에서처럼 c철자가 k대신 사용되었다. u철자는 모음과 자음 v의 대용으로 쓰였고, 또한 자음 v의 두 번쓴 vv(double u)인 w의 대용으로 사용되었다. 그 뒤에 w 대신 루운글자 ƿ이 사용되었기에 22개 철자 중에서 æ, Þ, wynn 등 3개는 로마에서 온 것이 아니라 영국에서 보충했던 것이다. 고대영어시대의 문헌에서는 j, q, v, w 등은 찾아볼 수가 없었고, x, z는 그리스철자를 베껴 쓸 때에만 사용되었다. 뒤에, ð(eth)란 철자가 로마철자 d를 변형시켜서 만들었고, æ는 æsc로 불려지고 a와 e의 연자로 이루어진 것이다.

파일즈 외(Pyles and Algeo : 1993)에 의하면 고대영어의 철자로서 a, æ b, c(k와 č발음), d, e, f(f와 v발음), g(g와 y발음), h(h와 x발음), i, k, l, m, n, o, p, r, s, t, u, Þ,(혹은 eth), w(다른 형태 wynn), x(ks음), y, z 등 25개 이며, j, q, v 등 3개는 고대영어에 사용되지 않았다. y는 언제나 모음이었다. k는 잘 쓰이지 않았고, w는 다른 모양인 Ƿ이 주로 사용되었다.

조병태보다는 파일즈가 보다 포괄적으로 영어알파벳을 기술하고 있다.

중세영어(A.D. 1100－1500)초기에는 a, æ b, c(k와 č발음), d, e, f(f와 v발음), g(g와 y발음), h(h와 x발음), i, k, l, m, n, o, p, r, s, t, u, Þ, (혹은 ð), w(다른 형태 Ƿ), x(ks음), y, z 등에서 발음은 그대로였으나 노르만의 영향으로 철자에서 중요한 변화가 일어났다. 처음에는 æ, ð, Þ을 포함하고 있었지만 점차 세월이 지나면서 없어지고, 후기에 와서 k, q, w, z가 활발하게 사용되기 시작했다. 중세영어시대에서 q는 불란서 철자 qu의 결합으로 쓰이던 것이 영국에 도입되어 차츰 사용되게 되었는데 고대영어의 cwen을 queen으로 쓰이게 되었다. w는 중세영어시대에 대륙에서 도입되어 명칭은 더블유(uu)이고 형태는 vv으로 되었다가 가까이 붙어서 사용되었다.

현대영어(A.D. 1500－현재)에 와서 j와 v가 독립된 문자로 성립되어 현대영어알파벳 26자가 완성되었다.

현재 쓰이고 있는 로마철자 형태는 15세기에 완성된 것이다. 영국에 도입될 때의 로마철자는 인쇄체가 아니고 손으로 쓰는 수서체였다. 수서체는 지역, 나라, 시대마다 서체가 달랐다. 영국에 들어온 것은 7세기경인데, 이때는 주로 아일랜드(Ireland)의 서체인 도서체가 대세를 이루고 영국전역에는 이 서체 중에서 뾰족체가 쓰이고 있다가 불란서의 지배 당시에는 불란서 서체인 캐롤라인서체로 바뀌었다. 그 뒤에 불란서 서체에서도 여러 종류의 형을 취했는데 그 중에서도 흑체글자(Black letter)가 현대유럽에 일반화가 된 문자를 본 딴 것이다. 로마자모의 신 문자체는 이태리에서 생겼으며, 이는 로마형과 이태리형의 형식이고, 이 형식을 인쇄술이 발명되면서 채택하게 되어 15세기에 최종의 형식으로 인정되게 되었다.

1.27. 틴달(Tyndale)과 코버델(Coverdale)이 만든 영어단어는 어떤 것이 있는가?

틴달(1494?－1536)은 라틴판 성경을 영어판 성경으로 번역하면서 새로운 영어를 만들어 낸 공적이 있고, 코버델(1488－1568) 또한 라틴어성경을 영어로 번역하면서 영어단어를 만든 공로가 있다. 이 두 사람의 공로는 새로운 복합어를 만들어 냈다는데 있다. 히브리어나 헬라어로 된 성경의 말을 영어로 번역할 때에 복합어로 만들어 표현했다.

● 틴달이 만들어낸 복합어의 예

brokenhearted : 비탄에 잠긴, 희망을 잃은, 실연한
long－suffering : 참을성, 참을성 있는
peacemaker : 중재인, 조정자, 평화유지도구(권총, 군함 등)
scapegoat : 남의 죄를 지는 사람, 희생자, 속죄의 염소

● 코버델이 만들어낸 복합어의 예

lovingkindness : 자비, 자애
kindhearted : 친절한, 인정 많은, 마음씨고운
noonday : 대낮(정오)
mercy : 자비, 관용, 연민의 정

1.28. 로마알파벳의 서체 발달과 변천

로마알파벳이 발달하면서 글 쓰는 서체도 함께 발달하였다. 인쇄기가 발명되기 전에는 전부 손으로 글을 직접 써야 했음으로 개인의 글씨모양이 다소 달라도 대체로 같은 서체로 알고 읽었다. 서체는 인쇄술의 도입 때 까지 다음과 같이 발달되어 왔다.

로마자 대문자

이탈리아의 반초서체 소문자

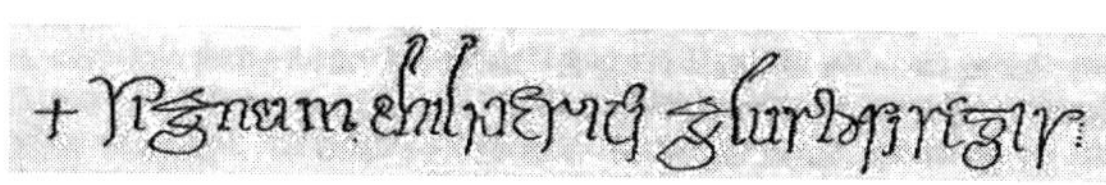

메로빙 왕조체(불란서)

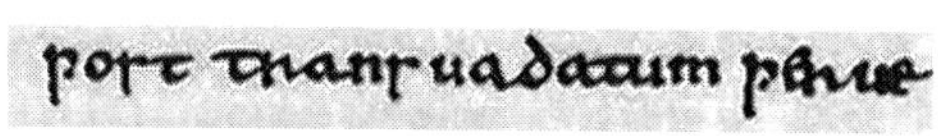

도서체 (영국－아일랜드)

카롤링 왕조 체(불란서)

휴머니스트 체(이탈리아의 문예부흥기)

고딕체 (독일의 흑체 활자)

ABCDEFGHIJKLMNOPQRSTUVWXYZ

로만체 대문자(로마자의 인쇄체)

abcdefghijklmnopqrstuvwxyz

로만체 소문자(로마자의 인쇄체)

제4장 기타 언어학 관련사항과 영어 관련사항

제1절 언어학 관련사항

1.1. 한국어를 처음으로 우랄-알타이어족(Ural-Altaic)이라 했던 사람은?

한국어는 우랄-알타이어라고 중. 고등학교 때 배웠고, 그 뒤에는 우랄이란 말을 빼고 알타이어에 속한다고 배웠다. 알타이어라고 처음 분류했던 사람은 누구인가?

장소는 일본 도쿄, 어느 희미한 달밤에 하얀 복사꽃이 만발한 공원에 청춘 남녀가 사랑을 속삭이고 있었다. 그때 초로의 신사가 이국적인 정취를 맛보기 위해 천천히 산보를 하면서 이 청춘남녀의 곁을 지나가고 있었다. 청년의 말, '조국은 일본의 발에 짓밟히고 있는데, 우리는 편안하게 공부만 하고 있다는 것이 죄스럽기도 하네요.' 여인의 대답, '그러니 더욱 학문에 열중해서 조국을 구할 방도를 찾아야 되지 않을까요. 잡념을 버리고 빨리 학위를 따서 조국에 돌아가 강산을 되찾는 일에 매진합시다.' 초로의 신사는 귀를 의

심했다. 그 말의 뜻은 알 수 없었으나 자기가 막 떠나온 조국의 말소리와 너무 닮았기 때문이었다. 혹시 같은 나라 사람인가 싶어서 실례를 무릅쓰고 다가가서 자기조국의 언어로 말을 걸었다. 말이 통하지 않았다. 초로의 신사는 자기 신분을 일본말로 밝혔다. '본인은 핀란드에서 초대 공사로 일본에 부임한지 얼마 되지 않아요. 당신들의 주고받는 말이 핀란드의 말과 너무 닮았기에 실례를 했소. 나의 이름은 G. J. Ramsted(1873-1950)라는 사람이요. 외교관이지만 언어학에 관심이 많기도 하다오. 당신들은 어느 나라에서 온 사람들이요?' 청년은 '조선에서 일본 동경대학에 유학 온 유학생들이요.'라고 답했다.

이렇게 해서 람스테드 공사는 이 유학생들에게 한국어를 가르쳐 줄 사람을 부탁했다. 이 때 천거된 사람은 충남출신 유학생 류진걸(6.25때 납북됨)이란 사람이다. 이렇게 류진걸에게 한국어를 배운 람스테드는 1928년에 핀란드 언어학회에서 '한국어에 관한 고찰'이란 논문을 발표했는데 이 논문에서 한국어는 Altai어족에 속한 것이라고 주장했다. 그 뒤 핀란드학자 Poppe(뽀빼)는 세계 언어지도를 만들면서 세계 언어를 계통적으로 분류하는 가운데 한국어를 람스테드가 주장한대로 우랄-알타이어계로 분류하여 세계 언어지도에 넣음으로써 전 세계에 한국어는 우랄-알타이어라고 알려져 왔다.

그 다음 해방이 됐으나 한국의 학자들은 알타이 산맥 등을 중심으로 쓰이고 있는 언어를 접할 수 있는 기회가 사실상 차단되었다. 그 지역은 공산국가들로 구성되어 있었기 때문이다. 지금은 자유롭기 때문에 한국어가 알타이어 계통인지 아닌지 정확하게 밝혀지길 바란다. 그러나 아쉽게도 알타이어 계통연구를 하는 연구자가 거의 없는 것이 안타까울 뿐이다. 그 이유는 간단하다. 그 분야를 공부해도 그 분야의 직업을 구하기가 용이하지 않기 때문이다. 외국의 언어학자들은 아직도 한국어 계통에 대해서 여러 가지 설을 주장하고 있다. 그 예로 Algeo and Plyes는 '일본어와 한국어는 알타이 계통 언어로 때때로 생각되고 있기는 하지만 그 관계가 명확하지 않다.'라고 지적하기도 한다.

1.2. 근대언어학을 1786년 2월에 열었던 사람은 William Jones다.

Jones(1746－1796)는 18세기말 인도가 영국 식민지 시절 동인도 회사(East India Company)에 영국인 법률가로 근무하면서 세상을 떠나기 9년 전부터 우연히 인도의 고대 언어인 산스크리트어(Sanskrit)를 배우게 되었다. 이 언어가 그리스어, 라틴어 및 초기 고대영어하고 너무나 유사한 점에 놀라움을 금치 못했다. 그 유사점을 집중 연구한 결과를 아세아 학회(Asiatick Society)에 참석, 1786년 2월 2일에 발표하면서 행한 연설은 현대 언어학의 출발이자, 비교언어학의 화려한 등장을 알리는 신호였다.

그는 언어학에 대한 해박한 지식을 가지고 있었다. 그는 13개 언어에 능통했고, 28개 언어를 구사할 수 있었을 정도로 어학에 뛰어난 재능이 있었다. 그는 1783년에 인도 동부 캘커타(Calcutta) 고등법원의 판사로 근무하면서 인도에서 아세아 학회(The Asiatic Society)를 창립했으며, 동양어에 몰두했던 것은 물론이고 산스크리트어에 심혈을 기울여 연구를 했다. 그는 산스크리트어가 라틴어, 그리스어 및 서구 기타언어와 관련을 맺고 있음을 아세아 학회 3주년 기념 연설에서 함으로써 근대언어학의 첫 신호나팔을 불게 되었다.

따라서 William Jones의 공로는 인구어족을 발견하게 한 실마리를 제공한 것이다. 그 이후에 인구어족의 연구는 역사언어학을 꽃피우는 계기가 됐던 것이다.

따라서 고대영어, 중세영어, 현대영어를 비롯해서, 고대영어는 서게르만어(West Germanic)에 속한 것도, 독일어와 영어가 형제언어였다는 것도, 덴마크어, 노르웨이어, 스웨덴어가 사촌언어였던 것을 연구하여 얻을 수 있는 계기를 제공한 사람이 William Jones 이므로 그 사람의 공로를 과소평가할 수는 없을 것이다.

그가 행한 연설은 거의 모든 언어학 책에서 인용되며, 그의 초상화는 언어학과에 걸려 있어야 될 정도로 유명한 사람이 되었다. 'Jones의 선언은 당시 구라파 인들에게는 좀처럼 믿기 힘든 놀라운 계시였다. '이는 조선시대에 어느 정일품(正一品)의 양반이 이웃집의 머슴과 인척지간임을 어느 날 아침 발견하게 된 놀라움에 비길 만하다.'라고 김진우 교수는 말했다.

그는 이와 같이 획기적인 발견에도 불구하고 50세라는 짧은 일생을 마감함으로써 더 연구할 여유를 갖지 못하고 다음 시대에 오는 라스크(Rask)나 그림(Grimm) 같은 학자의 몫으로 돌려야 했다.

그의 연설 내용을 옮기면 다음과 같다(1799년에 발행된 Asiatic Researches, Vol.1(pp.421-423)에 실려 있는 구절이다).

> The Sanskrit language, whatever be its antiquity, is of a wonderful structure ; more perfect than the Greek, more copious than the Latin, and more exquisitely refined than either, yet bearing to both of them a stronger affinity, both in the roots of verbs and in the forms of grammar than could possibly have been produced by accident ; so strong, indeed, that no

philosopher could examine them all three, without believing that they have sprung from some common source, which, perhaps, no longer exist.
(산스크리트어가 그 조상이 무엇인지 모르지만 정말 놀라운 구조를 가진 언어다. 완벽하기로는 그리스어보다 더하고, 어휘가 풍부하기로는 라틴어보다 더 하고 세련되고 고상하기로는 앞의 두 언어보다 훨씬 더하다. 그렇지만 앞의 두 언어와는 문법형태와 동사어근 둘 다에 있어서 우연히 닮았으리라고 생각하기에는 너무나 닮은꼴을 하고 있다. 사실 너무 닮았으므로 언어학자라면 이 세 언어를 조사해 보면 지금은 존재하지 않는 어떤 공통의 근원에서 나온 것이라고 생각하지 않을 사람이 없을 정도다).

1.3. 옛날 동양의 언어학은 서양의 언어학보다 훨씬 앞섰다.

옛날에 인도에서는 언어에서 신의 존재를 찾았다.

문자가 없던 옛날에 인도 사람들은 종교의식에 사용되는 언어를 신격화(deify)하여 언어에서 신의 존재를 확인하였기 때문에 그 말 한마디 한마디를 정확하게 발음하지 않으면 신에 대한 불경이라 생각했다. 그래서 음과 리듬(rhythm)에 대한 고도의 훈련은 바로 음성학 자체였다. 이 언어가 바로 산스크리트어였으니, 이것에 대한 문법이 바로 산스크리트 문법이다. 인도의 스님인 파니니(Pāni-ni)는 이런 언어에 대해 고도의 훈련을 위한 구체적인 것을 기록하여 산스크리트 문법을 완성했는데 B.C. 4세기경에 이루어졌다. 이것이 오늘날 미국에서 이름을 떨쳤던 기술문법(Descriptive Grammar)의 효시가 되었을 뿐 아니라 과학적이고 정밀도가 높은 기술로 후

세 사람들이 보고 놀라움을 금치 못할 정도다. 특히 모음과 자음의 결합, 모음과 자음의 특질과 낱말을 분석하여 어근(roots)과 접사(affix)를 나누는 등 기술문법의 진수를 보여주고 있다.

이런 문법이 생겨난 이유를 찾아보면, 고대 인도의 브라만(Brahman)교에는 베다(Veda)라는 교리책이 있었는데 여기에 쓰인 언어가 바로 베다의 범어(Vedic Sanskrit)였다. 여기에는 찬송가, 기도문 등이 있고, 베다 중에 가장 오래된 것이 리그베다(Rig-Veda)인데, 이것이 기원전 1000년부터 구전되어 왔던 것이다. 이 리그베다를 정확하게 발음해야 되고, 그러기 위해서 끝없는 훈련이 뒤따라야 했던 것이다. 오늘날까지 산스크리트 문법에 관해서 이보다 나은 것이 없을 정도라면 Pānini문법의 우수성을 인정하고도 남는다.

이에 비해 서양의 언어학은 어떠했는가?

서양 언어학의 기원은 그리스 아테네에서 찾을 수 있는데 그리스 문법가들은 관념적인 언어학에 몰두해서 생각의 차이에 대해 끊임없는 논쟁을 해 왔다. 사물의 이름은 필연적으로 붙여진다는 주장(Phúsei=by nature(필연적인 것))과 관습적으로 붙여진다는 주장(Thései=by convention(관습적인 것))이 서로 대립되어 소모적인 논쟁에 열중했다.

이 문제가 언어학자, 철학자들의 가장 매력적인 논쟁거리이기에 수세기동안 지속되어 왔던 것이다. 즉 아이가 태어나면 이름을 주로 부모가 지어주는데 차돌처럼 딴딴하고, 건강하게 자라기를 바라면서 이름을 '차돌'이라 지으면, 그 아이는 차돌처럼 건강하게 되는 것이 바로 이름과 아이와의 필연의 관계를 주장하고 믿는 것과 같은 것이며, 의성어인 '까옥까옥'은 까마귀의 소리인데 이 소리는 바로 그 소리를 그대로 나타내는 필연의 관계로 보는 관점이 필연관계(Phúsei)라는 것이다. 이와 반대로 아이가 태어나서 부모의 희망대로 '차돌'이란 이름을 붙이는 것은 부모가 그냥 희망에서 붙여 준 이름이지 차돌이라는 물질과는 아무 상관이 없다는 주장이 바로 임의관계(Thései)라는 것이다.

이런 주장은 그리스시대에서부터 심지어 오늘날까지 논쟁거리로 남아있다는 것은 놀라운 일이다.

그리스에서는 이 두 단어 즉 Phúsei와 Thései로 해서 철학자, 문법가들이 둘로 나누어졌었던 것이다.

플라톤(Plato(424-348 B.C.))이 Phúsei파를 이끄는 철학자였고, 이들은 단어를 언어와 동의어로 간주하면서 단어는 그 단어가 지칭하는 사물과 불가분의 선천적인 관계라고 주장해 왔다. 이에 반해서 플라톤의 제자인 아리스토텔레스(Aristotle(384-322 B.C.))는 언어와 그 지칭하는 사물과는 이론적이나 선천적으로 아무 관계가 없다는 Thései의 입장을 취하면서 이름을 지을 때 그 이름을 지을 수 있는 수많은 가능성 가운데 하나가 채택된 것에 불과하다는 것이다. 즉 자의적(arbitrary)이라는 생각인데, 현대 언어학에서 대부분의 언어학자들이 이 주장을 취하고 있다.

이런 사변적이고, 언어 자체에 도움이 안 되는 극히 이상적인 것에 서로의 의견에 갑론을박하는 사태가 서양에서 그 당시에 인기가 있었다.

같은 시대에 동양과 서양의 비교를 현대적 관점으로 볼 때 인도의 언어학적 업적은 찬란히 빛을 발하고 있는데 반해 서양의 업적은 비생산적이고, 생각 자체에만 머무는, 언어학에 별 도움이 안 되는 것이다.

1.4. 영어어순의 뿌리는 한국어와 같았다. (주어+목적어+동사)

세계의 여러 언어를 어순에 의거 분류해 보면 SOV(주어+목적어+동사), SVO, VSO 등 3개로 분류할 수 있다. Joseph Greenberg(1966)가 30개 언어를 조사해 보니 SVO가 13개, SOV가 11개, VSO가 6개라고 했다. 한국어, 일본어 등은 SOV에 해당되며, 어순은 형용사+명사, 목적어+동사, 속격 수식어+명사, 부사+형용사, 또한 후치사를 쓰는 어순을 가지고 있다.

영어는 옛날에는 SOV형이었는데 차츰 SVO형으로 완전히 변한 언어다. 그러나 고대영어에 다소 SVO로 변해가는 단서를 찾을 수가 있었다. 초기 고대영어는 SVO 어순이 사용되고 있다. 인구어는 OV형이라는 사실이 Lehmann(1974)의 Proto-Indo-European Syntax에서 산스크리트어를 대상으로 연구한 결과로 나타났다. 또한 모든 게르만어의 어순도 동사가 끝에 오는 SOV였다는 것이 공통적인 학자들의 의견이다. 즉 SOV라면 주어+목적어+동사라는 것인데 이 어순은 한국어 어순 주어+목적어+동사와 같다.

Lehmann(1973)은 원시 인구어는 OV언어였다는 증거를 제시하면서 여러 논문에서 인구어가 목적어+동사 어순의 언어였다가 동사+목적어로 변했는데 각 인구어의 언어에서 발달된 언어에도 초기에는 많은 흔적을 찾을 수 있다고 했다.

그는 게르만어의 예를 제시했는데 A.D. 400에 나팔을 만든 장인의 이름을 밝히는 루운글자의 어순을 그 증거로 제시했다.

ek helwagastiR holtijaR horna tawido

I, HlewagastiR Holtson, [this] horn made. (Pyles and Algeo 1982)

나, 허레와가스틸 홀트손은 이 나팔을 만들었다.

S O V

또한 고대영어에 전치사가 후치사로 사용되어 S+O+V의 잔재를 나타낸다.

Harold him wið gefeaht.

(Harold him with fought.)

(해롤드는 그와 함께 싸웠다.) (Pyles and Algeo 1982)

또한 고대영어의 복합어 구조에도 어순이 OV 구조의 잔재를 나타낸다.

Folcāgend(people-lending)에서 명사+동사의 복합어로서 명사는 목적어 역할이다.

현대영어에 sun worship도 OV의 구조 잔재로 보고 있다. 또한 lion killer, truck driver, city planning, house cleaning, baby sitting 등도 같은 맥락으로 보게 된다.

OV 어순의 구문에 나타나는 특징을 요약하면 다음과 같다.

첫째 : 모든 명사의 수식어는 명사 앞에 온다(my father, bird-house).

둘째 : 전치사가 아니고 후치사로 쓰인다(위의 예를 들었다. him wið).

셋째 : 부사-동사의 순으로 온다.

넷째 : 본동사 다음에 굴절 조동사가 온다.(Ic wāt þæt hē þǣm cyninge þæt laud sellan sceal.) (I know that he to the king the laud give will.)

영어, 독어, 라틴어, 불어 등 모든 유럽언어와 인도와 슬라브어족을 포함한 인구어 모든 언어들이 아주 옛날에는 한국어와 같은 어순을 가졌다는 것에서 정말 놀라운 가설을 세울 수가 있다. '환단고기'라는 책이 우리의 옛날 고조선시대의 역사를 적고 있는데, 아직 진위여부가 가려져 있지 않지만 그 속에 있는 몇 가지는 고고학적으로 증명된 바 있다. 즉 환인(桓因)시대에 12개의 속국이 있었는데 그 중 수밀이국(須密爾國)이 언급되고 있는데, 이 수밀이국이 인류 역사상 4대 문명 발생지의 하나인 메소포타미아 문명을 일으킨 바로 그 스메르국이다. 그런데 놀랍게도 이 메소포타미아 문명을 일으킨 민족이 우리와 같은 몽고족이었고, 그들이 쓴 말도 한국어와 같은 교착어를 사용했으며, 이 몽고족이 인류역사상 가장 오래된 글자인 쐐기 문자를 만들었다. 그렇다면 이 민족들이 차츰 말을 하면서 주어+목적어+동사의 어순을 사용했을 것임을 추측해 본다. 왜냐하면 그 주변의 언어들이 주어+목적어+동사의 어순을 사용했으므로, 한국어의 어순을 사용했다는 가설이 성립될 수가 있다. 그러면 한국어의 어순이 다른 언어에 전파되어 사용되었다가 점차 각자 지역의 특성에 따라 변했다고 하면 너무 가정이 앞서 나가는 것일까?

1.5. '불규칙에 보면 규칙이 반드시 있다. 문제는 그 규칙을 어떻게 찾느냐에 있다'라고 Verner는 큰소리를 쳤다.

덴마크의 언어학자 Karl Verner는 그림(Grimm)이 발견한 Grimm의 법칙에 문제가 있는 것을 발견했다. 그는 후에 그 문제의 해결책을 찾고 나서 큰 소리쳤다. 'There must be a rule for irregularity ; the problem is to find it.'－불규칙을 보면 규칙이 반드시 있다. 문제는 그 규칙을 어떻게 찾느냐에 있다.－라고. 그리고 그는 음의 규칙은 일정한 위치와 일정한 조건하에 있는 일정한 음에 예외 없이 적용될 수 있다고 결론 내렸다.

그림의 법칙에 문제가 있는 것을 알기 위해서 우선 그림의 법칙이 무엇인가를 알아야 한다.

옛날 옛적에 인구어를 사용하던 민족이 하나의 지역에서 살다가 여러 지역으로 흩어져서 오랜 기간 살다보니 각 지역마다 언어차이가 나게 되었다. 인구어족은 10개의 언어로 나누어지게 되었다. 그 10개의 언어 중에 게르만어(Germanic)가 다른 9개의 언어와 특히 다른 점이 있게 되어서 그 언어를 게르만어로 부르게 되었다. 그 특별한 다른 점 중에 자음이 게르만 어에서만 유독 변한 사실을 발견하게 되었는데 그 변하는 과정이 일정한 규칙에 따라 변하고 있다는 사실을 발견한 사람이 Grimm이고, 그 일정한 규칙이 그림의 법칙이라 칭하고 있다. 그 음 변화가 인구어에 첫 음 변화이므로 제1음 변화(First Sound Shift)라고도 한다.

그 내용을 도표로 보면 다음과 같다.

인구어 bh→ 게르만어의 ß→ b
인구어 dh→ 게르만어의 ð→ d
인구어 gh→ 게르만어의 ɣ→ g
인구어 p → 게르만어의 f
인구어 t → 게르만어의 θ
인구어 k → 게르만어의 x (→h 단어첫머리에는)
인구어 b → 게르만어의 p
인구어 d → 게르만어의 t
인구어 g → 게르만어의 k

위의 도표가 Grimm의 법칙이다. 예를 들면 인구어에 p로 시작되는 단어는 게르만 어에서는 f로 시작된다는 것이다. 그 예를 인구어 중 제일 오래된 언어 중의 하나인 라틴어에서 예를 들어 보고자 한다.

인구어 pətēr → 라틴어 pater → father(게르만어)

Grimm의 법칙에는 여러 가지 문제가 있다는 사실이 발견됐다. 그 중의 하나를 보면 인구어 t가 게르만어에서는 Θ(th)로 나타나야 되는데 그렇지 않은 경우가 있었다. 그 예로 t를 보면 라틴어 pater, 그리스어 patēr인데, Grimm에 따르면 게르만 어에서는 Θ(th)가 나타나야 된다. 그러나 게르만어 중의 하나인 아이슬란드어에서는 faðir로 ð로 나타나고, 게르만어의 하나인 고대영어에서도 fadir로 나타나며 Θ(th)가 나타나지 않았다. 즉 Grimm의 법칙에 어긋나는 현상들이 곳곳에 발견되었다. 아무도 왜 그런지를 설명할 수가 없었다. 이때에 젊은 청년 언어학자인 Verner가 왜 그런지를 밝혀냈다. 그래서 베너가 설명하는 규칙을 Verner's law라고 부르고 있다. 베너는 다음 사항을 주목하기 시작했다. 원시 게르만어에 무성마찰음(f, Θ, x, s)이 세 가지의 방해조건이 없으면 유성마찰음(ß, ð, ɣ, z)으로 변한다는 사실을 밝혀내기 시작했다. 그 세 가지 방해조건이란 첫째 단어 첫 음일 때, 둘째, 이후에 다른 무성자음이 있을 때, 셋째로 바로 앞 음절에 강세가 있을 때, 이때에는 무성마찰음은 변치 않는다. 위의 세 가지에 저촉이 되지 않으면 음 변화를 계속한다는 사실을 밝힌 사람이 베너였다.

보다 구체적인 예로 pater의 t는 단어 첫 음이 아니고 중간 음이고, 둘째로 t다음에 무성자음이 없고, 셋째 t의 바로 앞 음절에 강세가 오지 않고 오히려 patér 뒤에 있다. 이때에 t음은 Θ(th)로 되었다가 음이 계속 변화를 하게 되어 Θ(th)는 ð로 되었다. 이것은 아이슬란드어에 나타난 faðir의 ð와 일치한다. 이런 사실을 설명하는 규칙을 정리한 후 베너는 의기양양해서 앞에서 밝힌 유명한 말을 하게 되었다.

Verner의 규칙을 보면 다음과 같다.

Grimm's law　　Verner's law
인구어 -ṕ- → 게르만어 -f- → -ß́- → ′-ß- (→b)
인구어 -t́- → 게르만어 -θ′- → -ð́- → ′-ð- (→d)
인구어 -ḱ- → 게르만어 -x́- → -ɣ́- → ′-ɣ-(-g)
인구어 -ś- → 게르만어 -ś- → -ź- → ′-z- (→′-r- 고딕어는 제외)

결과적으로 Verner's Law에서 나온 것은 Grimm's Law에서 인구어 bh, dh, gh에서 게르만어로 ß, ð, ɣ로 된 것과 같은 현상이 나타났다. 따라서 인구어의 위의 세 가지 조건에 방해받지 않을 경우 인구어 p, t, k는 게르만어에서 b, d, g로 된다는 사실을 알게 됐다.

1.6. 인쇄소에 대한 이야기

세계 최초의 활판 인쇄기 발명가는 정확히 누군지 모른다! 그러나 일반적으로 독일 Mainz 출신 Johann Gutenberg(요한 구텐베르그)가 최초라 한다. 독일에서 최초로 인쇄된 해는 1454년이며, 유명한 42-line Bible은 1456년에 발행됐다. 이태리에서는 1464년에 Subiaco에서 Conrad Sweynheym과 Arnold Pannartz에 의해서 출판된 책이 'Donatus'이라는 문법책이었다. 불란서의 첫 책은 1470년에 인쇄됐으며, 독일에서 불란서로 인쇄기를 가져온 사람은 Guillaume Fichet였다. 영국에서는 William Caxton이 1476년 인쇄소를 설치하여 1477년 그의 첫 책을 발간했다. 미국에서는 1539년 Mexico City에서 최초로 인쇄가 행해졌다. 그 다음 1638년 영국 식민지였던 미국 메스체스쳐 주 캠브리지에 설치가 되었고, 첫 책으로 1640년에 발간됐다.

1.7. 서양에서 가장 오래 된 글을 쓴 재료는 무엇인가?

바빌로니아는 주변에 진흙이 많았고, 삼각주 같은 평야에 위치해 있었기에 불에 굽은 흙 판에다 글을 새겼다. 물론 돌이 나는 곳에서는 돌이나, 금속에 글을 새겼지만 불편해서 쉽게 글을 쓸 수 있는 재료를 찾았다. 이집트에서는 쉽게 보다 편리한 재료를 개발했다. 파피루스(papyrus)식물을 가공한 재료에다 글을 쓸 수 있는 방안을 찾아냈던 것이다. 그래서 그 이후 그리스와 로마에서 글 쓰는 재료로 주요하게 취급되었다. 글을 쓰는 도구로는 갈대 펜이 사용되었다. 잉크로는 오징어(cuttlefish) 먹물을 이용하기도 했다. 그 다음으로 생각했던 것은 왁스 칠한 판(wax tablet)인데 나무판에 왁스를 입힌 재료였다. 그 다음으로 동물의 가죽을 가공하여 만든 것을 사용했다. 양피지라 불리는 이것은 소아시아(Asia Minor)에서 인기가 있었다. 가장 최초로 그리스에 양피지가 쓰인 것은 B.C. 189년이었다. A.D. 5세기경에 양피지는 로마에서 흔히 사용되는 재료인데, 로마 양피지는 돌돌 말아 버리는 것이 아니라 오늘날 책과 같은 형식으로 정리하여 유지했다. 즉 양피지 두 개를 묶어서 책 모양을 한 로마의 방식이 책을 만드는 데 기본을 제공해 주었다. 또 양피지는 앞뒤에 사용되었으나 파피루스는 한 면만 사용되었다.

양피지 사용이 4세기경까지 많이 사용되었는데, 기독교의 성경 때문에 보급이 더욱 증대되어갔다. 파피루스 종이는 11세기까지 간간이 사용되어 왔었다. 철필(pen)이란 원래 penna 'feather(깃털)'이란 원 뜻에서 나온 것인데 이 pen이 갈대를 대신해 쓰게 되었고, 물론 갈대가 15세기까지도 사용은 되어 왔었다. 지금도 인도를 비롯한 몇몇 지방에서 사용되고 있기는 하다. 철필이 로마 시대에 역시 사용되었다. 양피지(parchment)는 양(sheep, goats, calves)의 가죽으로 만들었는데 어린 새끼 가죽으로 만든 양피지는 베럼(vellum)지라 부르고 가장 고급으로 친다.

참고로 대마 껍질 같은 것으로 만든 종이는 2세기경에 중국에서 만들어졌다. 아랍 대상들이 그것을 8세기경에 가져와서 유럽에 전파했다. 8-9세기경에 그리스의 필서체가 종이에 쓰인 것을 볼 수 있으나 13세기 가서야 흔하게 사용되었다. 서유럽에서는 12세기 초에 가서야 종이에 기록을 남기게 됐다. 종이로 된 책은 14세기쯤 가서야 나왔는데 15세기까지는 종이가 양피지의 경쟁 상대가 되지 못했다. 파피루스 종이는 수평적 결이 나 있기 때문에 글 쓸 때 수평을 이루도록 안내 역할을 하기도 하지만 가끔 납으로 줄을 그은 경우도 있었다.

제2절 영어 관련 사항

1. 1. 영어는 한 번의 큰 음 변화에, 독일어는 두 번의 큰 음 변화를 맞은 뒤에 태어났다.

오늘날의 영어도 옛날에는 라틴어, 독일어, 인도어 등 10형제와 한 가족이었다. 즉 인구어족이라는 한 가족이었다. 중국어와 티베트어가 한 가족(Sino-tibetan language family)이었던 것처럼 말이다. 옛날에 인구어족은 대체로 중앙 아시아 어느 지역에 단출하게 생활하고 있었고, 인구어라는 하나의 말을 하면서 오손 도손 살고 있었다. 그러다 천재지변이 일어나서 동으로, 서로, 남으로 남부여대하고 봇짐을 싸서 이고 지고하여 피난을 가서 살게 되어 서로 흩어지게 됐던 것이다. 그러다가 세월이 많이 흘러 10개 지방으로 흩어진 인구어족의 가족들은 낯선 지역, 동물, 식물들을 접하면서 서로의 말에 약간씩 변화가 생겼다. 옛날에는 큰 강이나, 큰 산이 있으면 왕래하는 것이 힘이 들고 방해가 되어 말의 차이가 나게 마련이었다.

첫 번째 음 변화를 보면, 영어의 옛 조상이며 인구어족의 10형제 중 하나인 게르만어는 다른 9형제와는 특별히 다른 발음 변화를 했던 것인데 특히 자음에 변화를 겪었는데 이것을 제 1자음변화(The First Consonant shift)라 한다.

영어의 옛 조상 게르만어는 다른 9형제와 말할 때 모음 자음 중에 자음의 발음에 큰 차이를 보이고 있었다. 이 큰 차이를 발견한 사람이 독일인 그림(Grimm)이므로 그 이름을 따서 그림의 법칙(Grimm's law)이라고 한 것이다.

그 내용을 약간 맛보면, 다른 9형제들에게는 bh, dh, gh, p, t, k, b, d, g 등이 그대로 사용되고 있는데 영어의 옛 조상 게르만어에만 이 자음들이 일정한 규칙에 따라 변화를 했던 것이다. 즉 다른 형제어에 bh는 게르만어에서는 b로 바뀌었던 것이다. 위의 자음 순서대로 bh → b, dh → d, gh → g, p → f, t → θ, (th), k → x(h), b → p, d → k, g → k 등으로 바뀐 것이다. 예를 들면 인구어 bhrāter →영어 brother로 바뀌었다. 즉 bh가 b로 바뀐 것이다.

그 외에 동사 과거를 만들 때 게르만어를 제외하고 9개 형제들은 sing-sang-sung처럼 모음을 변화시켜 과거 및 과거분사를 만드는데 비해서 게르만어에는 또 다른 방법 즉 과거, 과거분사를 만들 때 동사어미에 -ed 또는 t를 붙여서 만드는 방법을 개발했다. 즉 다른 9형제가 갖지 않은 과거 만드는 방법을 고안했던 것이 게르만어만의 상표였다. 즉 walk → walked로 쓰인 것은 게르만어라는 상표였다. 그 다음으로 게르만어는 다른 9형제와 유별난 것은 시제표시에서 현재, 과거만 있고 그 외는 없애버린 것이다.

라틴어의 경우 미래, 현재완료, 과거완료, 미래완료 등의 어미를 갖고 있는데 영어는 현재와 과거만을 가지고 있다. 예를 들면 I have had일 때 현재완료 형태지만 시제를 봐서 have는 현재이므로 현재시제이고, had는 과거분사이므로 형용사적 용법에 불과하다. 이것은 영어의 시제는 미래도, 완료도 없다는 것이다. I shall praise에서 shall은 미래의 뜻을 가진 동사이므로 시제는 현재이고 shall의 과거 시제 형태는 should라고 하면 이해가 될 것이다. 사소한 것이기는 해도 중요한 것으로 게르만어는 다른 9형제와는 달리 성질이 급하고 빨라서 강세(stress)를 둘 때 거의 항상 첫 음절에 두어 성질을 내지만 다른 형제어는 어디에 오나 느긋했다. 여러 가지 이유로 게르만어는 다른 9형제 즉 켈트어(Celtic), 라틴어(Latin), 그리스어(Greek), 힛타이트어(Hittite), 토카리언어(Tocharian), 알바니아어(Albanian), 아르메니아어(Armenian), 발토-스라브어(Bato-Slavic), 인도-이란어(Indo-Iranian) 등과 차이가 나게 되었다.

게르만어가 세 지역으로 분리되면서 동쪽, 서쪽, 북쪽으로 언어가 나누어지게 되었다. 이처럼 동쪽, 북쪽, 서쪽으로 간 것은 살기 위해서 찾아가는 곳이 그곳이란 표현이 적절할 것이다.

두 번째 음 변화를 보면, 북쪽에 남아 있는 서게르만어(영어)에는 음 변화를 하지 않고 잘 유지되었으나 남쪽 지방에 간 서게르만어에서는 크게 음 변화를 했던 것이다. 이 음 변화는 서기 8세기경에 가서야 수습이 될 정도였으니까 큰 변화를 맞은 것이었다. 남쪽으로 가서 자음 변화가 일어난 게르만 언어를 높은 게르만어(High German)라고 한다. 이 High German은 다름 아닌 독일어다. 북쪽 지역에 음 변화를 하지 않고 가만히 엎드리고 있었던 언어가 낮은 게르만어(Low German)라고 하여 영어가 여기에 포함된다.

그러면 독일어와 영어가 차이가 나게 된 근본 원인은 독일어가 자음변화를 했기 때문이다. 그림의 법칙(Grimm's Law)이 1차 자음변화라면 이번 것은 두 번째 자음변화(Second Consonant Shift) 또는 High German Shift라고 부르고 있다.

결과적으로 서게르만어에 가까운 단어를 가진 것은 영어였고, 독일어는 자음변화를 겪었기 때문에 차이가 나게 된 것이다. 독일어가 자음변화를 한 내용을 보면 쉽게 알 수 있다. 서게르만어 p음은 독일어에서는 pf로 변했거나, 모음 다음에는 ff로 변했다. 그 예를 들면 영어는 '고추 가루'하면 pepper에서 p음을 그대로 가지고 있는데, 독일어에서는 음 변화를 하여 pfeffer로 변했다. 또 서게르만어의 t자음이 독일어에선 ts(철자는 z)로 되고, 모음 다음에 ss로 변한 것이다. 그 예로 영어에는 변하지 않은 형태 water(물)인데 비해 독일어에 음 변화를 하여 wasser로 됐다. 또 게르만어의 k음이 영어에는 그대로 있는데 독일어에는 모음 다음에 ch로 변했다. 그 예로 영어 break가 독일어에선 brechen으로 변한 모습을 보인다. 마지막 예로 서게르만어의 d음이 독일어인 High German어에 t로 변했다. 영어의 dance가 독일어에는 tanzen으로 나타난다.

이렇게 세월이 지나면서 음 변화를 거듭해 오면서 형제어들이 그 다음에는 사촌 형제, 6촌 형제, 8촌 형제로 멀리 떨어져서 현대영어 시절에 와서 보면, 영어와 독일어, 불어, 스페인어, 슬라브어, 이란어, 인도어 등이 남남처럼 살아가게 된 사연이 이렇게 발생했던 것이다.

1.2. 영어 성경은 영어의 시대변화에 나타난 형태를 잘 간직한 산 증인이다.

성경이 주로 라틴어로 쓰였던 것을 영국인들이 처음 영어로 번역해서 사용했는데 고대영어시대에서 현대영어시대에 이르기까지 그 시대별로 영어로 성경이 번역 되어 왔다. 그래서 같은 내용을 고대영어, 중세영어, 현대초기영어, 현대후기영어로 그 시대의 영어를 사용하고 있어서 영어의 시대변화에 따른 영어형태나 쓰임새를 자세히 알려주는 귀중한 자료 역할을 해준다.

고대영어, 중세영어 때에는 수서체 즉, 손으로 쓴 글씨체를 가지고 있어서 그것을 현대의 인쇄된 것을 보면 더욱 명확히 알 수 있다. 그 예를 보면 다음과 같다(누가복음 15장 11절 돌아온 탕자 편).

예1.	고대영어	Sōðlīce sum man hæfde twēgen suna. (10세기)
	중세영어	A man hadde twei sones. (15세기 초 Wycliffe)
	현대초기영어	A certaine man had two sonnes. (1560)

have 동사의 과거형 변화 모습을 확실히 볼 수 있는데 고대영어 hæfde－중세영어 hadde－현대초기영어 had로 변화했다. 고대영어 twēgen－중세영어 twei－현대초기영어 two로 변천했다. have의 목적어로 쓰인 명사도 시대에 따라 많은 변화를 보이고 있다. 즉 고대영어 suna－중세영어 sones－현대초기영어 sonnes로 변천을 했다.

이렇게 영어 성경이 영어의 시대별 변화 형태를 잘 알려 주는 정말 귀중한 자료이며, 특히 1611년도 판 King James Version은 Shakespeare가 한창 영어에 행패를 부리고 있을 때에도, 영어의 변칙변화가 없게 영어를 굳건하게 지킨 공로 또한 지대하다.

1.3. King James Bible이 영어를 살렸다.

Shakespeare가 어떤 낱말이든 구애받지 않고 자유로이 기능전환을 행하여 영어의 구문구조를 엉망으로 해 놓은 것을 잘 정돈하고, 체계를 잡아서 그나마 오늘날의 영어로 만들어 놓은 것은 바로 King James Bible의 덕택이다. 이 성서의 영어는 간결하고, 소박하고, 장중하다는 평을 듣고 있다. 이 성경에 사용된 용어는 대체로 쉽고 외래어를 쓰지 않고 순수 영어단어를 즐겨 사용했고, 외래어가 있다 하더라도 충분히 영어화 되어버린 단어를 사용하고 있다. 즉 Shakespeare의 영어와 대조를 이루고 있다.

James I 세(1603-1625)의 지시로 히브리어와 그리스어로 된 성경 원본 중에 Bishops' Bible(감독성서)을 기본으로 하여 번역한 이 성경이 1604년에 시작해서 1611년에 완성되었다. 이것을 원래 이름은 The Authorized Version of the English Bible이라고 하고 또한 King James Version 또는 King James Bible이라고도 한다.

이 번역 사업은 그 당시 Oxford와 Cambridge 두 대학의 석학들이 대거 참석하여 심혈을 기울여 번역했다. 1884년 개역판(Revised Version)이 나올 때까지 이 성서는 어학, 문학에까지 크나큰 영향을 끼쳤다. 이 성경은 간명하고도 힘찬 문장, 생생하고도 아름다운 표현을 사용했으며 용어에서 순수영어에다 음절이 적고 간단한 말을 사용했다.

이 성서의 문체가 단순하고 간략한 것의 대표적인 것을 요한복음 11장 35절에 보면 'Jesus wept.'라고 두 단어로 구성되어 있는 데 비해서, 그리스의 원문은 이것보다 길고, 라틴어로 된 Vulgata에는

'Et lacrymatus est Jesus.'라고 4단어로 되어 있어 또한 길다. 또 Geneva 성서도 'And Jesus wept'로 3단어로 좀 더 길다.

이 성서의 특징은 산문이면서도 리듬이 풍부한 문장으로 구성하고 있다. 또 소재를 적절히 배열했는데 리듬(′) 있는 것을 살펴보면 다음과 같다.

Gód is not a mán, that he should lié:
Néither the són of mán, that he should repént.
Hath he saíd, and shall he not dó it?
Or hath he spóken, and shåll he not make it góod? (Numbers 23 ; 19-21)
'하느님은 인생이 아니시니 식언치 않으시고
인자가 아니시니 후회가 없으시도다.
어찌 그 말씀하신 바를 행치 않으시며
하신 말씀을 실행치 않으시랴.'

이것을 보면 Hemingway의 노인과 바다(The old man and the sea)의 작품을 연상케 한다. 이 성서는 고유명사 이외에 음절이 많은 단어를 쓰지 않았는데, 굳이 찾아보면 tabernacle, consolation, meditation, congregation, redemption, temptation, notwithstanding, testimony, transgression, firmament, ambassador, righteousness, commendments 등인데, 일부러 찾아도 많이 없다.

간결하고 힘찬 면을 보기 위해서는 다른 성경과 비교해 보면 알 수 있다. 3가지를 비교하면 다음과 같다.

Glory to God in the highest, and on earth peace, good will towards men. (King James Bible) (Luck 2:14) (1611)
(지극히 높은 곳에서는 하느님께 영광이요, 땅에서는 기뻐하심을 입은 사람들 중에 평화로다.)
Glory be in the highest to god : in erthe pees be to men of good wille. (Wycliffite Version 1380)
Glory be to God in the hye heavens, and peace in earth, and towardes men good wyl. (The Geneva Testament 1557)

1611년도 판 성경은 직・간접으로 고풍의 냄새를 내면서 사라져가는 단어에 생기를 불어 넣어준 것도 있다. 소멸되는 어휘가 성서의 친숙한 구절에 사용됨으로써 활력을 얻었는데. 이들 어휘를 보면 apparel, raiment는 dress, clothes를 대신 쓰고, quick는 living 대신으로, 그리고 travail은 labour 대신으로 사용됐다.

또한 성경에 쓰인 구절은 은유적 큰 힘을 발휘하여 일상용어로 쓰게 됐으며, 성서의 용어들이 일상생활에 쓰일 수 있고, 서로 이해하게끔 친숙한 것으로 많이 쓰이게 됐다. 그 예로 Gallio-like behavior, a perfect babel, Naboth's vineyard, to cast pearls before swine, a labor of love, the shadow of death, the eleventh hour, to hope against hope 등이다.

영어 성경에 쓰인 구절을 잘못 번역 사용하는 경우도 있다.

예1 : see eye to eye (Isaiah 52 : 8) 원래 뜻은 '누구와 정면으로 대응하다'의 뜻인데 일상적으로 '(-에 관해) 견해(의견)가 일치하다'로 사용하고 있다.

예2 : an help meet for him(창세기 2 : 18)은 히브리어를 직역한 것인데 help meet를 복합어로 생각해서 one's partner in life와 같은 뜻으로 해 버렸다. 원 뜻은 '생계를 돕는 자'인데 meet를 mate와 동의어로 잘못 보아 helpmate란 단어로 만들어 내기도 했다.

이와 같이 King James Bible은 최고 지성들이 지혜를 모아 아름답고, 간결하고, 우아하면서도 단순한, 정말 좋은 영어를 만들어냈다. 산문이면서도 시적 감각을 불어넣었고, 가능한 소박하면서도 영어적인 면을 충분히 반영하여 Shakespeare가 저질러 놓은 잘못된 영어와는 달리 영문법을 바로 잡고, 무분별하게 도입된 외래어를 몰아내고, 영어 고유의 특색인 남성적인, 힘찬 영어를 되살려 놓은 공로를 King James Bible이 가지게 됐다.

1.4. 영어 8품사 분류는 1761년 영국인 Joseph Priestley가 처음 했다.

영어의 8품사 분류를 처음 했던 사람은 놀랍게도 영문법학자가 아니고 세계적인 화학자 Joseph Priestley가 영문법 입문(The Rudiments of English Grammar)이라는 책을 쓰면서 처음 품사분류에서 8품사를 분류해 사용했던 것이다. 물론 Priestley도 라틴문법을 거의 베끼다시피 했지만 그래도 8품사를 고정시킨 공로는 인정해야 한다. 영문법학자들은 뒤통수를 크게 얻어맞은 격이 됐다. 영문법학자들은 그럼 그때 무엇을 하고 있었느냐하면 죽으나 사나 라틴문법에 매달려 라틴문법만이 살 길이고 빛이라고 믿고 있었기 때문에 8품사 분류의 공적을 화학자에게 빼앗기고 말았다.

18세기에 일반적인 생각은 라틴문법이 가장 완벽한 문법이고, 변하지 않는 문법인데 비해서 영문법은 불완전하고, 항상 변해서 도저히 믿을 수 없는 문법이라 생각했다. 많은 영문법저술가들은 영문법의 기본골격을 라틴문법체제에 맞추었다. 18세기 문법가들은 대부분 언어는 신에게서 기원된 것이며, 최초에는 완전하고, 완벽한 것이고, 또한 언어는 권위를 인정받은 문법가들에 의해서 꾸준히 바로잡지 않는 한 타락할 소지가 있다고 생각했다. 라틴어는 완벽을 기한 언어로 보고, 영어는 타락한 언어로 보고 있었다. 거의 모든 영문법가들은 라틴문법을 도입해서 영문법에 맞추려고 했으니 얼마나 한심한 일인가? 영어의 사촌쯤 되는 언어가 독일어인데, 라틴어는 먼 친척뻘 밖에 안 되는 사이다. 그러니 라틴문법이 영어에 제대로 맞을 리가 없었다. 8품사를 고정시킨 Priestley의 업적은 인정하나 그 품사 분류에도 문제가 많다.

우선 분류기준이 일정해야 되는데 일정치 않고 여러 가지다.

첫째 : 뜻에 의한 기준으로 분류한 것

1) 명사－사람이나 물건, 장소 등 이름을 가리키는 낱말
2) 감탄사－감탄을 나타내는 낱말

둘째 : 기능에 기준을 두고 분류한 것

1) 대명사－명사를 대신하는 낱말
2) 동사－주어에 대하여 어떠한 진술을 하는 낱말
3) 형용사, 부사, 전치사, 접속사 등이 이에 속한다.

이렇게 분류기준이 제대로 안 된 분류가 왜 인기를 끌고 계속 사용되고 있는가? 그 이유는 영문법의 기준이 라틴어문법이었기 때문에 8품사 분류도 거의 라틴어 문법에 의존하고 있어 영문법을 참고할 것이 거의 없었다. 다시 말하면 영문법 고유의 영역이 없었고, 라틴 문법이 영문법의 규범이 되었기에 참고할 수 있는 자료가 없어서 다소 기준이 엉성해도 그대로 쓰고 있는 것이다.

8품사 중에 대명사의 정의가 잘못됐다는 것을 실증해 보면 다음과 같다. 대명사 정의는 명사를 대신하는 낱말(a word used in place of a noun)이며 인칭대명사, 관계대명사, 의문대명사 등이 있는데 What is your name?에서 What이 무슨 명사를 대신 받았는가? 대답할 수가 없다. 또한 다음과 같은 두 문장을 생각해 보면 The old man lived in a small house in the river side. He was 80 years old. 뒤에 오는 문장의 대명사 He는 앞의 문장의 명사 man만을 대신 받지 않고 the old man 전체를 대신 받았다. 따라서 대명사는 명사를 대신 받는다는 정의의 일부는 맞지만 맞지 않는 경우도 있다는 것을 알아야 한다. 감탄사의 경우, My Darling!, Mother!!, Father! 등도 갑작스런 감정을 표현하는 것이 감탄사라면, 이것들도 감탄사로 정의할 수가 있다.

사실 영문법학자들마다 품사분류가 다르다. Jespersen은 5품사로 분류했는데, 1) 실사(Substantives), 2) 형용사(Adjectives), 3) 동사(Verbs), 4) 대명사(Pronouns), 5) 불변화사(Particles) 등이다. Sweet는 품사 분류의 기준을 형태에 두고 분류해 9품사가 됐다. 9품사는 명사, 대명사, 동사, 형용사, 부사 등을 굴절형이 있는 낱말군으로 하고, 그 외에 굴절형을 갖지 않는 낱말 즉 접속사, 관사, 조동사, 전치사 등으로 나누고 있다. 여기에 감탄사를 강조 부사에 포함시켜서 빼버렸다.

뜻에 의한 분류가 가장 전통적이며 학교문법에서 채택된 분류법이다. Glinz 같은 문법가는 뜻에 의해서 동사, 명사, 대명사(관사), 형용사(부사), 전치사(접속사), 감탄사 등 6개 종류로 나누고 있다.

이처럼 영문법에서 품사 분류가 통일되어 있는 것이 아니지만 일반적으로 8품사가 인정되고 있는 실정이다. 다른 대안을 내세워도 설득력이 약하거나 일반 대중이 따르지 않고 있다.

1.5. 영문법을 가장 엉망으로 만든 사람은 Shakespeare다.

Shakespeare가 영문학에서 차지하는 비중이 크고, 또 많은 비평가들이 위대한 문학가이며, 언어의 마술사라고 극찬을 하고 있다. Shakespeare는 자신이 의도하는 표현을 언어에 맞춘 것이 아니라 언어를 마음대로 자기의 의도에 맞게끔 뜯어 고쳤다고들 평가한다. 그래서 정상적인 구문에서 대담하게 이탈하기도 하면서 20,000어휘를 사용하면서 다양한 문제와 인간관계를 묘사했다고 극찬하고 있다. 일반적으로 산봉우리가 높으면 계곡도 깊다고 한다. Shakespeare가 언어를 자기 의도대로 마구 휘저어 놓아가면서 작품 활동을 하는 가운데 언어에 끼친 영향은 크다. Shakespeare가 영어를 엉망으로 해 놓은 것은 크게 두 가지로 나누어 볼 수 있다. 첫째, 영어의 문법을 엉망으로 해 놓았고, 둘째로는 영어 자체의 어휘 생산 능력을 저하시키는 요인의 하나인 외래어를 많이 도입해 사용했다.

문법의 경우를 먼저 보면, 규칙의 틀을 과감히 깨고 영어를 마음대로 변모시킨 그 극치는 품사의 전환을 들 수 있다. 명사나 형용사를 동사로, 부사를 형용사로 아무 거리낌 없이 품사를 전환시켰다. 그 예를 보면 다음과 같다.

1) 명사를 동사로 쓴 예

(1) Repeat and history his loss. (Second Part, Henry Ⅳ, Ⅰ, ii)
(2) The business he hath helmed. (Measure for Measure, Ⅲ, ii)
(3) Lord Angelo duckes it well. (Measure for Measure, Ⅲ, ii)

2) 대명사를 일반명사로 바꾼 예

(1) a he (= a man)

(2) a she (=a woman)

3) 접두사를 붙여서 파생어를 만든 예

(1) unbless

(2) unbody

4) 이중부정이나 이중비교 (문법에 있을 수 없는 예들임)

(1) say nothing neither

(2) more larger, most unkindest

5) 수를 지키지 않은 예

(1) My old bones aches (Tempest, Ⅲ, iii) (ach로 써야 된다)

(2) Them is Caesar and he (Autony and Cleopatra, Ⅱ, vi) (are로 해야 한다)

6) 격을 잘못 쓴 예

(1) I never saw a woman but only Sycorax my dam and she. (Tempest, Ⅲ, ii) (her로 해야 한다)

(2) And damn'd be him that first cries. (Macbeth, Ⅴ, iii) (he로 해야 한다)

그는 또 고답적이거나 현학적인 표현을 쓰지 않고 구어나 속어 등을 자유자재로 구사했으며 그가 사용한 구절이 관용어로 많이 사용되고 있다. 그 예를 들면

1) Caviare to general (보통 사람은 가치를 알 수 없는 일품)

2) a Daniel come to judgement (다니엘과 같은 명 판사)

3) men in backram (가공적인 인물)
4) coign of vantage (유리한 지위)
5) a tower of strength (옹호자, 힘이 되는 사람)

두 번째로 외래어의 도입이다. 이 당시에 문예부흥의 여파로 그리스어와 라틴어 등 고전적인 단어가 많이 들어와서 문필가들이 많이 사용하던 시기였다. Shakespeare는 그들보다 더욱 활발한 외래어 수입에 앞장을 섰다. 그는 작품의 주제로 외국의 것을 다루기도 했는데. 햄릿은 덴마크를 배경으로 한 권력암투의 비극을 그린 것이고, 이태리의 베니스를 무대로 하면서 Shylock과 같은 유태인을 등장시킨 것 등이 그 대표적인 예이다.

영어는 고대영어시대에 강세(stress)의 여파로 문법구조가 점차 붕괴의 조짐을 보이다가 중세영어시대에 불어의 영향으로 피지배계급의 언어로 전락하는 비운을 맞기도 했고, 다행히 John왕의 덕택으로 영어가 중세영어 후반기에 빛을 보고 재생의 길을 걷자마자 문예부흥의 여파와 Shakespeare의 맹활약으로 영어가 엉망으로 치닫게 됐었다. Shakespeare의 절제 없는 대담한 문법파괴 운동으로, 영어를 모국어로 하는 사람 뿐 아니라 영어를 외국어로 배우는 사람들에게 엄청난 노력을 요하는 그런 영문법을 만들어 놓았다.

1.6. 영어가 걸어온 발자국을 찾으면 왜 영어가 보이는가?

사회생활을 하다보면 많은 사람을 만나거나 사귀게 된다. 처음 보거나 여러 번 만나서 말도 하지 않고 그 사람을 파악하거나, 그 사람의 심중과 심성을 안다는 것은 불가능한 일이다. 물론 그 사람의 앉는 자세, 옷매무새, 얼굴인상 등을 보고 약간의 정보를 얻을 수는 있으나 그것으로 만족할 수는 없다. 말을 시켜보면 그 사람을 많이 알 수가 있다. 그 사람의 출신지역이나, 학벌, 교양정도, 지식정도, 직업 등을 파악하게 된다. 말속에서 그 사람의 인품과 그 사람의 됨됨이가 저절로 흘러나오게 된다. 그 사람을 알 수 있는 첩경이 말을 해 보는 것이다. 말은 곧 언어다. 언어에는 입으로 말하는 입말과 기호로 표시하는 글말이 있다. 입말과 글말은 그 장단점이 각각 있다. 입말은 순간적으로 있다가 사라지는 편이지만, 글말은 보존성과 지속성이 있다. 언어에서 제일로 치는 것은 입말이다. 입말은 태어나서, 본능적으로, 또 부모로부터 부지불식간에 따라하는 가운데 습득하는 것이다. 그러나 글말은 어느 정도 성숙하게 되고, 일정한 규격 속에 의도적으로 익혀야 되기 때문에 입말보다 훨씬 뒤에 습득하게 된다.

따라서 인간을 알고 싶을 때, 어떤 사람, 어떤 민족의 실체를 더 알고 싶을 때 가장 빠르고, 올바른 길은 언어를 연구하는 것이다. 입말을 연구하면 더욱 빠르겠지만 그 단점인 순간성 때문에 지속성이 있는 글말 즉 문자로 된 언어를 연구할 수 밖에 없는 경우가 많다.

우리가 영어를 사용하는 민족을 알기 위해서는 그 민족이 사용하는 영어를 연구하는 것이 가장 빠른 길이라는 것을 앞에서 말한 이치에 합당하다.

영어를 연구하는데 어떤 방법이 효율적인가? 그것은 영어의 역사 즉 걸어온 발자취를 찾아보는 것이 가장 빠른 길이다. 미국이 현재 세계 최강국이 되어 있다. 그런데 그 미국은 어떻게 해서 그렇게 되었는가를 안다는 것은 미국을 아는 데 크게 도움이 되는 제일 필수조건이다. 그 어떻게 되었는가는 곧 미국의 역사를 연구하는 것과 같이 영어의 역사를 알면 영어를 모국어로 하는 사람을 아는 데 가장 빠른 첩경이 된다.

영어를 사용하는 사람을 알 수가 있다는 것은 근본적이고, 그 이차적인 소득으로는 오늘날 영어에 사용되는 무수한 단어, 문법에서의 불규칙한 것에 대한 많은 정보를 얻음과 동시에 영어를 더 깊이 파악하고, 영어를 올바로 사용할 수 있는 능력을 발휘할 수가 있는 것이다.

1.7. 현대영어에 굴절형이 거의 없어진 것이 손해냐 이익이냐?

영어는 옛날부터 지금까지 발달되어 오면서 고대영어와 현대영어는 많은 차이를 보이고 있다. 그 차이 중에서 대표적인 것이 굴절 형이 거의 없어진 것이다. 굴절 형이 무엇인가? 고양이 한 마리일 때는 cat라고 하는데 두 마리 이상일 때는 단어 끝에 s를 붙여서 cats라고 쓴다. s는 한 마리가 아니고 두 마리 이상이라는 의미를 나타낸다. 이 s는 굴절형이다. 이 굴절형은 복수를 나타내든지 격을 나타내든지 한다. 특히 고대영어시대에는 격의 굴절이 많이 사용되어왔다. 그 예로 사냥개 hound의 옛날형 hund를 보면 다음과 같다.

단수	주격 hund	복수	주격 hundas
	목적격(대격) hund		목적격(대격) hundas
	소유격 hundes		소유격 hunda
	간접목적격(여격) hunde		간접목적격(여격) hundum

단수 소유격에 -es, 여격에 -e, 복수 주격에 -as, 대격에 -as, 소유격에 -a, 여격에 -um 등으로 격의 굴절형이 격에 따라 다르다. 보다

뚜렷한 차이를 보이는 예를 형용사에서도 볼 수 있다. 약변화 형용사 굴절형을 보면 다음과 같다. (The idle king)

단수	주격 Se dola cyning	복수	주격 þā dolan cyningas
	대격 þone dolan cyning		대격 þā dolan cyningas
	소유격 þæs dolan cyninges		소유격 þāra dolra cyninga
	여격 þæm dolan cyninge		여격 þæm dolan cyningum

형용사에 단수 주격에 -a, 대격에 -an, 소유격에 -an, 여격에 -an이며 복수주격에 -an, 대격에 -an, 소유격에 -ra, 여격에 -um으로 굴절형이 쓰이고 있다.

현대영어로 변화되어 오면서 명사의 단수는 소유격의 -s를 제외하고 굴절형이 완전히 사라졌고, 명사복수에서 소유격은 es'로 하고 나머지는 전부 -es로 통일되어 버렸다. 그리고 형용사는 굴절형 -a, -an, -ra, -um 등이 없어져 버렸다. 이처럼 격을 표하는 문법적인 장치인 굴절형이 없어짐으로써 영어는 이득을 보았는가 손해를 보았는가? 다른 보완장치는 없는가?

우선 굴절형이 많이 없어진 관계로 외국인이 영어공부하기가 대단히 어렵게 됐다. 왜냐하면 해석을 할 때에 애매한 문장을 많이 만나게 된다. 예를 들면 Flying airplanes will be dangerous라는 문장에서 flying airplanes를 나는 비행기로 해석할 것인가, 아니면 비행기를 날리는 것이라고 할 것인가 애매한 상황이다. 사실 Airplanes에 어떤 격 표시의 굴절 형이 있으면 쉬울 텐데 그것이 이미 없어진 지가 오래인지라 애매한 문장일 수밖에 없다. 이런 문장들이 영어에는 수없이 많다.

다른 예를 들면 단축 형에 애매한 문장이 많다. He's는 He is또는 He has로 할 수 있고, I'd는 I had나 I would로도 할 수 있는 애매한 문장이다. 굴절형을 많이 가지고 있는 그리스어나, 라틴어로 쓰면 애매한 문장이 없게 된다. 굴절형을 그대로 유지하고 있으니까. 따라서 현대 영어는 세심한 주의를 하지 않으면 중의성 즉 애매한 해석에 빠지게 된다.

영시에서는 품사의 구별이 어려울 때가 많다. 영시에서는 영국인들에게조차 주어나 목적어 찾는 데 숨바꼭질하는 문장이 많다. 시인들은 표현을 아름답게, 힘 있게 하려고 어순을 바꾸기 때문이다. 어순을 바꾸어도 가까이 있을 때는 쉽게 알 수 있지만 두 줄, 세 줄 뒤에 갖다 놓으면 찾기란 여간 어려운 것이 아니다.

그러나 어쨌든 언어의 변천은 쉽게 사용할 수 있고, 보다 나은 방향으로 가기 위한 것으로 볼 수 있다. 특히 영어문법은 거의 완성단계에 와 있고, 변함이 별로 없을 것이다. 지금의 문법형태가 수세기 동안 그대로 유지하고 있으며, 다음 수 세기도 그렇게 있게 될 것이다. 이런 형태가 유지될 수 있는 이유는 교육이 널리 보급되어 있어서, 잘못 쓰이면 곧 고쳐 바르게 쓰는 습관을 기르기 때문이다. 어휘는 새로운 물건, 새로운 상황이 발생됨에 따라 새롭게 생겨날 수 있으나 문법의 변화는 쉽게 일어나지 않는다. 문법은 상당히 보수성이 강하기 때문이다. 지금의 단어형태나 문법에 쓰이는 형태도 지금 발달되어 온 모든 것을 수용하고 있기 때문에 변할 징조가 없다. 변하면 배워서 익혀야 하는 불편함이 뒤따르기 때문이다.

영문법학자인 Bradley는 만약 영문법 교육을 학교에서 꾸준히 가르치지 않으면, 영어의 3인칭 단수 현재시제에 쓰이는 s나 es(즉 he does)가 불편을 느껴 없어지게 될 것이지만 영문법 교육이 지속적으로 계속되는 한 없어지는 일은 없을 것이라고 했다. 따라서 영어에서 굴절형이 없어짐으로써, 조동사, 전치사의 사용이 활발해지고 굴절형이 갖고 있던 기능 일부 내지 전부를 조동사, 전치사, 어순의 고정 등으로 옮겨갔으나 영어에 거추장스러운 굴절형이 없어져 영어문장이 보기에 산뜻해졌고, 영어능력을 힘차게, 응축시킨 장점을 가지게 된 것도 있다.

1.8. 영어가 한국인에게 배우기에 쉬운 언어인가?

세상에 사용되는 모든 언어는 모국어로서 배우면 쉬운 언어인데 외국어로서 배우면 분명히 배우기가 쉬운 언어가 있고 어려운 언어가 있다. 우리의 예를 보면 일본어가 영어보다 배우기가 쉽다.

그런데 영어는 모든 인구어 중에서도 유달리 어렵다. 그 이유는 여러 가지가 있겠지만, 첫째는 어휘가 어떤 언어보다도 많다. 하나의 단어에 여러 가지의 동의어가 있고, 비슷한 낱말이 유달리 많은 것이 영어다. 그 이유는 여러 가지가 있겠지만 무엇보다도 외국과의 교류가 많아서 외국의 단어를 많이 도입한 결과라고 볼 수 있다. 어휘가 많다는 것은 배우는데 엄청난 부담이 된다. 둘째로 철자 쓰인 대로 발음을 하지 않는 것이 영어를 배우는 것을 무척 힘들게 한다. 영어사전을 보면 발음기호가 있는 것이 발음과 철자가 많이 다르다는 것을 보여주는 것이다. 예를 들면 영어 knight를 발음할 때에 철자대로 발음하면 영미 인들이 알아듣지 못한다.

언어는 문법가나, 언어학자들만이 가지고 놀고, 즐기는 놀이터가 아니다. 일반인들뿐만 아니라 외국인들까지도 놀 수 있는 놀이터이다. 영어는 외국인 특히 한국인이 쉽게 들어가 놀 수 있는 놀이터는 결코 아닌 것이다. 사실 영어는 영국인들조차도 대단히 어렵다고 불평을 늘어놓고 있는 실정인 것이다. 그 이유를 여러 가지로 생각할 수가 있겠는데, 첫째, 현대의 철자체계가 Shakespeare 이전 시대의 철자체계를 유지하고 있는 반면에, 발음은 변해왔기 때문에 철자와 발음이 일치하지 않기 때문이다. 철자는 구시대의 것이고, 발음은 신시대의 것이기 때문에 서로 맞지 않다. 둘째로 일관성이 없다. 영어에는 40개 정도의 발음이 있는데 이것을 철자로 표현 하는 데에 무려 600개 이상의 방법이 있기 때문에 철자만 보고 발음할 수가 없다. 셋째로 음을 표현하는 것이 논리적이지 못하다. 예로 debt, delight, heart 등은 논리적이지 못하다. 영국의 언어학자 앨리스(Ellis)는 lie(ai)에 쓰인 모음발음을 30개 이상 다른 표기방법이 있다고 했는데 이 뿐만 아니라 day(ei), go(ou) 등의 모음도 마찬가지라고 한다.

만약 미국사람이나 영국 사람에게 영어단어를 한 번도 쓰인 것을 본 적이 없고 다만 발음만을 듣는다면 영어단어를 자신 있게 철자할 수 있는 사람은 아무도 없다고 한다. 또한 영어단어가 쓰인 것만을 보고, 발음하는 것을 결코 들어보지 않은 영어단어는 자신 있게 발음할 수 있는 사람은 아무도 없다는 것이다(Zachrisson). 이런 현상은 바로 영어철자는 귀로 듣기위해 사용되는 것이 아니라 눈으로 보기 위해 쓰이는 철자 같다. 이런 면은 중국의 글자인 한자와 같다. 즉 영어가 소리글자라기보다는 뜻글자와 비슷하다. 즉 눈으로 보아서 알아볼 수 있는 상형문자와 같은 꼴이 되어 버렸다. 뜻글자는 배우고 쓰기가 어려울 뿐 아니라 듣는 이에게 단어의 정확한 발음을 전하기가 매우 어렵다. 그래서 현재의 영어철자 체계가 영국인이나 미국인들에게조차 그들의 언어를 충분히 터득하고 사용하는 데 커다란 장애물이다. 이런 이유로 현재의 영어 철자는 좋지 못한 철자이므로 언어 발달에도 방해요소로 작용하고 있다. 이런 문제는 외국어로 영어를 배우는 사람들에게는 말할 수 없는 부담과 노력을 강요하고 있는 것이다.

어떤 언어이든지 간에 세계어가 되기 위해서는 첫째로 철자체계가 간편하고 단순해야 된다. 둘째로 배우기에 쉬워야 된다. 셋째로 철자는 소리 나는 대로 적을 수 있어야 된다. 이런 요건을 두루 갖춘 이상적인 글자는 세계에도 없을 것이지만 이상적인 면에 가까운 글자 체계를 갖춘 글자는 한국의 한글이 어떤 다른 글자체계보다도 근접하지 않을까 생각한다.

영어도 현대초기시대(1500-1700 A.D.)에서는 어떤 단어에 있어서는 단어가 발음 나는 대로 적었다. 예를 들면 Henry VIII는 one을 won으로 반복해서 사용했고, 그의 딸 Elizabeth여왕도 stalk를 stauke로, clerk를 clark로, heart를 hart로 철자했다.

1.9. 영어알파벳을 만드는데 가장 공헌을 했던 사람들은 누구인가?

우선 이집트인을 생각할 수 있다. 이들이 영어알파벳의 기원을 만들었다고 일부 학자들이 주장하고 있다. 발생지가 이집트인지 모르지만 현재의 알파벳에 가까운 것이 아니라 그림문자에 가깝기 때문에 큰 공헌은 하지 않았다고 본다.

페니키아인을 생각할 수 있다. 이들이 실제로 알파벳을 만든 사람들로 볼 수 있다. 현재의 영어 알파벳 골격을 거의 만든 공로를 가지고 있다. 문제는 이 페니키아글자는 모음이 없는 글자이기에 알파벳이라고 할 수 없고 차라리 자음문자 정도에 불과하다. 모음이 없어서 읽는 사람은 그 문맥에 따라 그 자음을 발음하기 위한 모음을 적절하게 사용해야 한다. 그러니 올바른 알파벳이라고 할 수는 없다. 그러나 이들 페니키아인들이 알파벳에 기여한 큰 공로 중의 하나는 철자 이름의 첫 글자가 그 철자의 발음으로 만든 것이다. 예를 들면 철자 이름을 Beth라고 하면 이 철자 첫 글자 B가 이 철자가 나타내는 음이라는 것이다. 이 당시 페니키아 철자는 철자를 나타내는 것뿐만 아니라 뜻을 가지고 있었다. Beth는 'house'라는 뜻을 가지고 있었다. 이렇게 보면 페니키아인들은 알파벳에 큰 공로를 끼쳤다고 볼 수 있다.

그리스인들은 페니키아인들에게서 알파벳을 도입해 보니 모음이 없는 괴상한 철자였다. 그래서 그들은 페니키아 철자에서 약간의 변화를 주어서 모음을 만들고 그들에게 필요한 모음 등을 새로 만들기도 하여 올바른 알파벳 즉 완전한 음소 문자를 만들었다. 그래서 실질적으로 알파벳으로 완성시킨 공로는 그리스 사람들의 몫으로 돌려야 한다.

그러나 알파벳을 완벽하게 만들어 놓기만 하고 전 세계에 전파하지 않으면 그것 또한 큰 공로자로 볼 수가 없다. 문자는 많은 민족이 쓰고 발전시켜야 문명에 기여하게 된다. 그런 면에서 로마 제국 시대의 로마인들은 문명화된 세계에 그들의 알파벳이 사용되도록 전파했던 공로를 인정해야한다. 로마인들은 그리스 알파벳을 에투리아(로마북쪽)에서 도입해서 알맞게 선택하여 로마인들에게 맞지 않는 것은 버리고 알파벳의 순서도 일부 바꾸고, 어떤 철자는 일부 모양도, 이름도 바꾸어 로마 철자로 만들었다. 그 당시에 세계 제1의 국가였기에 로마의 영향 하에 있는 나라들은 로마 철자를 가져가서 그들의 언어를 표기했다.

영국인은 어떤 공헌을 했을까? 이 로마 철자를 받아 들여서 그들의 언어를 표기하는 글자로 만들어 가면서 국가 부흥에 매진하여 대영 제국을 건설했다. Elizabeth시대에서부터 세계의 많은 지역을 식민지로 삼아 세력을 확장한 결과 영어 철자가 각 식민지에 공식 철자가 되었기에 로마 시대 못지않은 공로를 영국민이 가져야 한다.

오늘날 소련의 붕괴로 사실상 미국이 세계의 초강대국으로 미국인이 쓰는 철자가 전 세계 모든 지역에 파고들어가고 있다. 특히 이 시대에 컴퓨터 산업의 발달과 통신 기술의 발전으로 신속하게 문자로 소식을 전하는 매개체가 바로 미국인들이 쓰는 철자라는 사실을 생각할 때 타의 추종을 불허하는 위치에 놓이게 됐다. 그래서 어느 민족이 가장 많은 공헌을 알파벳에 했느냐를 정하기는 힘든 문제이지만 굳이 정하자면 영미인, 로마인, 그리스인, 페니키아인, 그리고 이집트인의 순서로 볼 수 있다.

1.10. 영국의 표준어는 어느 지방 언어일까?

현대 영국영어는 런던 지역의 언어가 표준어이다. 이것은 어떻게 형성됐을까?

14세기에 들어와서는 영국에 온 불란서의 노르만디 귀족들이 영국화로 인하여 프랑스어를 모국어로 사용하지 않으려고 했고, 행정 분야에는 영어를 더 많이 쓰게 되었고, 1362년 영국 왕은 의회에 개회사를 처음으로 영어로 했고, 같은 해 법정에 공용어를 영어로 하게 했으며, 학교 교육도 프랑스어 대신 영어를 사용토록 했다.

그러면 이렇게 영어로 전환할 때 어느 지역 방언을 표준어로 사용하게 되었는가?

중세영어 시대 후기에 생겨난 표준어는 중동부 방언을 근거로 하여 발달됐다. 중동부 방언은 런던을 중심으로 하여 이루어졌는데, 런던은 1066년 이후부터 정부의 수도 소재지였고, 국가의 상업 문화 중심지였다. 국가 문화 상업중심지가 된 이유를 몇 가지로 생각해 보기로 한다.

첫째, 여러 대학이 이 중동부 방언 지역에 있었다. 북부의 캠브리지 대학, 북서의 옥스퍼드 대학 등이 있어서 학문의 중심지로 발전되었고, 둘째, 위치적으로 북부와 남부, 중서부 방언 모두에게 의사소통이 가능하게 된 유리한 지리적 조건을 갖추고 있었다. 북부와 남부는 서로 접촉할 기회가 없었으나 중동부 방언은 서로 연결되어 있어서 의사소통에 아무런 지장이 없었다. John of Trevisa는 1387년에 쓴 글에서 '영국의 중부 사람들은 남부와 북부 지역 사람들과 동료이기 때문에 북부 사람과 남부 사람들이 서로 이해하는 것보다 남, 북부 사람들의 언어를 더 잘 이해한다.'라 해서 중부 지역 사람들은 북부 지역도 남부 지역도 충분히 언어 교통에 지장이 없는 유리한 위치에 있다는 것을 나타낸다. 셋째, 중동부 방언의 중심지인 런던은 행정부 소재지로서 사회적 위신이나 직업상의 기회를 찾는 사람에게는 큰 매력이 되었다. 넷째, William Caxton이 런던 지역의 음성 언어를 번역과 철자의 기초로 활용했기에 15세기 말쯤 해서 '런던'과 '지방'말의 구별을 분명하게 구분 지었다. 그는 1476년에 Westminster Abbey에 인쇄소를 설치하고 프랑스 문학을 번역, 출판했기에 런던 영어 보급에 큰 기여를 했다. 다섯째, Chaucer와 Gower 같은 문장가가 런던 방언으로 문학작품을 썼고, 그 책이 많이 보급되어 런던 언어의 확산을 가져왔다. 여섯째, 런던은 상업의 중심지였고, Thames 강을 중심으로 교역이 활발하여 각 지역에서 많은 사람들이 몰려왔으며, 의사소통에 가장 보편성을 띄고 있는 런던어는 각 지방에서 사용되는 언어로 정착되어갔다.

1.11. A.D. 1066년부터 1362년까지, 약 300년 동안 영국 영어에 어떤 일이 일어났나?

불어는 지배계층인 귀족의 언어가 되었고, 영어는 영국민이 사용하는 언어로 피지배계급의 언어로 사용되었다. 불어는 상류사회 언어로, 영어는 하층민의 언어로 그 예를 보면 다음과 같다.

'집'을 예로, house는 영어, manor나 palace는 불어다.

Scot경이 쓴 소설 'Ivanho'에 보면 가정이나 들판에서 기르는 동물 이름은 영어로 'calf, ox, swine, sheep'인데, 이 동물이 요리되어 귀족들의 식탁에 오르면 영어가 아닌 불어 이름이 붙어서 'veal, beef, pork, mutton'으로 된다고 한다.

역사적으로 보면 1066년 영국이름의 왕 Edward the Confessor가 24년간 영국을 통치한 후에 자식없이 사망한 해에 몇 달간 Harold가 영국 왕을 했지만 그 해에 불란서의 노르만디 공 William 1세가 여러 가지 근거 없는 이유를 내세워 영국에 침입하여 그 해 12월에 런던 West Minster Abbey에서 영국 왕으로서 등극했다. 그 이후에 불란서 출신 왕들이 영국을 통치해 오면서 궁중에서 불어로 의사소통을 하는 이국적 형태가 나타났던 것이다.

그 이후 다시 영국이름을 가진 왕 Edward 1세(통치기간 1272-1307)가 영국 왕이 되기까지 약 206년간이 걸렸으며, Edward 1세 이후로 영어가 서서히 세력을 얻어서 궁중에서나 법정에서 영어를 사용되는 계기가 되었다. 1349년에 학교에서 영어를 가르치기 시작하여 1385년 이전에 일반화되었다. 1356년에 런던의 법정에서 영어로 의사진행을 진행토록 했다. 1362년에 대법관(Chancellor)이 의회에서 개회선언을 영어로 했다. 1423년 이후에 법정, 의회, 행정 관서 및 법령은 모두 영어로 쓰게 했다. 1450년 이후에 길드의 모든 기록이 영어로 작성하게 됐다.

따라서 1425년 이후에 드디어 모든 분야에 영어가 공식어로 쓰이기 시작되었고, 불어는 점차 사용되지 않게 되었다. 그 상징적인 예로 Henry Ⅳ의 왕위즉위 때에 영어로 선서를 했다. 1066년에서 1450년까지 약 300년간 영어가 죽음의 고통을 견디어 새 세상을 보게 되었고 오늘날에는 세계어로서 발 돋음 하는 계기를 맞고 있다.

1.12. 영어의 현대초기시대는 영어에서 가장 중요한 시기였다.

현대영어를 1500년부터 1800년까지를 초기현대영어시대라고 하고, 1800년 이후의 영어시대를 후기영어시대라고 한다. 또한 후기영어시대에도 1900년 이후를 최근영어시대로 분류하고 있다. 현대영어시대에서 초기현대영어시대에 여러 가지 특이한 사건들이 많이 일어났기 때문에 이때를 이해하는 것은 매우 중요하다.

첫째, 문예부흥이 14세기에 시작되어 16세기까지 일어난 고전재생운동으로 그리스어나 라틴어에 대한 관심이 크게 높아졌다. 겨우 공식 언어로 되살아난 영어가 또다시 그리스어와 라틴어의 위력 앞에 힘을 잃을 정도였다. 작가들은 영어보다는 라틴어로 작품을 썼던 것이다. 그러나 일반대중은 라틴어 못지않게 영어를 다듬고 세련되게 바꾸자는 자성의 목소리도 나왔던 것이다. 그 일환으로 14세기에 Chaucer가 Canterbury Tales를 영어로 썼고 문예부흥의 영향으로 문학이 활발하게 되었다.

둘째, 종교개혁운동으로 영어성경에 대한 인식이 높아갔으며, 영어로 번역된 성서가 많아짐으로써 성서의 권위 있는 번역서가 필요했다. James 1세는 여러 학자들에게 라틴성서를 공동번역하게 하여 그 결과로 Authorized Version of the Bible을 1611에 출판했다. 이 성서의 영어는 일반 대중이 사용하는 순수한 영어로 되어있어 불어나 라틴어와 같은 외래어가 영어화하는 과정을 거치게 되었고, 이 성서는 교회에서 설교를 하면서 일반대중이 사용하는 구어를 사용하였기에 영어의 순수성을 유지했다. 성서영어는 간결하고, 소박하며, 평이하여 광범위하게 전파되면서 영국 전역에 보급되어 영어발달에 큰 공헌을 했다. 종교개혁으로 성경이 일반대중에게 보급되자 라틴어보다 영어성경의 힘이 더욱 위력을 발휘하게 되었다.

셋째, 초기현대영어는 특히 발음과 철자가 큰 차이가 난다. Caxton이 영국에 인쇄술을 도입한 이후 여러 가지로 사용되던 철자법이 일정하게 고정되는 경향으로 나타났으나 발음은 계속 변화를 계속하여 철자와 멀어지게 되었다. 특히 이 시기에 The Great Vowel Shift(대모음전이)라는 장모음에 큰 변화가 일어나서 중세영어모음과 비교하면 큰 차이를 나타내게 되었다. 따라서 이 대모음전이로 해서 초기영어는 현대영어발음으로 전환되었다.

넷째, 품사전환이 최근의 영어보다 훨씬 자유로웠다. 형용사가 명사, 부사, 동사로 전환되기도 하고, 명사가 동사나 형용사로 사용되기도 했다. 이렇게 품사전환을 자유롭게 한 대표적인 인물은 Shakespeare였고, 그의 작품에서 이러한 품사전환을 자유롭게 했다. 이에 대한 반동도 일어났다. 영어를 향상시키자는 노력은 철자를 고정시키자는 것과 통일된 표준화된 영어를 사용하자는 것이었다. 이때부터 서서히 비록 라틴어의 문법이긴 해도 영문법을 정립하고자 하는 운동이 일어났다. 특히 1755년 Samuel Johnson이 A Dictionary of the English Language를 출판했는데 이것의 영향으로 철자법을 고정시키는 계기가 되었다. 이 사전에 의해서 오늘날의 철자법이 거의 결정되었을 정도다. 이 사전의 특징은 각 낱말의 정의를 정확히 붙이려 했고, 영어의 어원을 표시했던 것이다. 이 사전이 출판된 뒤에 여러 가지 문법서가 발행되었는데 8품사를 정의한 Priestly는 The Rudiments of English Grammar(1761)을 출판했고, 규범문법(Prescriptive Grammar)의 시초가 되는 책을 Lowth가 A Short Introduction to English Grammar(1762)를 출판했다.

다섯째, 이 시대에서 철자는 어느 정도 규율이 잡히고 있었다. 그 예를 보면, 1) 모음위에 특별부호를 붙여 뒤에 오는 철자를 생략하여 공간을 절약하는 방법이 고안되었는데 그것의 예로 모음 다음에 m이나 n이 올 때에 them 은 thē로, than은 thā로, from은 frȍ로 했다. 2) u 와 v 를 자음으로, 모음으로도 사용했는데 첫 자는 언제나 v로 그 이외 위치는 언제나 u를 사용했는데 그 예로 모음으로 but, vnder, 자음으로 euery, violence 사용되었다. 3) 현대초기시대에 와서 j가 사용되었는데 그 이전에는 i가 j 대신에 사용되었고, 또한 i대신에 y가 사용되던 것이 현대초기시대에 i가 사용됐다.

1.13. 후기 현대영어는 영국의 영어가 아니다.

후기 현대영어시대에서 영어는 영국의 국어로서는 개념으로만 남고 세계의 영어로서는 힘이 약화된 대신 미국영어가 세계어로서의 영어로 자리매김을 하게 된다. 1800년 이후 2000년까지 약 200년 동안 영어에서는 획기적인 변화를 경험한 시기이다. 미국영어의 형성, 발전 및 영미의 영어권 이외 지역에서 영어의 수요증가로 인하여 국제화된 영어의 모습을 보게 된다.

미국영어의 시작을 보면 1607년 영국은 Virginia주에 있는 Jamestown에 104명을 보냄으로서 미국이민이 시작되었다. 그다음 1620년에 영국 국교회와 분리하여 종교자유를 원하는 청교도 사람들 101명은 Mayflower호를 타고 미국의 Plymouth에 도착하여 그들의 종교적인 신념을 실현시키기 위해 터전을 닦았다. 그 후 점차 이민의 수효가 불어나 미국의 동북부지역에 정착한 곳은 New England로 불리게 되었다. 그 남쪽에는 네덜란드인이 New Amsterdam을 건설했고, 1664년에 영국인의 손에 넘어가, 당시의 영국 국왕 Charles 2세가 Duke of York에게 이 지역을 주었기 때문에 New York이란 이름으로 지금까지 불려지고 있다.

18세기에서 20세기 초까지 영국은 대영제국을 형성할 정도로 세력을 확장하여 Canada, Australia, New Zealand, South Africa, Rhodesia, Philippines 등을 식민지로 하여 영어사용지역을 확장해 나갔다. 특히 제1차 세계대전, 제2차 세계대전을 승리로 이끄는 견인차 역할을 했다. 그 이후 영국은 점차 지도력과 국력이 약해지는 반면 미국은 세계의 강대국으로서 역할을 함으로서 미국영어의 중요성이 점차 증대되어 갔다.

미국의 Noah Webster는 영국영어와 미국영어를 차이를 두고 사용할 것을 역설했고 또한 American Dictionary of the English Language(1828)를 출판하여 우선 철자법을 영국영어과 달리 쓰도록 했고, 이를 규범화시키도록 노력했다. H. L. Mencken도 The Amercan Language(1919)를 출판해서 영국영어와 대비되는 미국영어를 정립하려고 했다. 미국식의 철자법 개정을 주장한 사람은 Benjamin Franklin이며 New Alphabet and a Reformed Mode of Spelling(1768)을 출판하여 의도적으로 영국영어와는 다른 미국영어 철자법을 갖자고 했다.

결과적으로 영국영어와 미국영어의 철자법에 약간의 차이가 있는 단어들이 나오긴 했지만 근본적이 차이는 별로 없다. 그러나 어휘 면에서 새로운 단어가 생기기 시작했다. 지역의 특수한 환경에 따라 필요에 의해서 생긴 단어인데 backwoods, underbrush, water-gap, prairie, swamp 등이다. 또 조류, 화초, 동물이 새로운 것일 때에 그 지역 토착민이 사용하는 이름을 딴 raccoon, woodchuck 등이 있다.

미국은 방언을 크게 3개로 나누고 있다. 즉 Eastern, Southern, General American 등이다. 이 중에서 General American 은 중.서부 방언을 포함하고 있으며 미국의 가장 일반적인 언어로 성장해서 가장 특징이 없는 방언으로 형성되었다. 따라서 방송 및 신문은 이것을 규범으로 삼고 있다. 따라서 이 방언은 영국의 BBC 영어에 해당된다.

참고문헌

권종성, 「문자학개요」, 과학, 백과사전 출판사, 1987, 평양.
김석산, 최익환, 김권호, 문양수, 박순함. 「영어발달사」, 신아사, 1985, 서울.
김인숙, 김석산, 「영어사」, 한국방송통신대학출판부, 1989, 서울.
김진우, 「언어」, 탑출판사, 1988, 서울.
데이빗 크리스틀, 「영어 · 어제 · 오늘 그리고 내일」(The English Language), 박근우 번역, 도서출판 성문, 1988,서울
로빈슨 앤드류, 「문자이야기」, 박재욱 옮김, 사계절, 2003, 서울.
베르톨드 울만, 「영어알파벳의 형성과 그 영향」(Ancient Writing and Its Influence), 조두상 번역, 부산대학교출판부, 2004, 부산.
앙드레 모로아, 「영국사」, 신용석 번역, 기린원, 1988, 서울.
오토 예스퍼슨, 「영어사」(Growth and Structure of English Language), 조두상 번역, 신아사, 1993, 서울.
조병태, 「영어학개론」, 한국방송통신대학출판부, 1983,서울
조성식, 「영어발달사」, 평화출판사, 1982, 서울.
Baugh, A. C. *A History of the English Language.* London. Routledge & Kegan Paul Ltd, 1971.
Bloomfield, *Leonard. Language*, New York, 1933.
Bradley, Henry, *The Making of English*, 2nd ed, London: Macmillan & Co, Ltd,, 1968.
Diringer, D. *The Alphabet*, Second edition, New York, 1948.
Driver G. R. *Semitic Writing*, Oxford University Press, London, 1944.
Greenberg, Joseph H. *Universals of Language* 2nd ed, MIT Press, 1966.
Lehmann, Winfred P. *Proto-Indo-European Syntax*, Austin: University of Texas Press, 1974.
Mason, Willian A. *A History of the Art Writing.* The Macmillan Company, 1928.
Mencken, H. L. *The American Language* 4th ed, New York, Knopf, 1936.
Potter, Simeon. *Our Language*, Middlesex: Penguin Books, 1957.
Pyles Thomas, & John Algeo. *The Origins And Development Of The English Language* 3rd edition, HBJ, 1982.
Sampson, G. R. *Writing System*, Stanfod University Press, 1985.
Sweet, Henry. *A New English Grammar*, 2 vols, Oxford: The Clarendon Press, 1953.
Taylor, Isaac, *The History of The Alphabet Vol.1.11.* Charles Scribners's Sons, 1899.
Ullman, B. L. *Ancient Writing and its Influence.* Medieval Academy of America, 1989.
Webster, Noah, *American Dictionary of the English Language.* 1928.
Wrenn, C. L. *The English Language*, London : Methuen & Co, Ltd., 1958.
Zachrisson, *Studia Neophilologica* 4, 1931, 5.

찾아보기

(ㄹ)

(ㅁ)

(ㅂ)

(ㅅ)

조두상

부산대학교 영문과 졸업
고려대학교 대학원 영문과 석·박사
부산대학교 영문과 교수
부산대학교 인문대학 학장
부산대학교 언어교육원 원장
현 부산대학교 언어정보학과 교수

저서
문법이론과 문체
문자학

역서
영어사
영어알파벳의 형성과 그 영향

영어의 역사를 알면 영어가 보인다

1판 1쇄 찍음 · 2007년 2월 20일
1판 1쇄 펴냄 · 2007년 2월 28일

저 자 · 조 두 상
발행인 · 정 현 걸
발 행 · 신 아 사
인 쇄 · 남양인쇄
출판등록 · 1956년 1월 5일 (제9-52호)
주 소 · 서울특별시 은평구 녹번동 28-36 2F
전 화 · (02)382-6411 · 팩스 (02)382-6401
홈페이지 · www.shinasa.co.kr
E-mail · shinasa@daum.net

ISBN 978-89-8396-556-1

정가 *12,000* 원